心を伝える **配色**イメージ

日本カラーデザイン研究所＝編・著

講談社

はじめに

●この本の背景

ものの豊かさから心の豊かさを求める時代に入り、世の中全般に自分探しの旅というか、生きがいや生き方に関心が向いている。確かに、心に向き合い、自分らしさや個性を発見することができれば、人生に楽しい刺激を与えてくれることは間違いない。

自分やひとの気持ち、性格をどのように理解したらよいのか。なにげない毎日の暮らしのなかにも、携帯電話やインターネット、アニメーションなど、画像をともなうコミュニケーションの世界に、ビジュアル表現の場が加速度的に広がりつつある。このような時代の流れの中で、感情や気分、性格、キャラクターといった曖昧な世界を配色に置き換え、生活や仕事、表現活動に活かすことができれば、と考えて完成したのが本書である。

感情や心の世界は、細かく多様であり深い。一人ひとりの違いをいくつかのパターンで論ずることには困難がつきまとう。しかし、人々が色に描くイメージには共通する部分も多い。「情熱」が赤と黒の配色で表現されるように、配色により感情や気分を色に置き換えるとイメージが伝わりやすくなる。

このように多様な感情や性格などの輪郭が少しでも見えれば、人の個性を理解する手立てにはなるのではなかろうか。色は人の好みや性格をかなり明確に表す。配色から個性の違いを知ることができれば、自己表現を広げるきっかけになるのではないかと思う。

●感情から性格、キャラクターへ

さまざまな感情を発達心理学的にみると下図のようになる。まず、感情領域は、一次感情と二次感情に分けられる。

一次感情は、最も原初的な快・不快を中心に、喜怒哀楽に当たるものが分類される。二次感情は、より複雑で情緒的、社会的、人間的な感情が分類される。

さらに、これらの感情が個人の生活体験や環境、価値観、社会・文化的な環境などと結びついて、知性や性格、キャラクターへと発

■感情の広がり

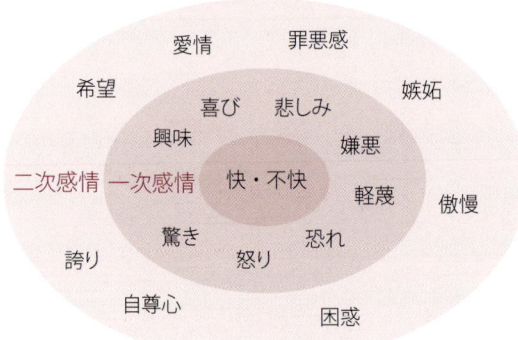

図の参考文献：「感情の心理学」高橋惠子ほか著（2007）㈶放送大学教育振興会
「感情研究の新展開」北村英哉・木村晴著（2006）ナカニシヤ出版

展してゆくと考えられる。

　感情や性格には、正と負、表と裏があり、常に揺れ動く。また、時代や環境、文化的背景により、それらの評価や受けとめ方も変わる曖昧さがある。しかし、絵画や音楽、物語の世界のように、正のイメージは負のイメージに支えられているともいえるし、負の感情は、人を感動させるさまざまな表現の源泉でもある。そうした観点から、この本ではマイナスイメージの言葉もとりあげている。

● 配色の作成方法
　この本をまとめるプロセスは、下に記したとおりであるが、基本となっているのは、色彩投影法と呼ばれる心理学の方法論である。
　投影法（projective method）とは、臨床心理学の分野で行われる検査方法のひとつで、被験者の心の内面を色や形の連想により具体化し、解釈するという手法である。曖昧な概念を色によって映し出すのが色彩投影法である。

● 本書の構成
・第1章……一次感情に当たるもの（快・不快、喜怒哀楽に関わるもの）
・第2章……二次感情に当たるもの（より複雑な気分や情緒に関するもの）
・第3章……性格、パーソナリティに当たるもの
・第4章……キャラクター（1〜3章をもとに、より具体的に思い浮かべやすいキャラクター像を設定している）

　こうした「人の成熟」の時代にふさわしい試みが実現できたのは、講談社編集部の松岡淳一郎氏の強力なご支援の賜物であり、緻密な編集デザインをしてくれた藤本京子さん、卓越した色再現の凸版印刷の方々、貴重なアドバイスを頂戴した岩松桂さん、企画の中心となったNCDの宮岡直樹さんをはじめ、配色研究からデータ作成までに関わった所員一同に感謝したい。

2008年9月吉日　所長　道江 義頼

■ 配色の作成方法

1 言葉の収集
書籍、雑誌、ネット、辞書などを活用し、感情や性格、キャラクターを表す言葉を幅広く集める。

2 意味概念の分類
互いに意味が似ている言葉同士をグループ化し、テーマ（タイトル）を決める。

3 言葉の整理
言葉を形容詞、形容動詞、動詞、名詞に分け、代表として各グループごとに20〜30語を選定する。

4 配色への置き換え
NCDの配色データベース（注）に登録されている言葉を参照する。登録されていない言葉は、新たに配色をつくり検証を行った。

5 言葉の絞り込み
テーマごとに、よく使う言葉を中心に13〜15語に絞り、テーマごとのバリエーションを考慮し配色を決定した。

注）…日常、よく使う350語について3色配色が10パターンずつ登録されているデータベース。NCDの嗜好診断やイメージ診断のソフトウエアの基盤となっている。

目　次

はじめに…2
この本の活かし方…6
心の世界を配色に置き換える…8

1章　基本的な感情や表情

喜び…12
展開 喜び…14
悲しみ…16
愛情…18
怒り…20
ここちよさ…22
不快感…24
1章のまとめ 基本的な感情のイメージ…26

2章　気持ちや気分、雰囲気

幸福感…28
夢心地…30
展開 夢心地…32
ときめき…34
自由…36
Column ◆擬態語・擬音語のイメージ…38
感謝…40
やすらぎ…42
展開 やすらぎ…44
優雅な…46
爽快…48

緊張…50
感動…52
展開 感動…54
懸命…56
嫉妬…58
リッチ…60
展開 リッチ…62
誇り…64
Column ◆第一印象が重視される
　　　　ビジネスウエアの配色…66
尊敬…68
郷愁…70
展開 郷愁…72
アンニュイ…74
侘しさ…76
憂鬱…78
2章のまとめ 気持ちや気分、
　　　　雰囲気のイメージ…80

3章　性格の表現

好きな色を3色選んでみよう！…82
積極的な…88
　　暖色系高彩度色の活用…89
明るい…90
　　黄色の活用…91
温かい…92
　　ベージュ系の活用…93

やさしい…94
　　　ピンクの活用…95
Column ◆花のイメージ…96
甘えん坊な…98
　　　ういういしさの表現…99
純真な…100
　　　透明と混色の効果…101
シャイな…102
　　　ナイーブさの表現…103
さっぱりした…104
　　　白の活用…105
真面目な…106
　　　知性の表現…107
Column ◆仕事や職業のイメージ…108
クールな…110
　　　青の活用…111
頼もしい…112
　　　信頼感の表現…113
アグレッシブな…114
　　　赤、赤紫の活用…115
社交的な…116
　　　成熟過程を季節で表す…117
3章のまとめ　性格のイメージ…118

4章　キャラクターの表現

お調子者…120
愛され系…122
癒し・なごみ系…124
人気者…126
お嬢様…128
貴公子…130
才色兼備…132
Column ◆動物のイメージ…134
プロフェッショナル…136
頭脳派…138
大御所…140
革命児…142
ミステリアス…144
セクシー…146
マッチョ…148
ワル…150
クリエイター…152
オタク…154
4章のまとめ　キャラクターのイメージ…156

参考資料

感情表現の基本色…158
色相＆トーンシステム…160
色相＆トーン130色カラーデータ…162
イメージスケールについて
　　WARM － COOL ／ SOFT － HARD 軸
　　　　からの視点…164
　　CLEAR － GRAYISH ／ SOFT － HARD 軸
　　　　からの視点…166
配色テクニック…168
索引…170
参考文献…175

この本の活かし方

　人は誰でも相手の心を知りたいし、自分の気持ちをうまく伝えたいと思うものである。
　ハートの形は赤やピンクで彩られることが多い。もし、青やグレーだったらどう受け取られるであろうか。赤やピンクのもっているあたたかさや、やさしいイメージは、ハートの形とあいまってこそ愛情の表現になる。
　感情や性格など心の世界を色で表現し共感が得られれば、表現のアイデアソースになりコミュニケーションを深めることに役立つのではないか、というのが本書のねらいであり、活用のポイントである。

① 感性を磨く

　色の世界には最初から感情や意味、好き嫌いがあったわけではなく、文化的、社会的に形作られてきた歴史がある。自分が好きな色にも、プラス表現に使われる場合とマイナス的な意味で使われる場合がある。こうした色のもつ多様性や意味を知ることで、1枚の絵を見る時の見方や感じ方にも深みが出てくるだろう。

② 気持ちや性格を知るヒントに

　「自分らしさ」とは何か？　と聞かれても、すぐには答えられないし、意外に自分ではわからないものである。自分では、こうだと思っていても、まわりの人は違う見方になっていることも多い。
　何気なく選んだ色について、あるいは自分が普段よく着る色について、この本を見ればその色に映し出された気持ちや性格的な意味の一端がつかめるだろう。また、少し気分を変えたい時や、初めて会った人の身に着けている色について、新しい見方や発見のきっかけになるとよいと思う。

③ 色によるコミュニケーション

　電子メールでは、若者を中心に記号を組み合わせた絵文字が発達し、感情の表現手段として定着している。色においても、気持ちや雰囲気にふさわしい色を選びたい、相手を驚かせたり、納得してもらうような色を選びたいなどのニーズはインターネットの普及によって飛躍的に高まっている。色だけでなく、色と形、顔写真などと組み合わせコミュニケーションをはかる場合の参考にもなる。もちろん、いろいろなギフトを贈る時の思いや気持ちを色に託す時にも活用できる。

④ 暮らしやビジネスを色どる

　日常生活や仕事の中にも色で気持ちや感情を伝えたいシーンは多い。誰しも場違いな服装や色づかいはしたくないと思うものだが、自分の勘だけに頼っていても、パターンが固定化してしまい、広がりがなくなってしまう。相手や目的、場所によって色をうまく使いこなすアイデアを見つけてほしい。

⑤ クリエイティブに

　本格的な作品を創るプロはもちろん、アマチュアでも、広く深く趣味を楽しむ時代である。分野を問わず、何かを創ったり表現したりする趣味には、色使いがポイントになるものが多い。そのイメージを膨らませるときに、気持ちや感情、性格といった観点から見直してみるのも創作のヒントになる。

1 感性を磨く

❶ 自分の好き嫌いを超えた色の見方ができるようになる。
❷ 画像、商品、環境、広告など、身のまわりにある色の見方が深まる。
❸ さまざまな気分や感情のニュアンスの違いを知り、配色センスを磨く。
……色のもつイメージの多面性を知ってほしい。そのテーマにふさわしいイメージの表現方法や配色テクニックを示してあるので、参考にしてほしい。

2 気持ちや性格を知るヒントに

❶ 自分や友人、家族が好きな色はどんな心の表れなのかが知りたい。
❷ 身に着ける服や、アクセサリーの色はどんなイメージを伝えるのか。
❸ 自分の性格を表すと、どんな色になるのか。
……まず、全体をパラパラ眺めてみて、気になる配色と言葉をチェックしてみよう。3章では、好きな色から性格を診断するページを設けているので活用してほしい。

3 色によるコミュニケーション

❶ 手紙や電子メールで、色を効果的に使ったコミュニケーションがしたい。
❷ テーブルコーディネイトなどで、来客に喜ばれる色を選びたい。
❸ プレゼントやカードに自分の思いを込めたい。
……巻末の索引から、イメージする言葉を探してみる。2章では、気分や感情を表す言葉とパターンの配色を整理しているので参考にしてほしい。

4 暮らしやビジネスを色どる

❶ インテリアコーディネイトや店舗のディスプレイに色を効果的に使いたい。
❷ 場の雰囲気に合った色づかいや、周囲に違和感を与えない色を身に着けたい。
❸ プレゼンテーションや営業、イベントの演出に最適な色を選びたい。
……各章の解説や配色スキルアップでは、テーマごとに色を使いこなすコツや知識、イメージのバリエーションを記載している。

5 クリエイティブに

❶ フラワーアレンジメント、刺繍や編み物などの配色の参考にする。
❷ 絵画や陶芸などの作品の雰囲気を表現するときのアイデアにする。
❸ イラスト、アニメーションなどの色づかいの幅を広げ、表現力を高める。
……色のもつ感情効果や心理的な効果を知り、より表現の幅を広げるための情報ソースにしてほしい。

心の世界を配色に置き換える

① 暖色・寒色の活用

暖色・寒色（WARM − COOL）のちがいは、生理的な感覚に根ざすので、個人差が少ない属性である。

暖色は、気持ちや気分の積極性や興奮に、寒色は消極的、沈静といった感覚に結びつきやすい。ただし、暖色、寒色の差は派手なトーンほど表れやすく、地味なトーンや暗いトーンでは、派手なトーンよりも弱い。

■暖色系・寒色系のちがい

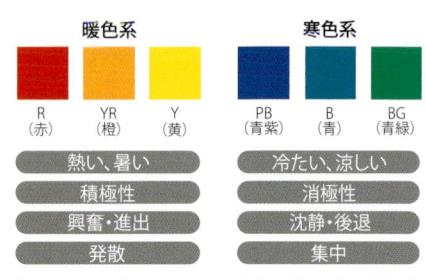

② 明度差の活用

明度（明るさ）のちがいは、心理的な重さや、硬軟の感覚と重なる（SOFT − HARD）。明るい色は軽く感じられるので、軽やかな気分やソフトなイメージに向いている。

反対に暗い色は重く感じられるので、おちついた性格やハードなキャラクターの表現に向いている。

■明度のちがい

③ 清色・濁色（CLEAR − GRAYISH）の活用

清色とは、純色および純色に白または黒を混ぜた色である。純色に白を混ぜた明清色は、明るく澄んだ印象を与えるので、さわやかなイメージやかわいらしいイメージに向いている。黒を混ぜた暗清色は、配色にメリハリをつけたいときや、ハードなイメージの表現に使いやすい。純色に白と黒の両方（グレー）を混ぜると濁りが出るので濁色となる。微妙なニュアンスを感じさせる濁色は、デリケートで複雑な気分や感情、悲しみや哀感を表現するときに欠かせない。

■清色・濁色のちがい

色には色相とトーンに代表される属性がある。
この属性をうまく活用すると、感情や気分などを表現しやすい。

■暖色の効果を活かした配色

喜び (P.12)
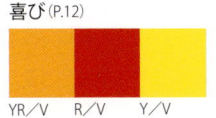
YR／V　R／V　Y／V

感謝 (P.40)
R／B　YR／P　YR／Vp

盛り上がる (P.52)
YR／S　RP／V　R／Dp

パワフルな (P.148)
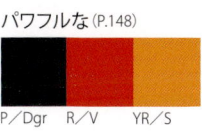
P／Dgr　R／V　YR／S

■寒色の効果を活かした配色

すがすがしい (P.22)
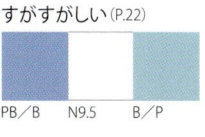
PB／B　N9.5　B／P

冷静な (P.110)
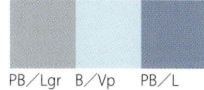
PB／Lgr　B／Vp　PB／L

真新しい (P.34)
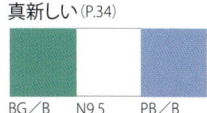
BG／B　N9.5　PB／B

理数系 (P.138)
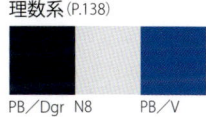
PB／Dgr　N8　PB／V

■高明度のソフトな配色

癒やす (P.22)

RP／P　G／Vp　P／P

ふわふわ (P.98)
R／Vp　N9.5　Y／Vp

ロマンチックな (P.30)

P／Vp　Y／Vp　B／Vp

美少女 (P.122)
RP／B　Y／Vp　RP／P

■低明度を中心としたハードな配色

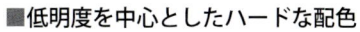

悼む (P.16)
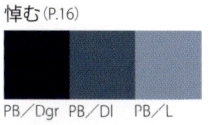
PB／Dgr　PB／Dl　PB／L

頼もしい (P.112)
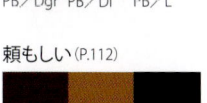
R／Dgr　YR／Dp　N1.5

敬意 (P.68)
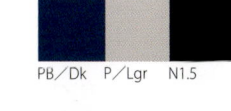
PB／Dk　P／Lgr　N1.5

したたかな (P.150)
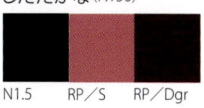
N1.5　RP／S　RP／Dgr

■清色的な配色

さっぱりした (P.22)
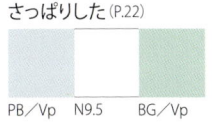
PB／Vp　N9.5　BG／Vp

お調子者 (P.90)
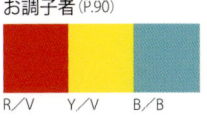
R／V　Y／V　B／B

るんるん (P.28)

RP／P　Y／P　R／B

几帳面な (P.138)
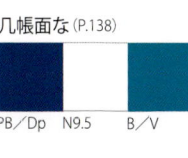
PB／Dp　N9.5　B／V

■濁色的な配色

感傷にひたる (P.16)
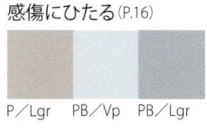
P／Lgr　P／Vp　PB／Lgr

上品な (P.46)
P／Gr　RP／Lgr　PB／Lgr

おだやかな (P.42)
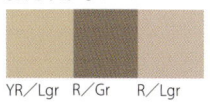
YR／Lgr　R／Gr　R／Lgr

すさんだ (P.150)
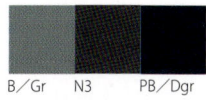
B／Gr　N3　PB／Dgr

注)…色彩の基本的な知識については、P.160 〜を参照

カラーイメージの多様性

1 プラスイメージとマイナスイメージ

色のイメージは多面的、多義的、両義的である。同じような配色も見方によって、プラス面を強く感じたり、逆にマイナス面を感じることもある。

マイナスイメージで使われやすい黒やグレー、P系、RP系といった色も、視点を変えてみると、それらの色を使った配色でしか表現できない独特の気分や感情、性格があることがわかる。

■グレーを使った配色（N6が共通）

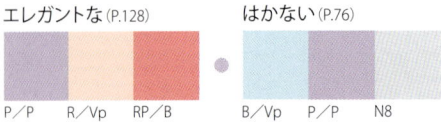

■赤紫と紫を使った配色（RP／VとP／Vが共通）

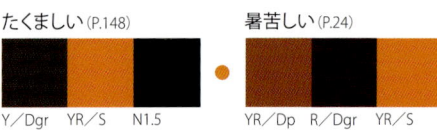

2 単色から配色へ多様化していくイメージ

ある色（単色）に対して2色め、3色めを加えていくと、イメージは多様な広がりを見せ、単色だけでは十分に表しきれなかったイメージが表現できるようになる。

配色するときには、まずテーマのキーとなる色を決め、2色めは色の対比の強弱や色相配色かトーン配色かを意識しながら色を選ぶとよい。3色全体でテーマのイメージを的確に表現することがポイントである。

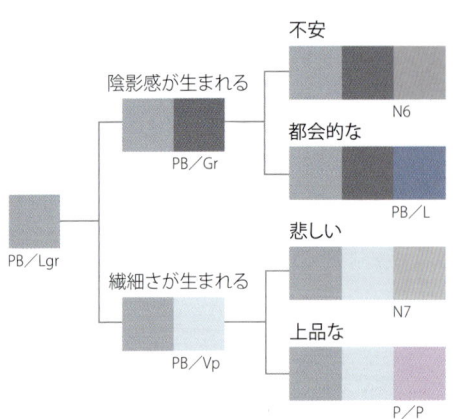

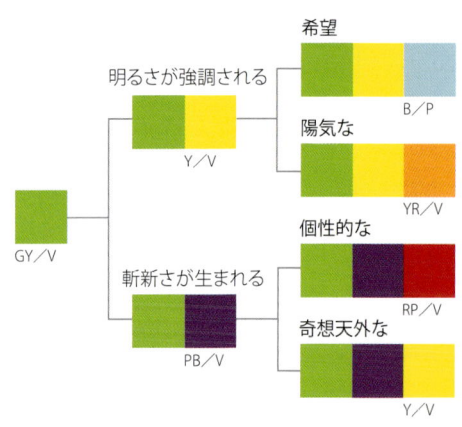

注）…配色テクニックについては、P168〜169を参照

1章
基本的な感情や表情

ヤッターと思わず飛び上がりたくなるようなうれしさ、
ムカムカと沸き起こる激しい怒り、憂鬱な感情や悲しみ。
こうした喜怒哀楽は、どんな配色で表せるのだろうか。

喜び

感情の表現

形容: うれしい 楽しい おめでたい 痛快な 陽気な うきうきした わくわく

楽しい
R/V　　Y/V

うれしい
YR/S　　Y/V

うきうきした
G/P　　RP/B

弾む
YR/S　Y/V　BG/V

陽気な
YR/S　Y/B　GY/V

わくわく
G/P　Y/V　R/B

おめでたい
R/V　N9.5　YR/V

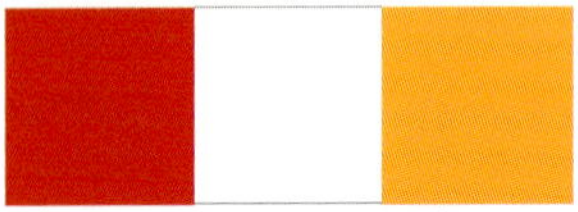

喜び
YR/V　R/V　Y/V

痛快な
P/V　Y/V　RP/V

笑う
YR/V；Y/V；R/V；N9.5

微笑み
RP/B；RP/P；Y/P；R/Vp

浮かれる
P/B；Y/V；RP/B；G/P

祝う
R/V；N9.5；N1.5；Y/V

歓声
R/B；Y/V；RP/V；R/P

祭り
RP/V；GY/V；Y/V；P/S

カラーイメージと配色テクニック

清色を使ったウォームでソフトなカジュアルイメージやプリティイメージが中心となる。弾む心、うきうきした気持ちを表現するために、色相は、R、YR、Yの暖色系を基調とする。特にY系のVやB、Pトーンは、気分の明るさを表現する上で重要である。反対色相のGやGY系を加えると色相配色となり、楽しさが増す。

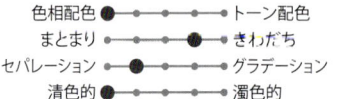

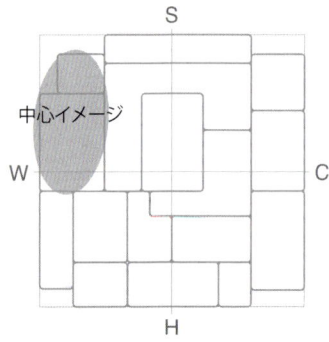

中心イメージ

注）…配色テクニックについてはP.168〜169を、イメージ・スケールについては、P.164〜165を参照のこと。

動き	笑う 祝う 弾む 浮かれる	名詞	喜び 歓声 微笑み 祭り	関連	愛情→ P.18 ここちよさ→ P.22 幸福感→ P.28 自由→ P.36	爽快→ P.48 積極的な→ P.88 明るい→ P.90 お調子者→ P.120

■「喜び」と「楽しさ」のキーカラー

RP／B
桃色
ローズ・ピンク

あたたかさや甘さを感じさせ、ポップでキュートなイメージもある。幸福感や愛情を感じさせる色である。

甘い
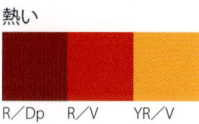
RP／B　Y／P　YR／P

ハッピーな

P／B　GY／Vp　RP／B

R／V
赤
カーマイン

暖色の代表で、刺激的で活動的な印象を与える色。日本で紅白といえば、お祝いの色でもあり、お祭りにも欠かせない。

熱い

R／Dp　R／V　YR／V

はなやかな
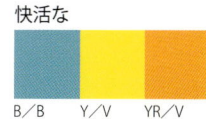
R／V　Y／V　P／S

YR／V
橙（だいだい）
オレンジ

親しみやすく、快活な印象を与える色。果物に多く、実が熟した時のジューシーなおいしさを連想させる色でもある。

おいしい
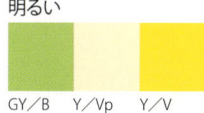
YR／Dl　YR／V　YR／P

快活な

B／B　Y／V　YR／V

Y／V
黄
イエロー

まぶしい光を感じさせ、希望や未来といったイメージがある色。配色に黄を加えると、楽しくにぎやかな雰囲気になる。

明るい
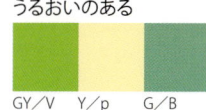
GY／B　Y／Vp　Y／V

愉快な
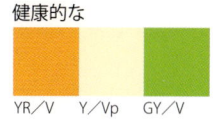
R／B　Y／V　G／B

GY／V
黄緑
イエロー・グリーン

新緑のみずみずしさや、生命の息吹を感じさせる色。心身がリフレッシュするイメージや健康的なイメージも感じさせる。

うるおいのある
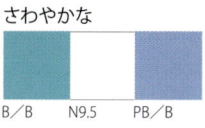
GY／V　Y／p　G／B

健康的な

YR／V　Y／Vp　GY／V

B／B
空色
スカイ・ブルー

清涼な空気や水、澄み切った空を連想させる色。白と合わせるとクリアに、暖色系と合わせると楽しいイメージになる。

さわやかな

B／B　N9.5　PB／B

若々しい

YR／V　Y／V　B／B

●清色トーンを使う

　「喜び」や「楽しさ」をイメージさせる色は、濁りのない派手なトーンや明るいトーンの有彩色が基本になる。

　配色する際には、色相の種類を増やし反対色相を取り入れると、にぎやかさが生まれ気分の高揚感や楽しい雰囲気が増す。

　ここに示した6色は、喜びや楽しさを表す代表的な色だが、配色は「おいしい」「明るい」「さわやかな」といった味覚や視覚、触覚などの五感で感じる「快」の要素がベースになって、イメージのバリエーションが広がっていくと考えられる。

　何を快と感じるかは主観的な要素も強いが、五感的な感性は共通感覚が得やすいので、配色にも展開しやすいといえよう。

1章　基本的な感情や表情　13

| 感情の表現 | 喜び | 展開 |

■音符

■ Y/V ■ B/S ■ RP/V

■ GY/Vp ■ P/B ■ RP/B

■ R/V ■ Y/V □ N9.5

■花火

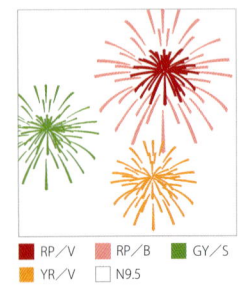
■ RP/V ■ RP/B ■ GY/S
■ YR/V □ N9.5

■ R/V ■ GY/B ■ Y/V
■ YR/V □ N9.5

■ Y/B ■ P/B ■ YR/V
■ R/V ■ G/S

■水玉

□ N9.5 ■ BG/P ■ RP/B
■ Y/B

■ Y/V ■ R/B ■ P/B
■ G/B

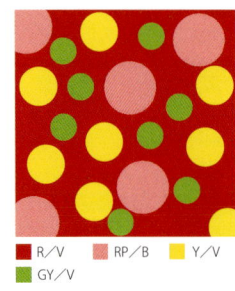
■ R/V ■ RP/B ■ Y/V
■ GY/V

■マルチストライプ

■ RP/B ■ Y/B ■ BG/P
■ P/P ■ P/Vp

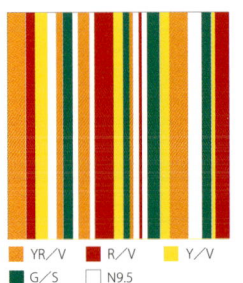
■ YR/V ■ R/V ■ Y/V
■ G/S □ N9.5

■ B/B ■ G/P ■ Y/V
■ RP/B ■ Y/B

| 表現モチーフ | 笑顔　お日様　虹　曲線　音符　花束　割れたくす玉　ガッツポーズ　万歳　ダンス　抱き合う　イチゴ　清涼飲料の泡　バースデイケーキ　プレゼント　リボン |

■フォント

■ Y／V　■ BG／V

■ P／B　■ Y／V

■ R／V　■ Y／V

■ G／Vp　■ RP／B

■ RP／B　□ N9.5

■ BG／B　■ Y／V

■ P／B　■ GY／Vp

■ Y／V　■ BG／V

■ RP／V　■ RP／P

■ B／B　□ N9.5

■ YR／S　■ Y／B

■ GY／V　□ N9.5

1章　基本的な感情や表情　15

悲しみ

感情の表現

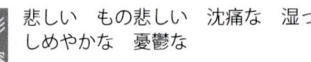

形容： 悲しい　もの悲しい　沈痛な　湿っぽい　しめやかな　憂鬱な

悲嘆
N4 / N2

悲しい
N8 / N6

さびしさ
N5 / PB/Lgr

もの悲しい
N5 / GY/Lgr / N7

感傷にひたる
P/Lgr / PB/Vp / PB/Lgr

悲しむ
N6 / P/Gr / N8

侘しさ
N4 / GY/Gr / N7

青ざめる
PB/Dl / PB/L / PB/Lgr

湿っぽい
PB/Gr / PB/Lgr / N5

しめやかな
PB/Gr ; P/Gr ; N8 ; N7

憂鬱な
P/Dk ; P/Lgr ; N8 ; P/Gr

孤独
PB/Gr ; N7 ; N3 ; N6

慟哭
PB/Dgr ; PB/Dk ; R/S ; N4

悼む
PB/Dgr ; PB/Dl ; N8 ; PB/L

沈痛な
N1.5 ; N3 ; N4 ; N2

カラーイメージと配色テクニック

静的で沈んだ雰囲気を表現するには、シックイメージを中心に、クール寄りのエレガントやフォーマルイメージが適している。無彩色を中心に濁色系をベースに配色すると、翳りや沈んだ雰囲気が伝わる。トーンの差に注意し、隣り合う色同士がつぶれて見えないように配色することがポイントである。

- 色相配色 ●――― トーン配色
- まとまり ――●― きわだち
- セパレーション ―●― グラデーション
- 清色的 ―――● 濁色的

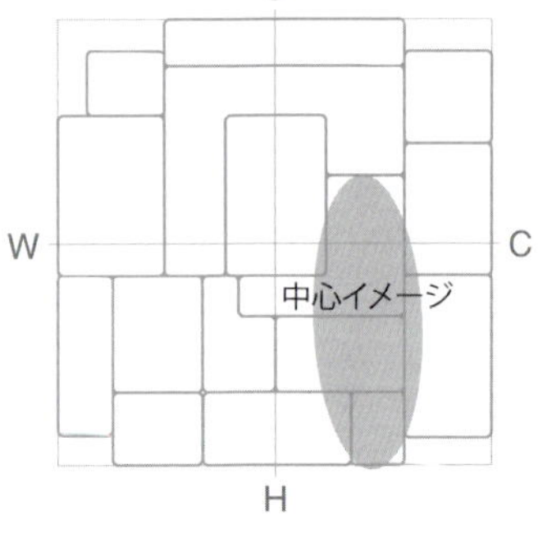

動き	悼む　感傷にひたる 悲しむ　青ざめる	名詞	悲嘆　さびしさ 侘しさ　孤独 慟哭	関連	不快感→ P.24 郷愁→ P.70 侘しさ→ P.76 憂鬱→ P.78

■「悲しみ」のキーカラーとイメージの多義性

PB／L
藍ねずみ
ペール・ブルー

青空が翳りを帯びてきた時の色で、内向的な沈静感を感じさせる。一方で都会的で知的な雰囲気や、スマートさも感じる。

曇った
都会的な

PB／Lgr

しめやかな
幻想的な

P／Gr

ブルーな
冷静な

PB／Dl

PB／Lgr
浅藍ねずみ
ムーンストーン・ブルー

梅雨時のような湿った感覚の色。涙を連想させるが、同時に緻密で洗練されたニュアンスを表現しやすい色でもある。

さびしい
シックな

N5

湿った
静かな

PB／Vp

悲しい
厳粛な

N3

PB／Dgr
濃紺
ミッドナイト・ブルー

色名にもあるように、夜の闇を思わせる色である。高級感も感じさせ、ファッションやプロダクト製品にも使われやすい。

高尚な
貴重な

P／Lgr

沈んだ
フォーマルな

PB／Gr

沈鬱な
崇高な

PB／Dl

N8
明灰色
シルバー・グレー

明るい灰色は、ひかえめで目立たない色だが、白よりもおちついた雰囲気の色である。生活の中ではベーシックに使われる。

ひっそりした
さりげない

N9

寒々しい
精妙な

PB／Lgr

気だるい
奥ゆかしい

P／Gr

N5
灰色
ミディアム・グレー

北国の冬の空を思わせる色。灰色の人生という言い方もあるが、シックさや静けさ、デリケートな感覚には欠かせない色である。

うっとうしい
慎ましい

N7

もの悲しい
枯れた

GY／Lgr

閑静な
知的な

G／Lgr

N1.5
黒
ブラック

黒は死や闇の象徴である。その禁欲性や重さは、フォーマルな場に欠かせない。専門性やモダンさも感じさせる色である。

神聖な
正式な

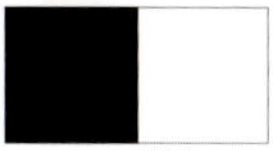

N9.5

スピリチュアルな
おごそかな

P／Dl

落ち込んだ
モダンな

N4

●ネガティブなイメージに潜む色の妙味

喜びが光なら、悲しみは影であり闇である。

大切な人との別れ、希望や努力が報われない時、人は喪失感や失望感を味わう。希望があればこそ失望もあるといったように、人の一生には必ず悲しみの感情がつきまとう。そして深い悲しみの感情は、古今東西の芸術家を創作へと駆り立てる源泉ともなってきた。

ピカソの「青の時代」とよばれる一連の作品は、貧困や悲しみをテーマにしている。独特の色調で描かれた静謐な世界は、見るものを引き込んでやまない奥深い魅力がある。

悲しさを表現する配色は、翳りがあり暗いが、デリケートで複雑な内面を映し出す深みのある配色が多い。

1章　基本的な感情や表情　17

感情の表現
愛情

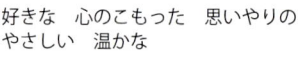

形容　好きな　心のこもった　思いやりのある
やさしい　温かな

恋愛
RP／V　RP／B

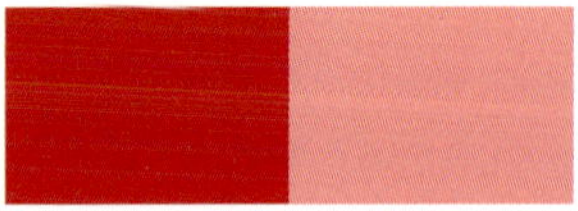

温かな
R／P　R／B

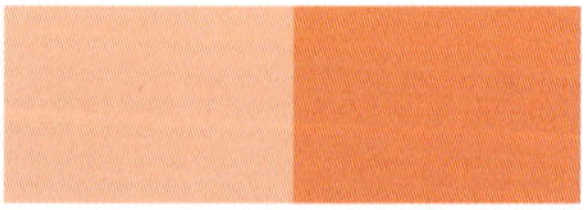

愛する
RP／B　RP／Vp

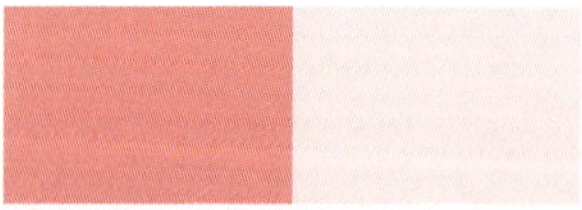

心のこもった
R／B　R／Vp　RP／B

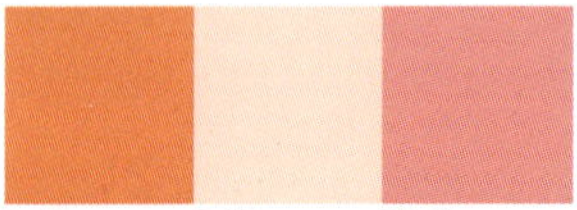

細やかな愛情

B／Vp　Y／Vp　RP／Vp

友情
PB／B　Y／B　RP／B

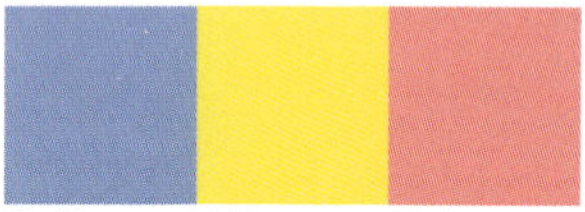

好きな
RP／B　RP／P　Y／B

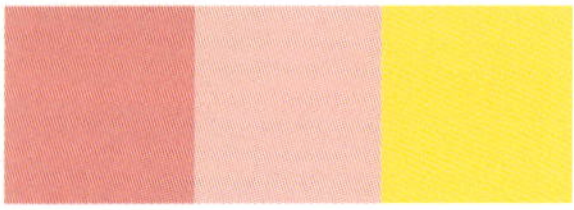

思いやりのある
R／Vp　R／P　P／Lgr

憐れむ
R／L　R／Lgr　YR／P

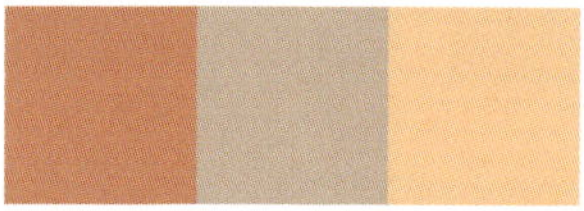

初恋
RP／P ; Y／Vp ; B／Vp ; N9.5

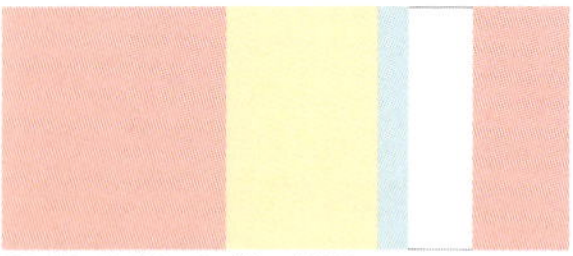

やさしい
RP／P ; R／Vp ; N9.5 ; P／P

育む
BG／Vp ; Y／Vp ; N9.5 ; RP／P

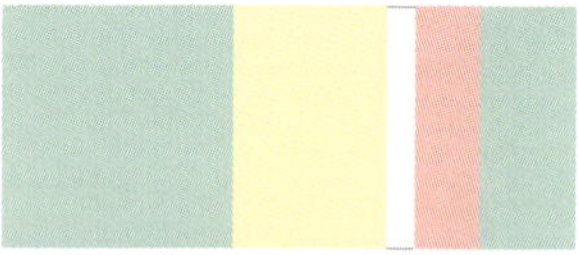

熱愛
RP／V ; N1.5 ; RP／B ; RP／Dp

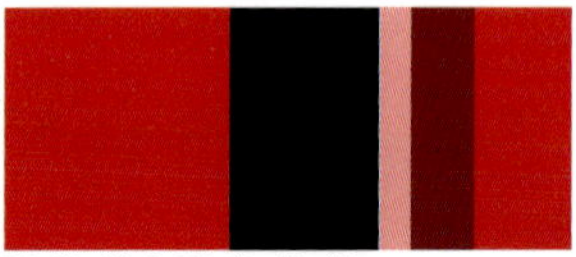

同情する
R／B ; YR／P ; YR／Vp ; R／P

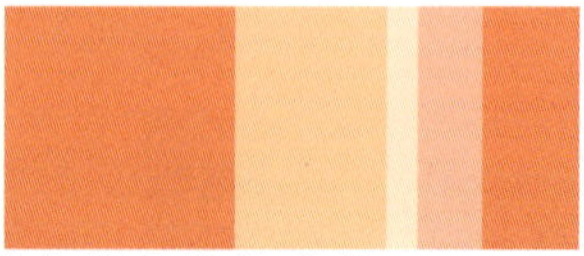

深い愛情
RP／S ; RP／B ; RP／P ; RP／Dp

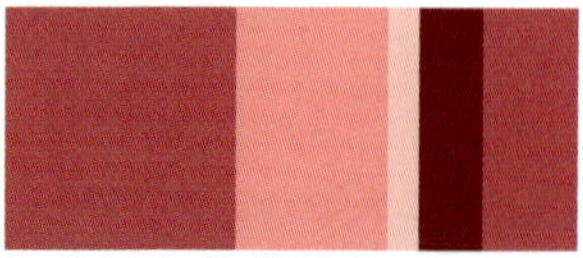

カラーイメージと配色テクニック

愛情は、ピンク系がキーカラーで、ロマンチック、プリティ、エレガントイメージが中心になる。温かな気持ちを表しやすいR、RP系の色相で、ソフトな清色トーンで色相配色にすると、やさしくういういしい感じになる。反対に黒や暗いトーンを合わせると、情熱的な愛情や深い愛情が表現できる。

色相配色 ○●○○○ トーン配色
まとまり ○●○○○ きわだち
セパレーション ○○●○○ グラデーション
清色的 ●○○○○ 濁色的

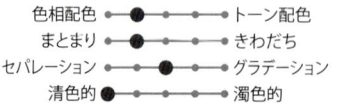

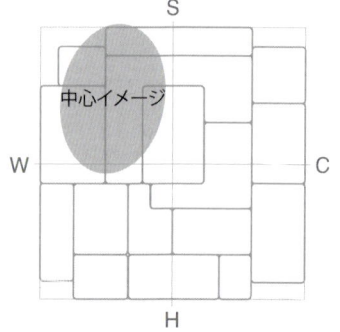

| | 愛する　憐れむ
同情する　育む | | 深い愛情　恋愛
初恋　熱愛
細やかな愛情　友情 | | 喜び→ P.12
幸福感→ P.28
夢心地→ P.30
感謝→ P.40 | 尊敬→ P.68
やさしい→ P.94
甘えん坊な→ P.98
愛され系→ P.122 |

■愛情と関わりが深い感情

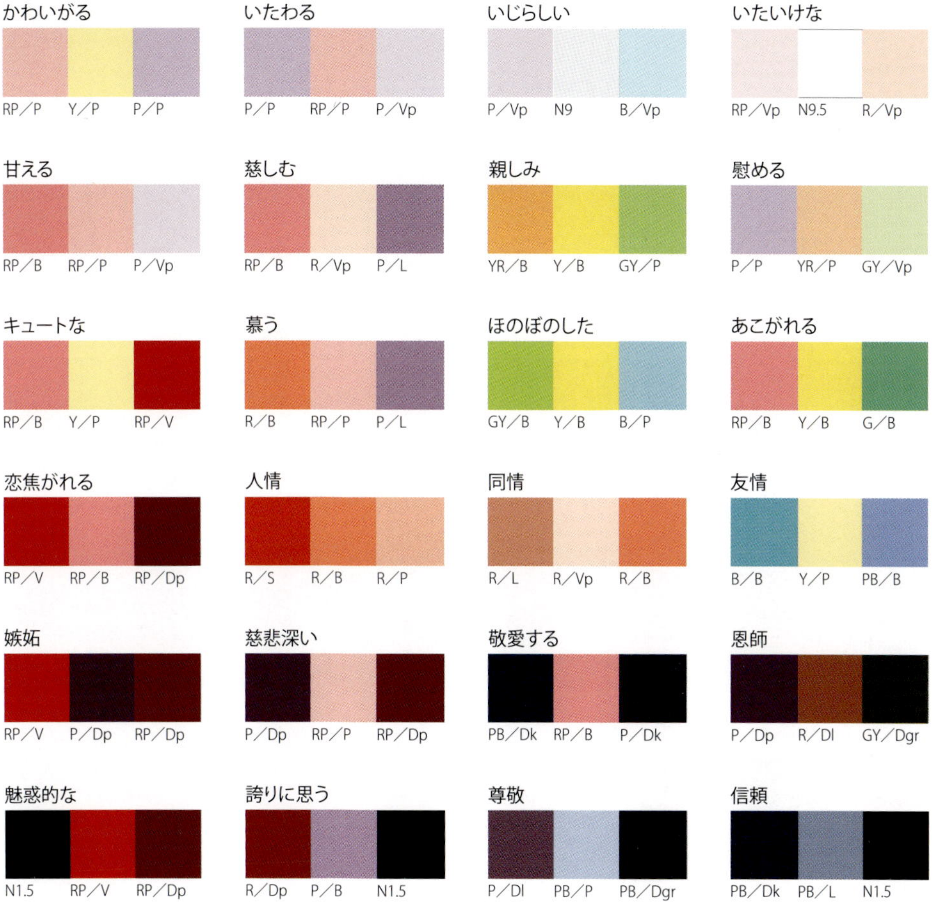

かわいがる　RP／P　Y／P　P／P
いたわる　P／P　RP／P　P／Vp
いじらしい　P／Vp　N9　B／Vp
いたいけな　RP／Vp　N9.5　R／Vp

甘える　RP／B　RP／P　P／Vp
慈しむ　RP／B　R／Vp　P／L
親しみ　YR／B　Y／B　GY／P
慰める　P／P　YR／P　GY／Vp

キュートな　RP／B　Y／P　RP／V
慕う　R／B　RP／P　P／L
ほのぼのした　GY／B　Y／B　B／P
あこがれる　RP／B　Y／B　G／B

恋焦がれる　RP／V　RP／B　RP／Dp
人情　R／S　R／B　R／P
同情　R／L　R／Vp　R／B
友情　B／B　Y／P　PB／B

嫉妬　RP／V　P／Dp　RP／Dp
慈悲深い　P／Dp　RP／P　RP／Dp
敬愛する　PB／Dk　RP／B　P／Dk
恩師　P／Dp　R／Dl　GY／Dgr

魅惑的な　N1.5　RP／V　RP／Dp
誇りに思う　R／Dp　P／B　N1.5
尊敬　P／Dl　PB／P　PB／Dgr
信頼　PB／Dk　PB／L　N1.5

●人間らしさの源

　愛情は、相手への好意や大切に思う気持ちが持続している状態である。その対象は異性、自分、家族、友人などの人はもちろん、生き物、自然、果ては故郷や祖国、仕事や職場、学問、趣味にいたるまで、非常に幅広い。

　愛情が芽生え、心の中にしっかりと根を下ろしてくると、信頼や尊敬、誇りやアイデンティティといった、より知性的な感情に発展していく。

　一方で、愛情が強いほど、対象を失ったとき、裏切られたときの失望は大きく、場合によっては嫉妬や憎しみといったネガティブな感情へと変化する場合もある。善悪や理屈では決着がつかない複雑な人間関係の裏には、常に愛情がからんでいる。

感情の表現
怒り

形容: 腹立たしい　とげとげしい　暴力的な　イライラ　カッカ　カンカン　カチン　ぷんぷん　メラメラ

腹立たしい
R／Dp　RP／V

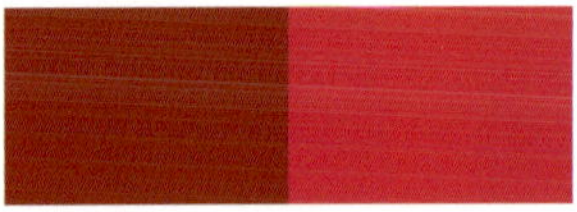

怒る
YR／V　R／Dp

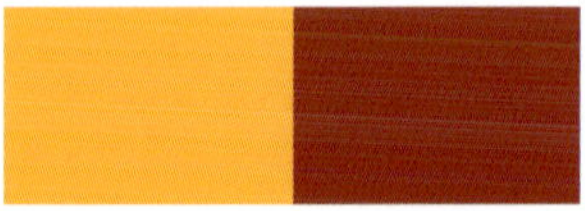

カチン
Y／V　N1.5

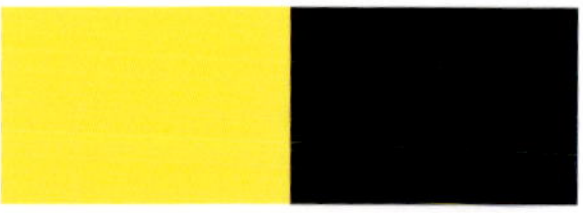

ムカつく
R／V　R／Dp　N1.5

キレる
RP／V　Y／V　N1.5

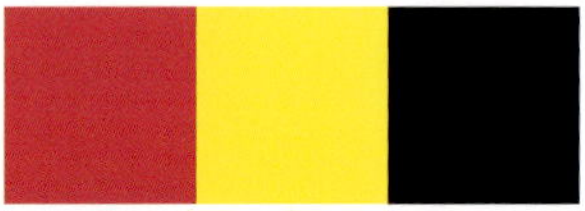

ぷんぷん
R／V　Y／V　P／S

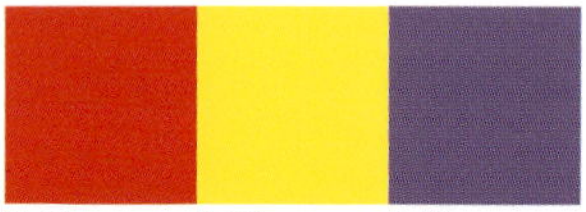

とげとげしい
N1.5　RP／V　N2

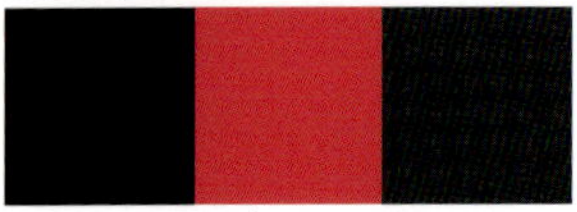

メラメラ
R／Dgr　R／V　YR／V

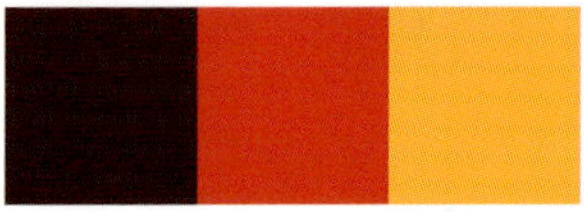

暴力的な
P／V　RP／V　N1.5

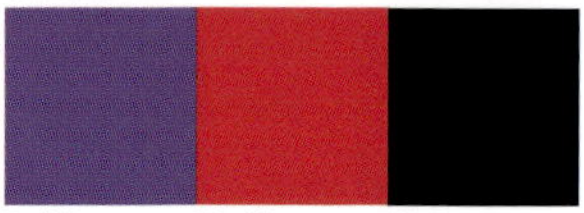

カッカ
R／Dp；R／V；N1.5；YR／V

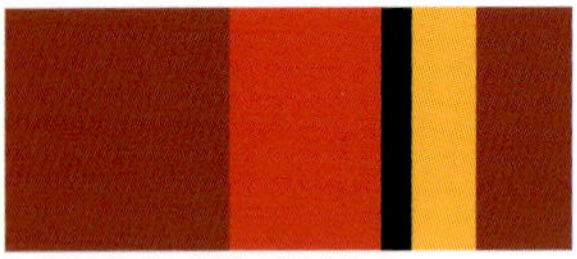

イライラ
P／Dk；R／V；N1.5；Y／V

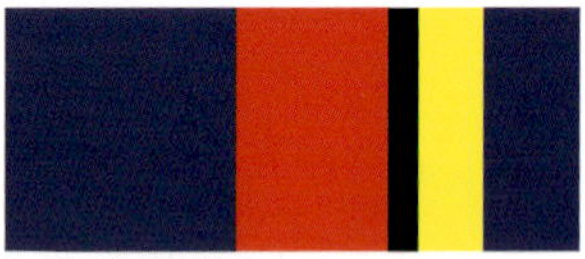

かんしゃくを起こす
R／V；R／Dp；N1.5；Y／V

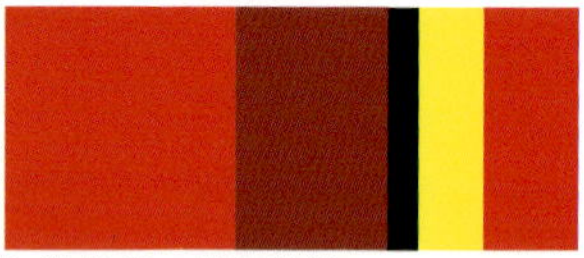

カンカン
R／V；N1.5；Y／V；YR／V

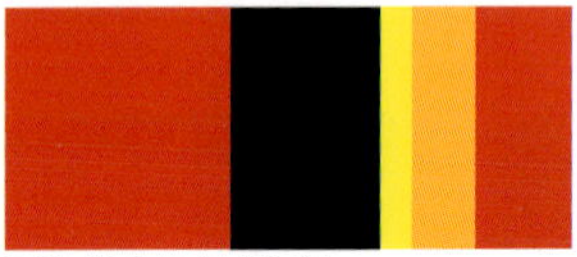

興奮する
RP／V；P／Dk；YR／V；P／V

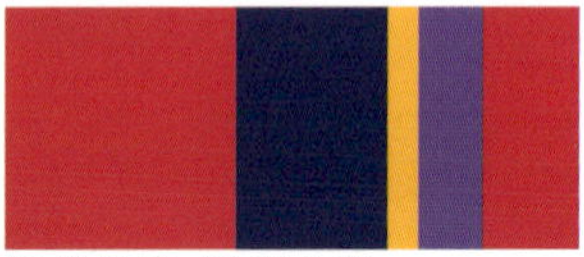

雷
N1.5；Y／B；R／V；Y／V

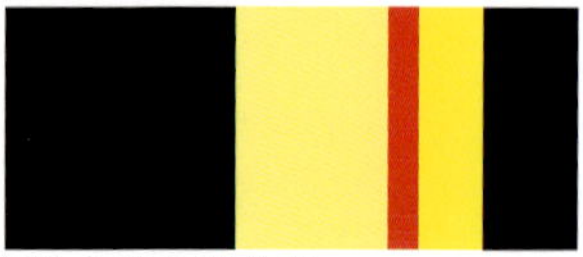

カラーイメージと配色テクニック

怒りは、ダイナミックなイメージが中心となる。カッと頭に血が上った様子を表現するには、R系、RP系のVやDpトーンを基調に黒や派手な黄色を対比させると効果的。内面的な感情のニュアンスを伝えるには、P系を加えると不快感やイライラ感が増し、RP系を加えると激情や興奮が強調される。

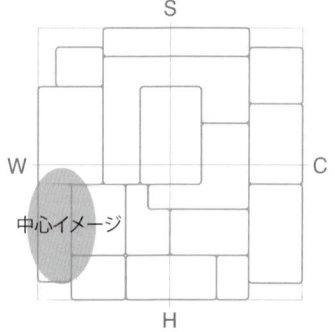

| 動き | ムカつく　怒る　キレる　興奮する　かんしゃくを起こす | 名詞 | 雷 | 関連 | 不快感→P.24
緊張→P.50
嫉妬→P.58
アグレッシブな→P.114 |

■面積比による配色効果の違い

キレる

RP/V　Y/V　N1.5

赤紫ベースは怒りの感情が盛り上がってくるイメージ、黒ベースになるとさらに、険悪で危険なイメージになる。

ムカつく

R/V　R/Dp　N1.5

グラデーションにするとじわじわ怒りが高じてくるイメージになる。暗いトーンの方が怒りの深さを感じさせる。

メラメラ

R/Dgr　R/V　YR/V

暗いトーンをベースにしたものは、内部で燃えるイメージに、オレンジをベースにしたものは、燃え広がるイメージに。

暴力的な

P/V　RP/V　N1.5

紫系を入れると非日常的な過激さが強まる。黒ベースの方が、ハードで抑え切れない怒りの強さを感じる。

●生存のための原始的な感情

　怒りは、自分に及ぶ危害や、欲求が満たされない時に相手に反発する情動である。
　生き抜くために身を守る反応という点では、恐怖心と同様に犬や猿などにも見られる本能的な感情といえる。ただし人間の場合、怒りを抑えるため理性を働かせる、あるいは信仰に救いを求めるなど、倫理的な知性や文化も備えている。
　一方、プライドや名誉を踏みにじられた怒り、あるいは不正に対して覚える社会的な怒りもある。富や領土が剥奪された時に感じる無念の怒りもある。そうした怒りが収まらずに集団の心の中に蓄積されると、積年の恨みとなって復讐心へと変化し、時には戦争や革命、テロへとつながる場合もある。

1章　基本的な感情や表情　　21

感情の表現	形容	ここちよい　快適な　さっぱりした　さわやかな
# ここちよさ		すがすがしい　うららかな　気持ちいい ゆったりした　楽な

楽な
R/P　Y/Vp

気持ちいい
RP/Vp　RP/P

さわやかな
N9.5　B/B

うららかな
R/P　Y/B　YR/B

快適な
G/P　Y/Vp　B/P

さっぱりした
PB/Vp　N9.5　BG/Vp

ゆったりした
Y/Vp　YR/P　R/P

ここちよい
G/L　G/Vp　GY/Vp

すがすがしい
PB/B　N9.5　B/P

酔いしれる
RP/B；P/P；RP/Vp；RP/S

癒す
G/Vp；RP/P；RP/Vp；P/P

清涼感
B/B；BG/Vp；PB/S；N9.5

くつろぐ
YR/L；YR/P；Y/Vp；YR/Vp

やすらぎ
Y/Lgr；YR/L；GY/Lgr；YR/P

リラクゼーション
G/L；Y/Vp；N9.5；G/Vp

カラーイメージと配色テクニック

ここちよさの基本は、ソフトなイメージである。白や明るい清色でクリア感を強調したり、明るめのナチュラルなイメージでリラックスした雰囲気を表現する。また、RP系やR系、YR系、Y系の明るいトーンや明るく地味なトーンであたたかさや甘さを出す。極端なトーン差をつけずに組み合わせる。

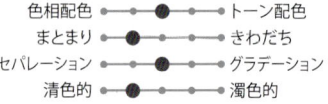

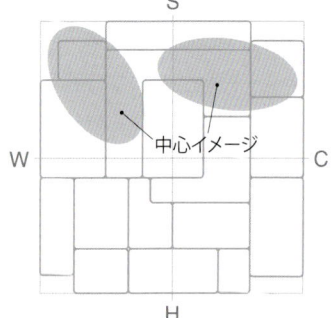

22

| 動き | 癒す くつろぐ 酔いしれる | 名詞 | 清涼感 やすらぎ リラクゼーション | 関連 | 愛情→ P.18 幸福感→ P.28 夢心地→ P.30 自由→ P.36 | やすらぎ→ P.42 爽快→ P.48 明るい→ P.90 温かい→ P.92 |

■ここちよさを表すイメージ

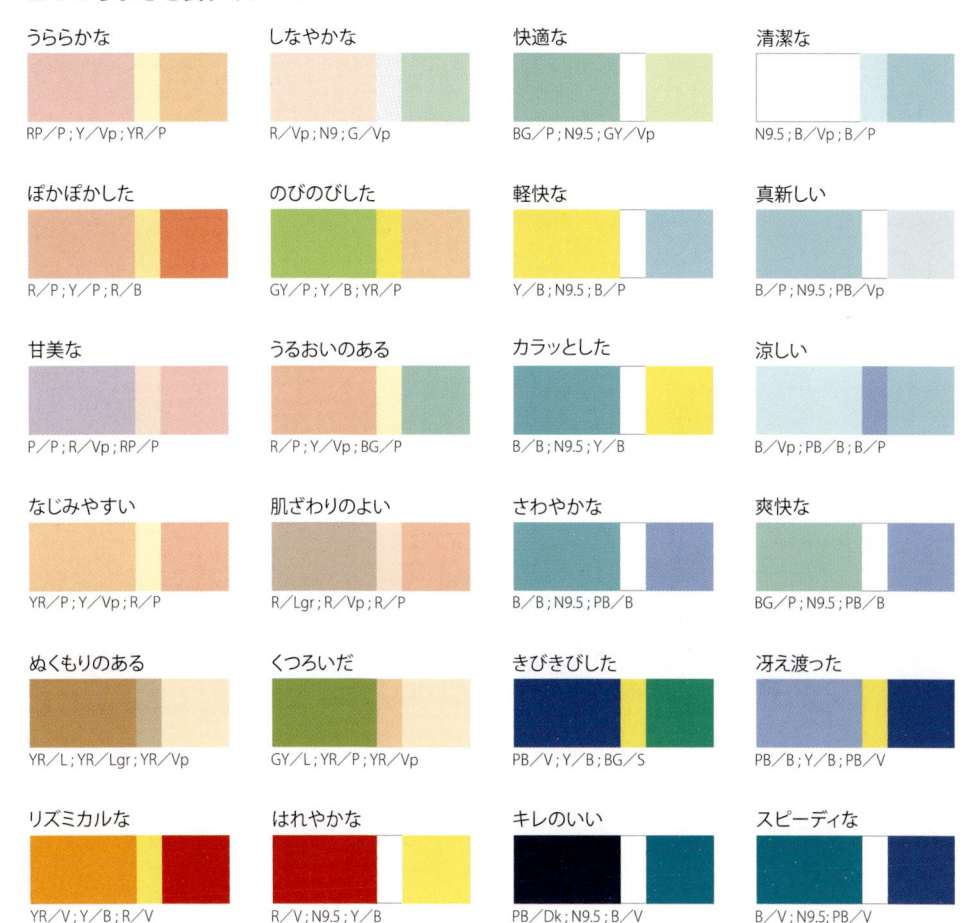

うららかな
RP/P;Y/Vp;YR/P

しなやかな
R/Vp;N9;G/Vp

快適な
BG/P;N9.5;GY/Vp

清潔な
N9.5;B/Vp;B/P

ぽかぽかした
R/P;Y/P;R/B

のびのびした
GY/P;Y/B;YR/P

軽快な
Y/B;N9.5;B/P

真新しい
B/P;N9.5;PB/Vp

甘美な
P/P;R/Vp;RP/P

うるおいのある
R/P;Y/Vp;BG/P

カラッとした
B/B;N9.5;Y/B

涼しい
B/Vp;PB/B;B/P

なじみやすい
YR/P;Y/Vp;R/P

肌ざわりのよい
R/Lgr;R/Vp;R/P

さわやかな
B/B;N9.5;PB/B

爽快な
BG/P;N9.5;PB/B

ぬくもりのある
YR/L;YR/Lgr;YR/Vp

くつろいだ
GY/L;YR/P;YR/Vp

きびきびした
PB/V;Y/B;BG/S

冴え渡った
PB/B;Y/B;PB/V

リズミカルな
YR/V;Y/B;R/V

はれやかな
R/V;N9.5;Y/B

キレのいい
PB/Dk;N9.5;B/V

スピーディな
B/V;N9.5;PB/V

●五感で感じる身体的な快

ここちよさは、「喜び」や「幸福」と同様、快を表す言葉だが、空気や温度、風、音、肌ざわり、といった体感的な気持ちよさを表現する場合が多い。極端すぎず程よい、気分がすっきりするといったニュアンスがある。

ここに集めたイメージ配色のように、ここちよさに関連する言葉には、爽快感やおだやかさ、リラックス感、スピード感といった、イメージの類似性によって、いくつかのパターンがあることがわかる。これも五感的な快のイメージと関係しているとみられる。

似た言葉に「快適」があるが、こちらは、「快適な暮らし」「快適な乗り心地」といった具合に、ここちよさに比べると全体的かつ抽象的な使い方をする場合が多い。

1章 基本的な感情や表情

感情の表現
不快感

形容: 気持ち悪い うっとうしい すっきりしない 暑苦しい 息苦しい グロテスクな ぬるぬるした しつこい 苦い まずい 味気ない

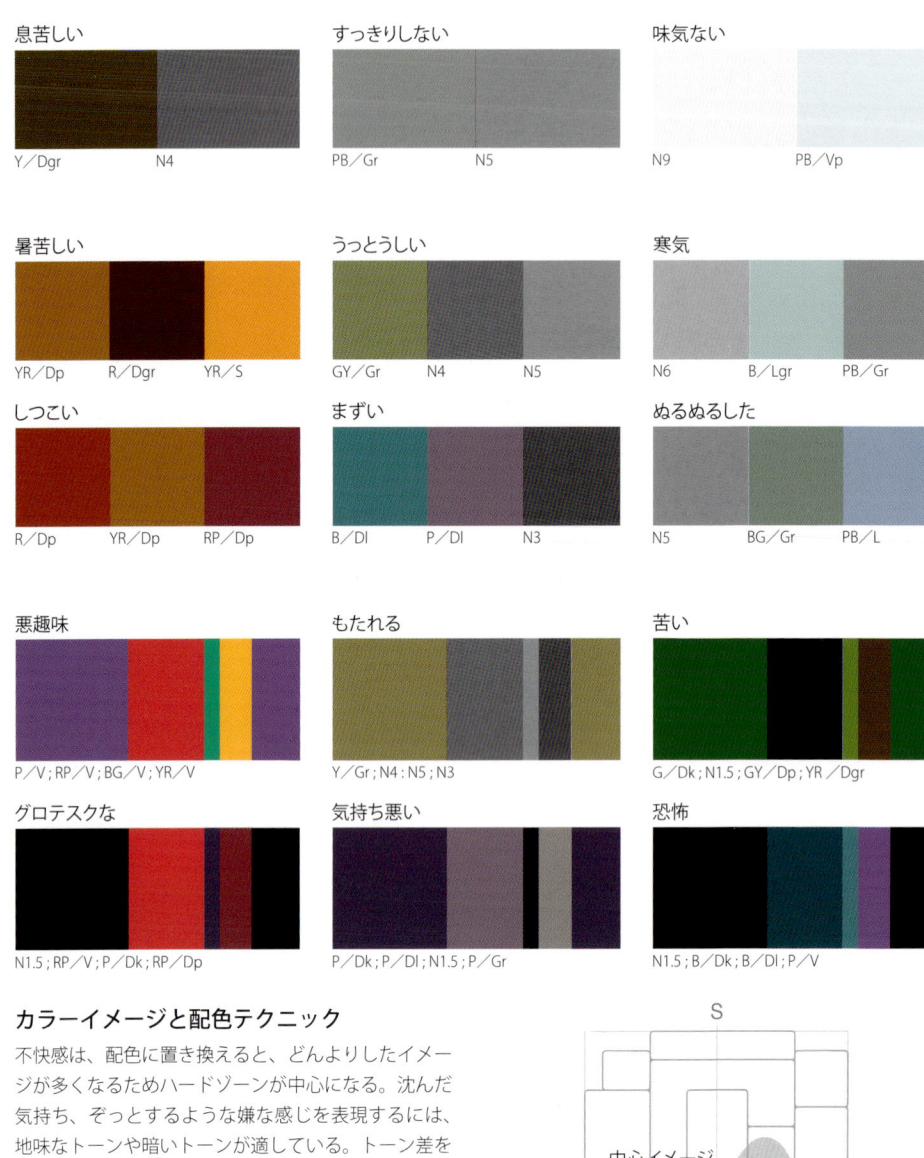

息苦しい Y／Dgr　N4
すっきりしない PB／Gr　N5
味気ない N9　PB／Vp
暑苦しい YR／Dp　R／Dgr　YR／S
うっとうしい GY／Gr　N4　N5
寒気 N6　B／Lgr　PB／Gr
しつこい R／Dp　YR／Dp　RP／Dp
まずい B／Dl　P／Dl　N3
ぬるぬるした N5　BG／Gr　PB／L
悪趣味 P／V；RP／V；BG／V；YR／V
もたれる Y／Gr；N4：N5；N3
苦い G／Dk；N1.5；GY／Dp；YR／Dgr
グロテスクな N1.5；RP／V；P／Dk；RP／Dp
気持ち悪い P／Dk；P／Dl；N1.5；P／Gr
恐怖 N1.5；B／Dk；B／Dl；P／V

カラーイメージと配色テクニック

不快感は、配色に置き換えると、どんよりしたイメージが多くなるためハードゾーンが中心になる。沈んだ気持ち、ぞっとするような嫌な感じを表現するには、地味なトーンや暗いトーンが適している。トーン差をあまりつけずに、重苦しいイメージを強める。P系やRP系を使うと生理的な違和感が強調される。

色相配色 ●→ トーン配色
まとまり ●→ きわだち
セパレーション ●→ グラデーション
清色的 →● 濁色的

| 動き | もたれる | 名詞 | 悪趣味
寒気
恐怖 | 関連 | 悲しみ→ P.16
怒り→ P.20
憂鬱→ P.78 |

■不快感を表すイメージ

…気分・雰囲気…

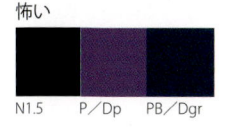

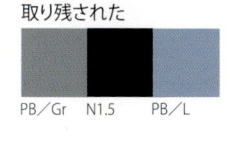

うるさい
Y/V　R/S　N1.5

だるい
GY/Gr　GY/Lgr　N5

生ぬるい
PB/P　Y/Lgr　B/Vp

冷めた
B/Vp　N9　PB/Vp

不吉な
N1.5　Y/V　P/Dk

よどんだ
BG/Gr　Y/Gr　N6

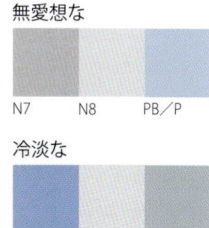

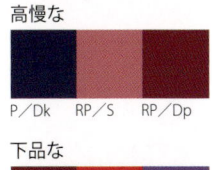

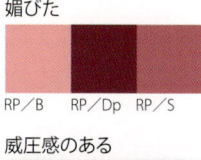

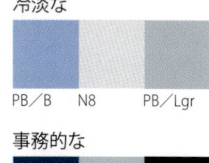

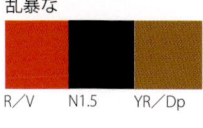

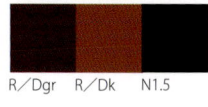

どんよりした
B/Gr　N4　N3

じめじめした
B/Gr　N6　PB/L

ぎすぎすした
P/Dp　R/S　PB/Dgr

怖い
N1.5　P/Dp　PB/Dgr

取り残された
PB/Gr　N1.5　PB/L

背筋の凍る
PB/Dk　N8　N1.5

…態度…

馬鹿にしたような
R/S　P/V　YR/V

なれなれしい
Y/V　YR/V　RP/V

ふざけた
Y/B　YR/S　GY/V

無愛想な
N7　N8　PB/P

高慢な
P/Dk　RP/S　RP/Dp

横柄な
N2　R/Dp　RP/S

媚びた
RP/B　RP/Dp　RP/S

冷淡な
PB/B　N8　PB/Lgr

下品な
RP/Dp　RP/V　P/V

乱暴な
R/V　N1.5　YR/Dp

威圧感のある
R/Dgr　R/Dk　N1.5

事務的な
PB/Dk　PB/Lgr　N1.5

●多様な忌避感の表現

「快、不快」は怒り同様、最も原始的な情動といわれている。「快」が生きるために必要な刺激を歓迎する心の反応なら、「不快」は回避すべき状態や刺激に対する反応である。

そうした忌避感は、生理的な嫌悪感に始まり、場の雰囲気や人の態度やふるまいにいたるまで非常に多様なシチュエーションに及ぶ。

また、「不快だ」と表現される人の感じ方は実に様々で、主観的である。同じ音が聞こえる環境であっても、ある人は「うるさい」と感じ、ある人は「にぎやか」と感じる。

不快感を表した配色も、見方を変えれば、ポジティブにもネガティブにも受け取れるのは、快、不快のもつ「境界の曖昧さ」にその理由があるのかもしれない。

1章のまとめ 基本的な感情のイメージ

■ 基本的な感情を WARM-COOL ／ SOFT-HARD でとらえる

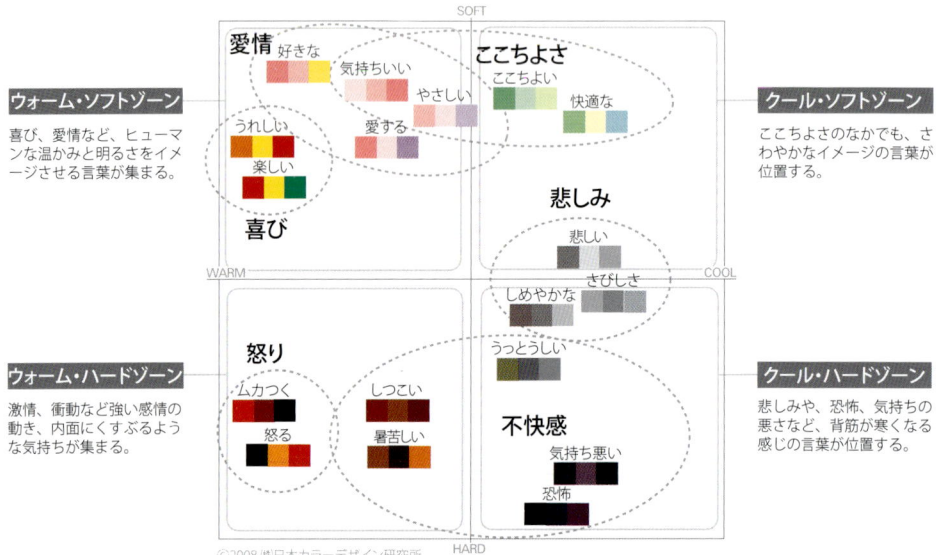

ウォーム・ソフトゾーン
喜び、愛情など、ヒューマンな温かみと明るさをイメージさせる言葉が集まる。

クール・ソフトゾーン
ここちよさのなかでも、さわやかなイメージの言葉が位置する。

ウォーム・ハードゾーン
激情、衝動など強い感情の動き、内面にくすぶるような気持ちが集まる。

クール・ハードゾーン
悲しみや、恐怖、気持ちの悪さなど、背筋が寒くなる感じの言葉が位置する。

■ 基本的な感情を CLEAR-GRAYSH ／ SOFT-HARD でとらえる

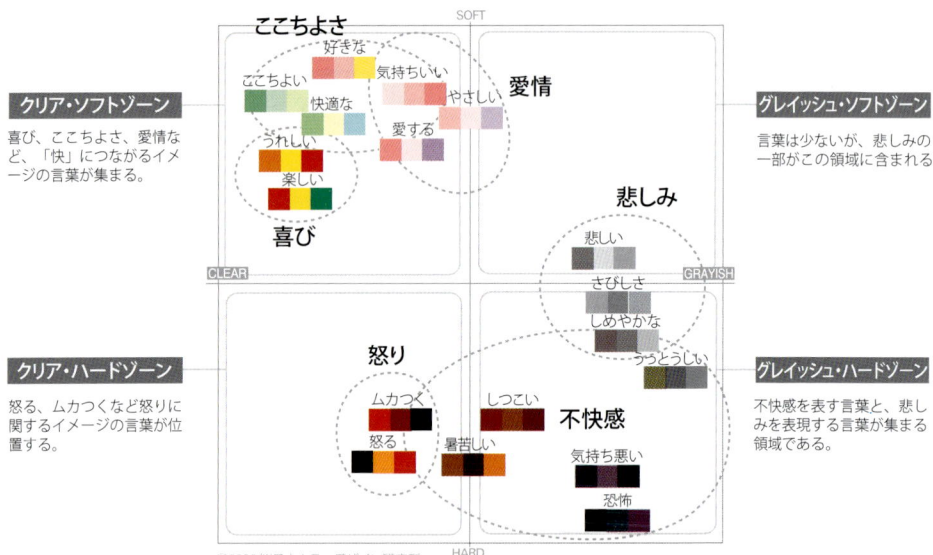

クリア・ソフトゾーン
喜び、ここちよさ、愛情など、「快」につながるイメージの言葉が集まる。

グレイッシュ・ソフトゾーン
言葉は少ないが、悲しみの一部がこの領域に含まれる。

クリア・ハードゾーン
怒る、ムカつくなど怒りに関するイメージの言葉が位置する。

グレイッシュ・ハードゾーン
不快感を表す言葉と、悲しみを表現する言葉が集まる領域である。

注)…イメージスケールについての説明は、P.164 〜を参照。

2章
気持ちや気分、雰囲気

未来に対して抱く希望や期待、何かを誇りに思う感情、昔を懐かしむノスタルジー…。2章では、さまざまな気分や気持ち、雰囲気などのイメージを集め、配色にしている。

| 気持ちの表現 |
幸福感

 形容　幸せな　幸福な　ハッピーな　ささやかな
ほのぼのした　ぬくぬく　うきうき
るんるん

ハッピーな
RP/P　RP/B

満足感
YR/B　Y/P

陶酔
P/P　RP/Vp

幸福な
R/B　R/P　R/Vp

ぬくぬく
YR/P　R/Vp　YR/Lgr

夢
R/Vp　N9.5　RP/Vp

るんるん
RP/P　Y/P　R/B

うきうき
YR/B　Y/B　R/P

ささやかな
G/Vp　N9　P/Vp

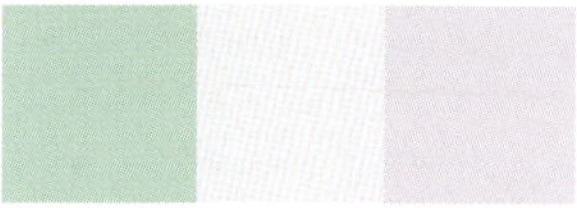

幸せな
RP/P；RP/B；RP/Vp；R/B

希望
Y/B；G/B；N9.5；R/P

微笑む
R/P；R/B；YR/P；R/Vp

喜ぶ
R/P；Y/V；YR/B；YR/P

ほのぼのした
YR/P；GY/P；N9.5；GY/Vp

満ちたりる
R/B；R/P；YR/V；YR/B

カラーイメージと配色テクニック

幸福感には、あたたかみと明るさが必要なので、Ｒや
ＲＰ系の明るいトーンを使ったプリティやロマンチッ
クイメージを中心とする。グラデーションでもセパ
レーションでもよいが、トーン差をつけすぎると、幸
福でほんわかした感じが出ない。Ｙ系を入れると明る
さが出て、未来への希望というイメージが強調される。

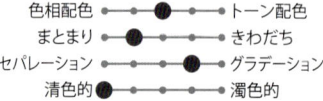

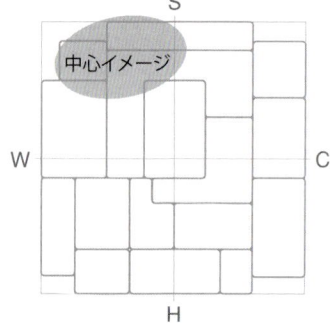

| 動き | 微笑む 満ちたりる 喜ぶ | 名詞 | 陶酔　満足感 夢　希望 | 関連 | 喜び→P.12 愛情→P.18 ここちよさ→P.22 夢心地→P.30 | やすらぎ→P.42 やさしい→P.94 愛され系→P.122 癒し・なごみ系→P.124 |

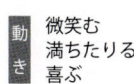

| RP/P | RP/B | R/Vp | |  R/B | Y/P | R/P | |  RP/Vp | RP/P | P/P | |  YR/P | YR/B | Y/Vp |

| RP/B | RP/P | Y/P | |  R/Vp | R/P | R/B | |  P/P | R/Vp | RP/P | |  GY/P | Y/P | G/Vp |

| RP/P | R/B | Y/B | |  R/P | R/Vp | R/B | |  RP/P | RP/B | RP/Vp | |  GY/P | Y/B | G/B |

| RP/Vp | RP/P | RP/B | |  R/B | YR/Vp | R/P | |  PB/P | P/P | RP/Vp | |  RP/Vp | GY/P | Y/P |

2章　気持ちや気分、雰囲気

夢心地

気持ちの表現

 形容：ロマンチックな　夢のある　幻想的な　あどけない　かわいい　うららかな　やわらかい　ファンタスティックな　うっとりした　ふわふわ

夢のある
R／Vp　Y／Vp

うっとりした
RP／Vp　RP／P

妖精
P／P　RP／Vp

ふわふわ
R／Vp　N9.5　YR／Vp

うららかな
GY／Vp　YR／Vp　R／P

ロマンチックな
P／Vp　Y／Vp　B／Vp

かわいい
R／B　R／Vp　YR／P

やわらかい
RP／P　N9.5　YR／Vp

幻想的な
P／Lgr　P／L　PB／P

童心にかえる
R／B；Y／B；B／P；Y／Vp

あどけない
YR／P；Y／P；R／P；N9.5

ファンタスティックな
P／B；BG／Vp；Y／B；RP／B

やわらぐ
R／L；YR／Vp；N9.5；Y／Vp

あこがれる
P／P；R／Vp；N9.5；RP／P

とろける
RP／P；R／Vp；P／B；P／P

カラーイメージと配色テクニック

ロマンチックやプリティが中心になるのは、幸福感に似ているが、舞い上がりそうな感じを出すためにより明るくソフトにする。白を使うとより軽くすっきりし、白を使わないとほんわかした曖昧な印象となる。色相はR、YR、Y系で甘い感じを出す場合と、P系で幻想的なイメージを表現する配色に分かれる。

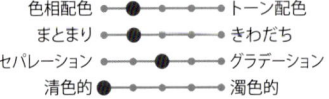

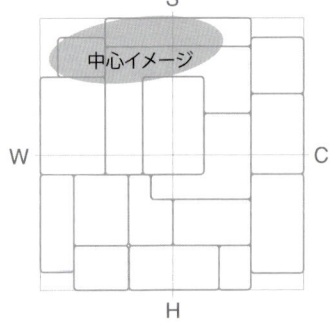

動き	あこがれる　とろける	名詞	妖精	関連	ここちよさ→ P.22	やさしい→ P.94
	童心にかえる				幸福感→ P.28	甘えん坊な→ P.98
	やわらぐ				ときめき→ P.34	愛され系→ P.122
					アンニュイ→ P.74	なごみ系→ P.126

Y/P　YR/P　R/P

Y/Vp　R/Vp　B/Vp

P/Vp　Y/Vp　RP/P

BG/Vp　P/Vp　GY/Vp

RP/P　R/Vp　Y/Vp

Y/P　YR/P　R/B

R/Vp　N9.5　RP/P

P/B　Y/Vp　RP/P

YR/P　R/P　Y/P

R/Vp　RP/P　Y/Vp

BG/Vp　Y/Vp　BG/P

PB/P　G/Vp　P/B

Y/P　R/P　YR/P

Y/Vp　GY/Vp　RP/P

BG/P　GY/Vp　BG/Vp

RP/P　P/L　P/P

2章　気持ちや気分、雰囲気

気持ちの表現 **夢心地** 展開

■ハート

| N9.5 | R／B | Y／B |
| G／P | GY／Vp | YR／B |

| RP／Vp | B／B | P／B |
| RP／B | RP／P | P／Gr |

| Y／P | P／B | BG／B |
| GY／B | RP／P | P／Gr |

■水玉

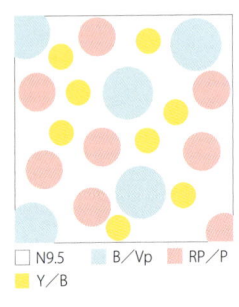

| N9.5 | B／Vp | RP／P |
| Y／B | | |

| Y／Vp | G／Vp | P／Vp |
| B／P | | |

| RP／Vp | B／Vp | RP／P |
| N9.5 | | |

■花柄

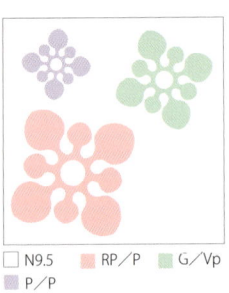
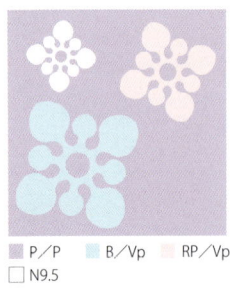

| Y／Vp | RP／P | B／P |
| P／Vp | | |

| N9.5 | RP／P | G／Vp |
| P／Vp | | |

| P／P | B／Vp | RP／Vp |
| N9.5 | | |

■マルチストライプ

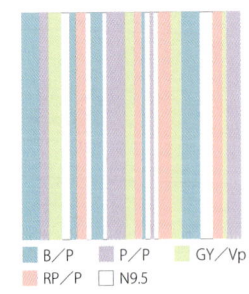

| B／P | P／P | GY／Vp |
| RP／P | N9.5 | |

| YR／V | YR／B | Y／V |
| R／Vp | G／P | |

| RP／B | Y／P | GY／P |
| B／Vp | Y／Vp | |

| 表現モチーフ | お花畑　蝶　花吹雪　ハート　雲　うっとりとした表情　赤ん坊　シャボン玉　風船
初恋　遊園地　無重力　スローモーション |

■フォント

■ R/P　■ Y/Vp

■ Y/Vp　■ RP/B

■ BG/P　■ Y/Vp

■ RP/Vp　■ RP/B

□ N9.5　■ RP/P

■ P/P　■ Y/Vp

■ RP/P　□ N9.5

■ Y/P　■ P/P

■ B/P　■ Y/P

■ BG/P　■ Y/V

■ P/Vp　■ RP/V

■ RP/B　□ N9.5

2章　気持ちや気分、雰囲気　33

気持ちの表現
ときめき

形容： 明るい　前向きな　真新しい　キラキラ　どきどき　うきうき　わくわく

胸キュン
RP／B　Y／B

前向きな
YR／B　Y／P

明るい
Y／Vp　Y／V

夢
RP／P　P／Vp　P／B

キラキラ
GY／B　Y／B　B／P

希望
BG／B　GY／P　Y／B

どきどき
R／V　Y／B　RP／B

わくわく
YR／B　B／B　Y／B

期待
BG／B　Y／B　PB／V

うきうき
YR／B；Y／P；GY／V；R／B

輝く
Y／V；N9.5；YR／B；R／B

春
RP／B；Y／P；GY／V；R／Vp

魅了される
RP／V；Y／B；RP／B；P／V

ときめく
P／B；RP／P；Y／V；RP／S

真新しい
BG／B；B／VP；PB／B；N9.5

カラーイメージと配色テクニック

ときめきは、ポジティブで前向きな気分なので、明るいトーンや派手なトーンを中心にする。色相はＲＰ系やＹ～Ｇ系が中心。特にＹ系は、未来や光を感じさせる効果がある。ＲＰ系なら夢やときめきのようなロマンチックな想い、Ｇ系なら希望や期待といったフレッシュなイメージになる。

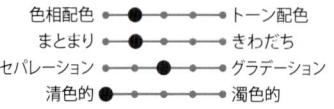
色相配色 — トーン配色
まとまり — きわだち
セパレーション — グラデーション
清色的 — 濁色的

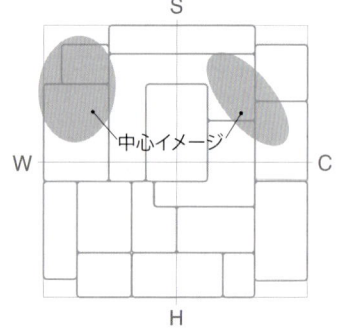
中心イメージ

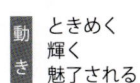		
動き ときめく 輝く 魅了される	名詞 胸キュン 希望 夢 期待 春	関連 喜び→ P.12 自由→ P.36 感動→ P.52 積極的な→ P.88 明るい→ P.90 愛され系→ P.122 人気者→ P.126

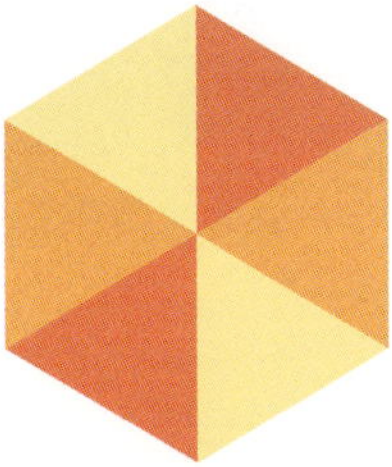

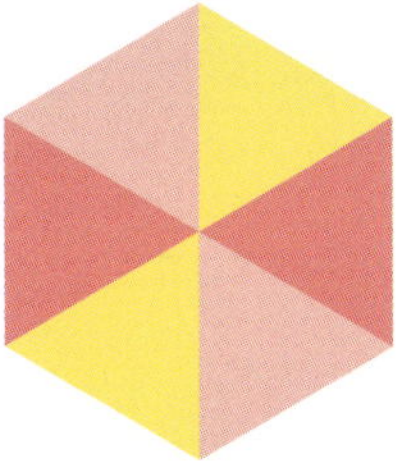

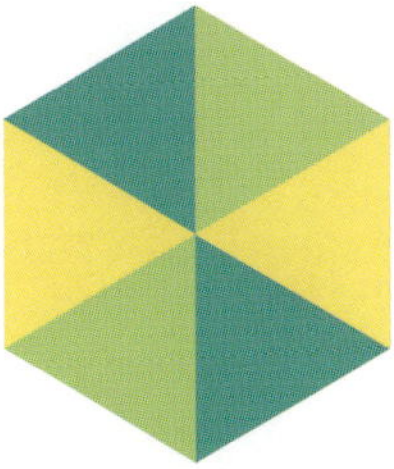

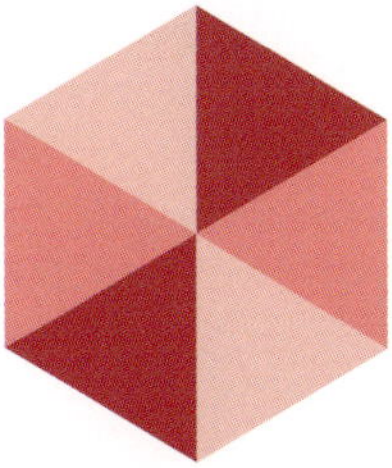

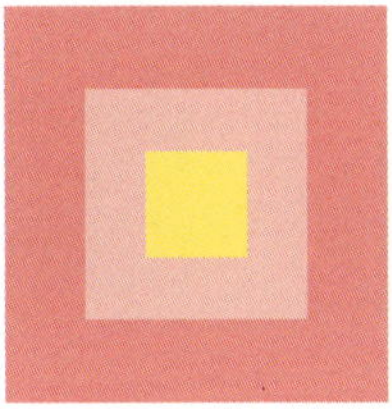

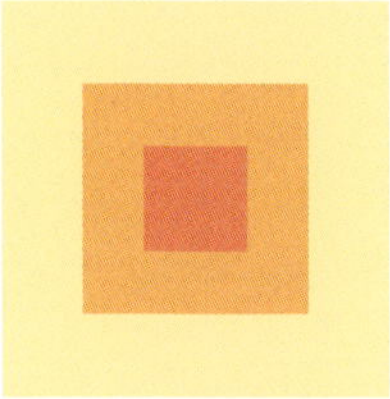

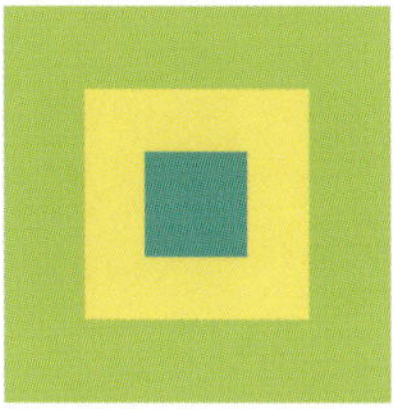

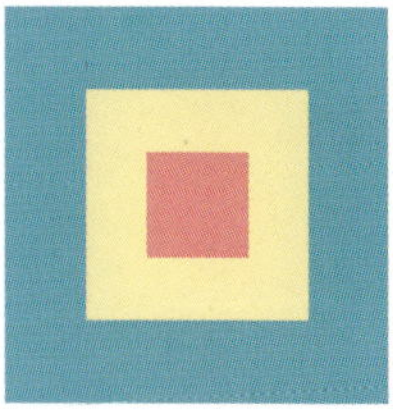

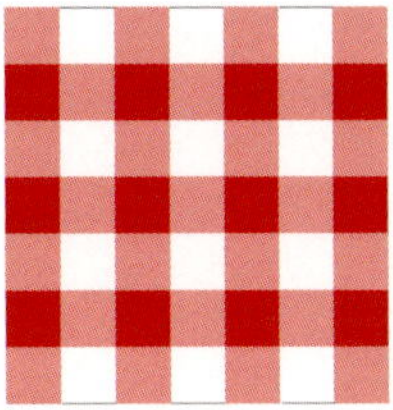

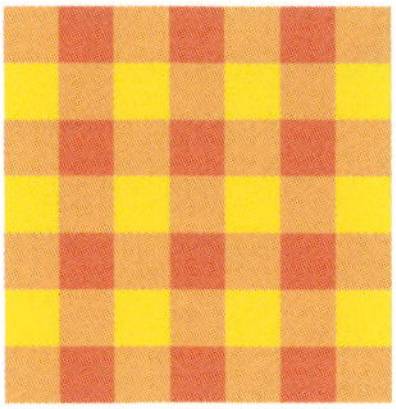

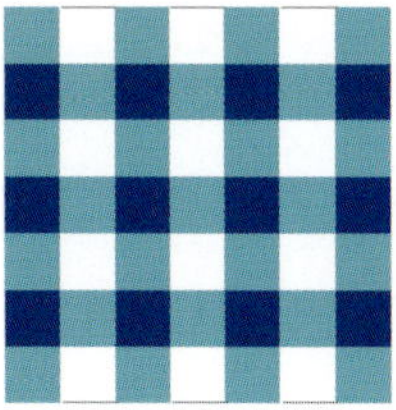

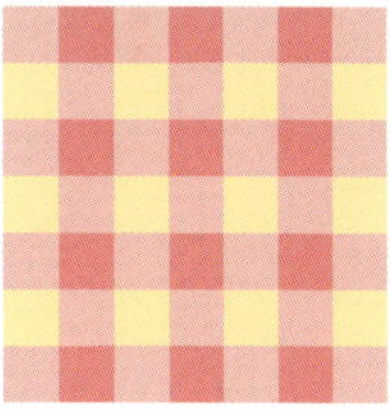

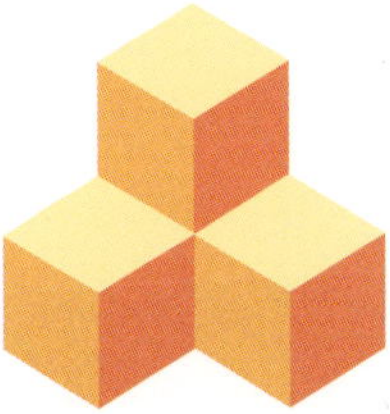

2章 気持ちや気分、雰囲気

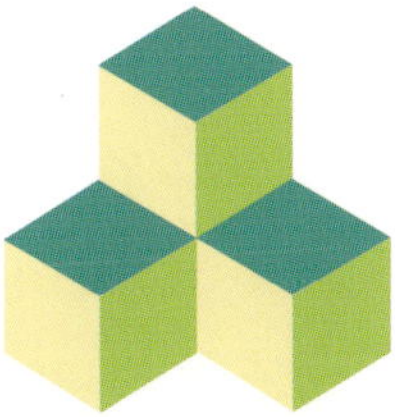

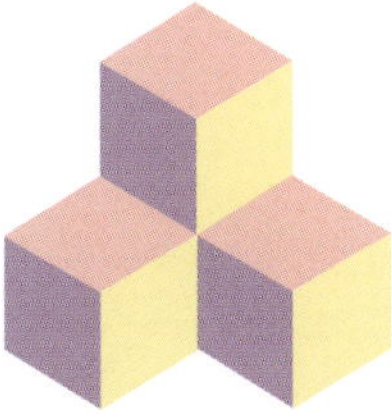

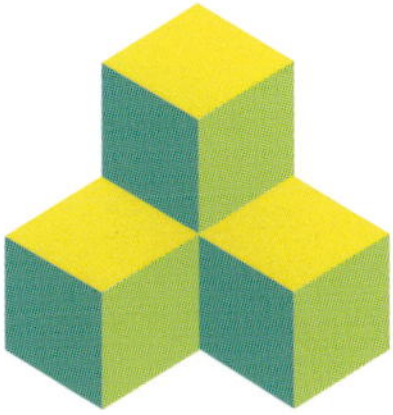

気持ちの表現
自由

形容： 開放的な　気軽な　気ままな　うれしい
　　　おおらかな　奔放な　ここちよい　のびやかな
　　　はれやかな　ほがらかな　気楽な　自由な

うれしい
R/P　R/B

笑う
R/B　Y/B

開放的な
N9.5　B/B

気楽な
YR/B　YR/Vp　GY/P

気ままな
Y/B　YR/B　YR/P

おおらかな
GY/Vp　Y/Vp　Y/Lgr

はれやかな
R/V　N9.5　YR/B

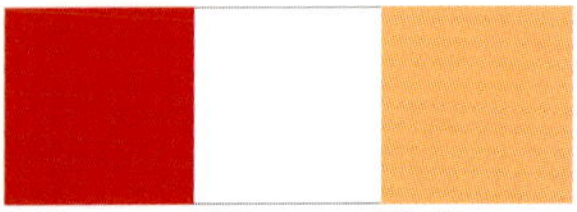

自由な
PB/V　N9.5　YR/V

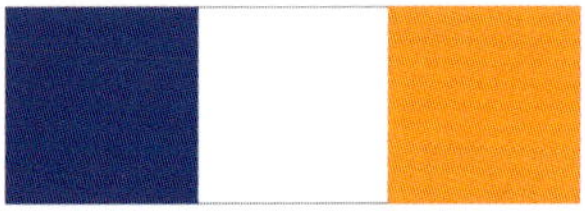

のびやかな
GY/P　Y/Vp　BG/L

ほがらかな
R/B；Y/Vp；R/Vp；R/P

ここちよい
Y/Vp；G/Lgr；GY/Vp；GY/P

気軽な
YR/B；YR/P；YR/L；Y/P

奔放な
R/V；Y/B；B/B；N9.5

くつろぐ
YR/P；YR/Gr；YR/Vp；YR/Lgr

喜び
R/B；RP/P；Y/P；N9.5

カラーイメージと配色テクニック

自由は、開放的で明るい気分を表現するため、明るい清色トーンを用いる。色相は、暖色系が中心となるが、GY系からPB系ものびやかな感じを表現できる。トーンは、セパレーションやきわだちの配色で対比をつけるとアクティブな印象が強まり、グラデーションやまとまりの配色にすると、くつろぎ感が強まる。

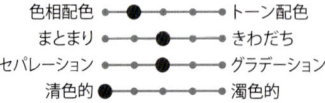

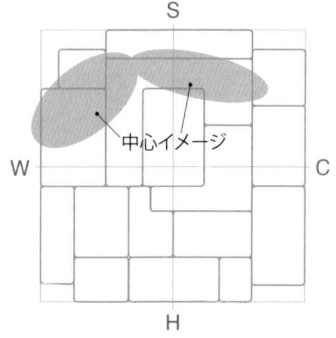

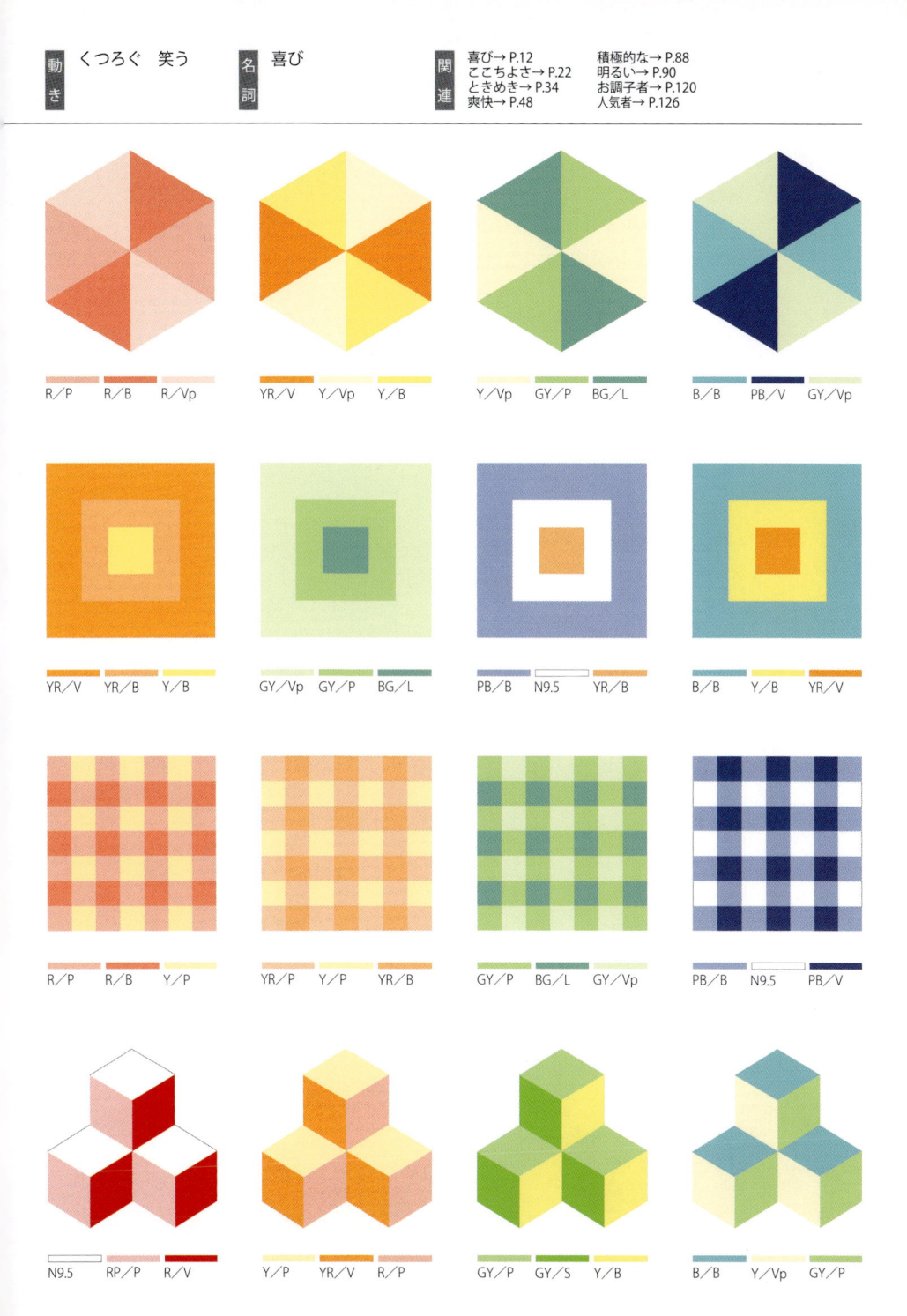

| 動き | くつろぐ 笑う | 名詞 | 喜び | 関連 | 喜び→ P.12　　積極的な→ P.88
ここちよさ→ P.22　明るい→ P.90
ときめき→ P.34　お調子者→ P.120
爽快→ P.48　　人気者→ P.126 |

| R/P | R/B | R/Vp | YR/V | Y/Vp | Y/B | Y/Vp | GY/P | BG/L | B/B | PB/V | GY/Vp |

| YR/V | YR/B | Y/B | GY/Vp | GY/P | BG/L | PB/B | N9.5 | YR/B | B/B | Y/B | YR/V |

| R/P | R/B | Y/P | YR/P | Y/P | YR/B | GY/P | BG/L | GY/Vp | PB/B | N9.5 | PB/V |

| N9.5 | RP/P | R/V | Y/P | YR/V | R/P | GY/P | GY/S | Y/B | B/B | Y/Vp | GY/P |

2章　気持ちや気分、雰囲気

Column

擬態語・擬音語のイメージ

「うきうきした気分」の「うきうき」のように、様子や状態などを表現する言葉を擬態語という。「鐘がごーんと響き渡る」の「ごーん」のように、物音や声などを表すものは擬音語や擬声語である。

ここでは、辞典や広告、雑誌、ウェブサイトなどから、擬態語・擬音語を収集し、イメージのバリエーションを考慮してスケール化を試みた。言葉だけでなく、配色のイメージによって、それぞれの言葉のニュアンスや情景を、より感性的にとらえることができるのではないだろうか。

■擬態語・擬音語のイメージスケール（WARM － COOL ／ SOFT － HARD）

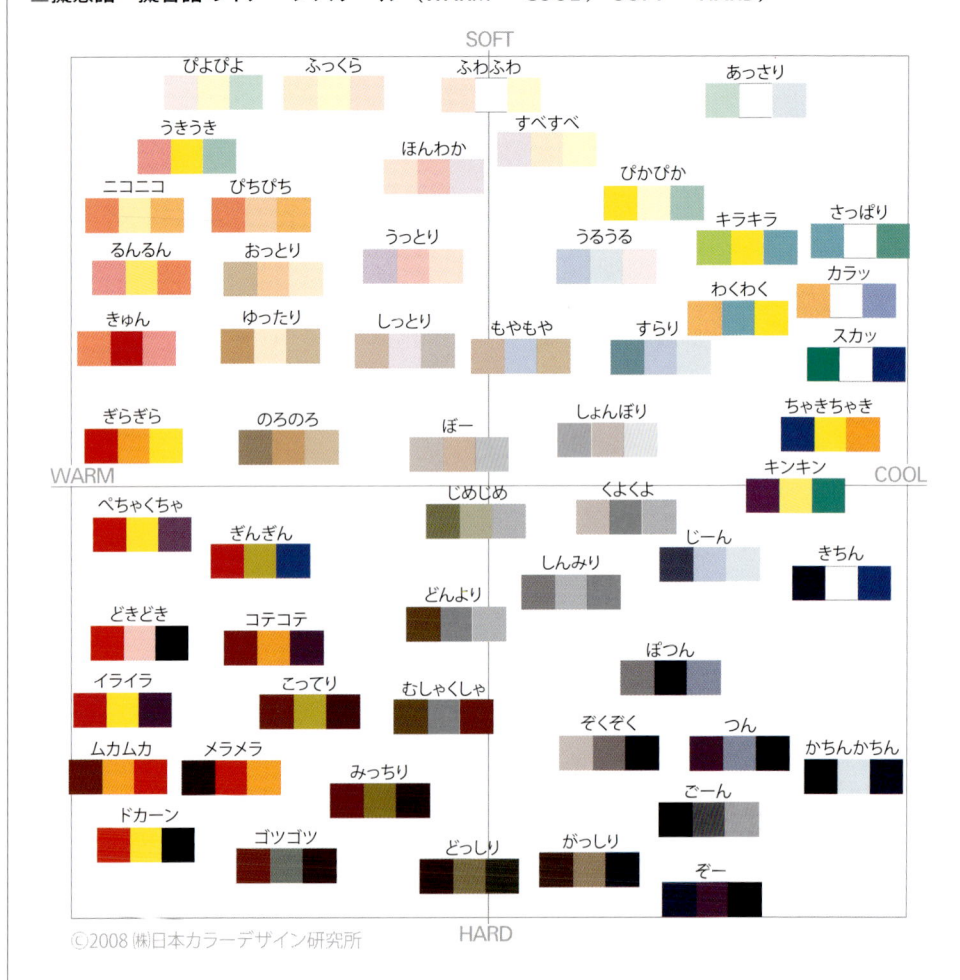

©2008 ㈱日本カラーデザイン研究所

参考文献:「現代擬音語擬態語用法辞典」 東京堂出版

　イメージスケールの第3軸、クリアーグレイッシュ軸を使って、左ページの配色を置いたものが下のスケールである。（立体空間としてのイメージスケールの説明は、P.164～167参照）ウォームークール軸の両極には、清色的な配色が位置するが、クリアーグレイッシュ軸でみると重なってくる。クリア方向には、明快で動きのあるイメージが多く、グレイッシュ方向にはあいまいで動きの鈍いイメージが多い。クリア・ソフトゾーンを見ると、プラスイメージの言葉が集まる。この領域は、快のゾーンといえるかも知れない。

■擬態語・擬音語のイメージスケール（CLEAR － GRAYISH ／ SOFT － HARD）

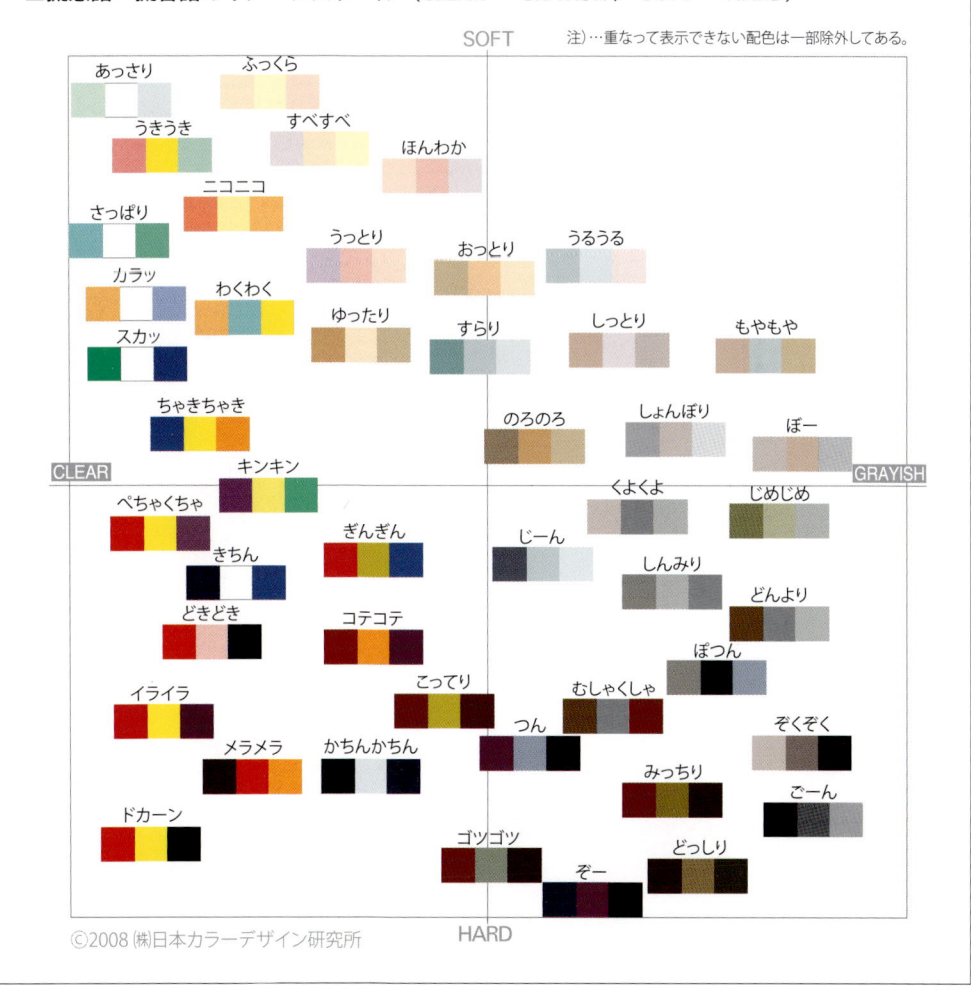

注)…重なって表示できない配色は一部除外してある。

©2008 ㈱日本カラーデザイン研究所

2章　気持ちや気分、雰囲気

気持ちの表現

感 謝

形容: ありがたい　うれしい　めでたい　あたたかい
あらたまった　親切な　じーん

めでたい
Y／P　R／S

寿
N9.5　R／S

あたたかい
YR／P　R／Vp

感謝
R／B　YR／P　YR／Vp

うれしい
R／P　Y／P　R／B

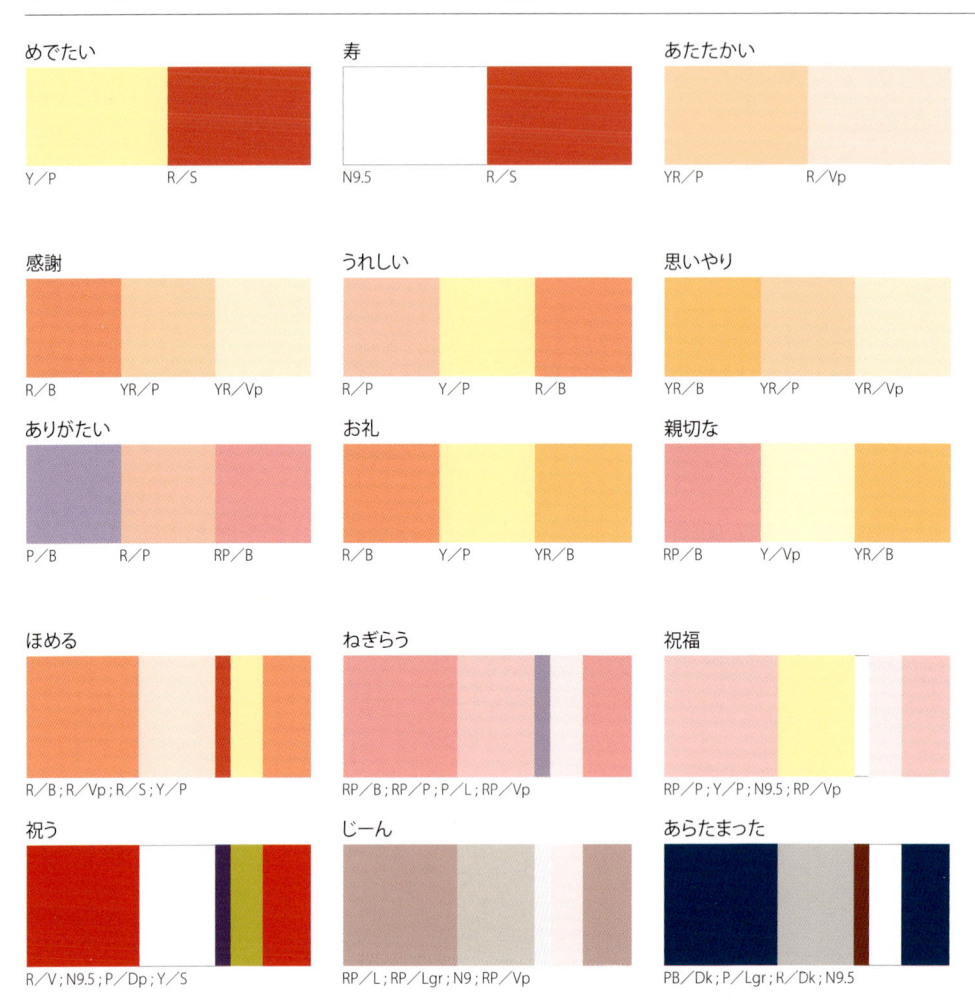

思いやり
YR／B　YR／P　YR／Vp

ありがたい
P／B　R／P　RP／B

お礼
R／B　Y／P　YR／B

親切な
RP／B　Y／Vp　YR／B

ほめる
R／B；R／Vp；R／S；Y／P

ねぎらう
RP／B；RP／P；P／L；RP／Vp

祝福
RP／P；Y／P；N9.5；RP／Vp

祝う
R／V；N9.5；P／Dp；Y／S

じーん
RP／L；RP／Lgr；N9；RP／Vp

あらたまった
PB／Dk；P／Lgr；R／Dk；N9.5

カラーイメージと配色テクニック

感謝には、相手に対する思いやりのようなソフトなイメージから、神仏や自然に対する畏れにも似た深い気持ちなどが考えられ、イメージにも広がりがある。いずれも心があたたまる気分なので、色相はR系、YR系、RP系中心となる。グラデーションを使うと、ぬくもりのある様子が表現しやすい。

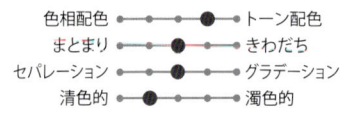

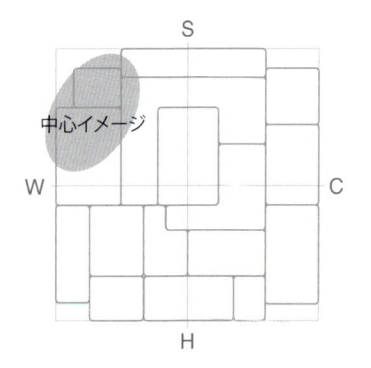

色相配色 ●―――● トーン配色
まとまり ●―――● きわだち
セパレーション ●―――● グラデーション
清色的 ●―――● 濁色的

中心イメージ

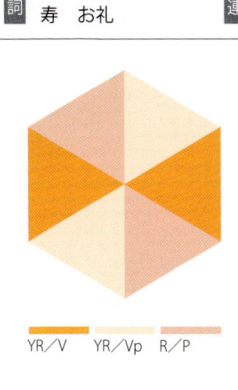

| 動き | ほめる 祝う ねぎらう | 名詞 | 感謝 祝福 思いやり 寿 お礼 | 関連 | 喜び→ P.12 幸福感→ P.28 感動→ P.52 尊敬→ P.68 | 温かい→ P.92 やさしい→ P.94 |

| R/P | R/S | N9.5 | | YR/V | YR/Vp | R/P |  | RP/Vp | RP/P | RP/B | 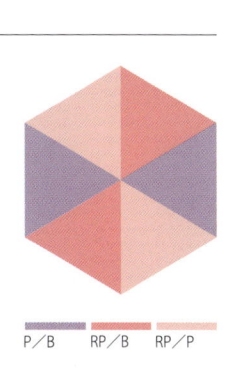 | P/B | RP/B | RP/P |

| R/B | YR/P | Y/P |  | RP/P | RP/B | RP/S |  | YR/B | Y/Vp | RP/B | 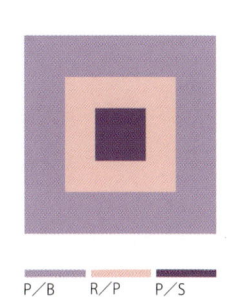 | P/B | R/P | P/S |

| R/S | N9.5 | R/P |  | RP/B | R/S | RP/P |  | YR/P | YR/B | Y/Vp | 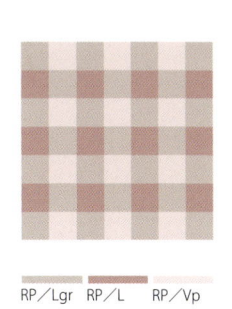 | RP/Lgr | RP/L | RP/Vp |

| R/B | Y/P | R/P |  | Y/Vp | R/Vp | R/P | 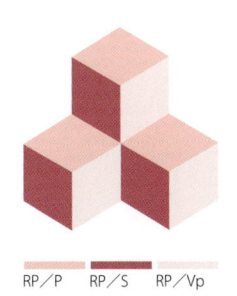 | RP/P | RP/S | RP/Vp | 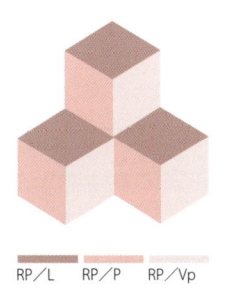 | RP/L | RP/P | RP/Vp |

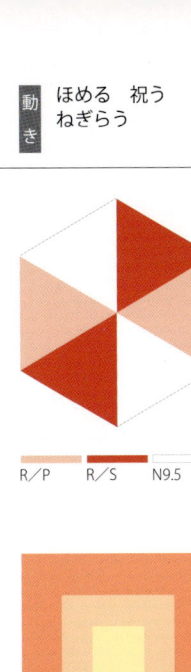

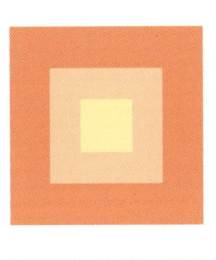

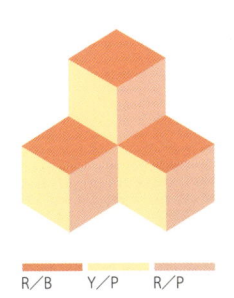

2章 気持ちや気分、雰囲気

気持ちの表現

やすらぎ

形容: やすらかな　くつろいだ　おだやかな　情緒的な　ゆったりした　居心地のよい　おちついた　平和な　平穏な　ここちよい　ほっ

ほっ
YR/P　Y/Vp

情緒的な
YR/Lgr　YR/Vp

平穏な
GY/Lgr　Y/Vp

やすらかな
R/Lgr　YR/Vp　YR/Lgr

居心地のよい
GY/Lgr　YR/Vp　YR/Lgr

平和な
PB/Vp　GY/Vp　G/Vp

くつろいだ
R/P　RP/Lgr　RP/Vp

おだやかな
YR/Lgr　R/Gr　R/Lgr

安心
R/P　YR/Vp　YR/Lgr

ゆったりした
Y/Vp ; YR/Lgr ; YR/L ; YR/Vp

なごむ
R/P ; YR/P ; R/Vp ; Y/Vp

リラクゼーション
GY/Vp ; G/P ; B/Vp ; Y/Lgr

おちついた
YR/Gr ; YR/Vp ; YR/Dk ; YR/Lgr

自然
GY/P ; GY/S ; G/S ; BG/Dl

ここちよい
GY/Lgr ; Y/Vp ; G/P ; GY/Vp

カラーイメージと配色テクニック

やすらぎは、平穏な心の状態を表現するテーマである。ソフトなイメージを中心とし、コントラストの強い配色は避ける。使う色相はR系からG系まで幅広いが、ナチュラルなイメージを基本とする。ウォームならゆったりとした居心地のよさを、クールなら静かで平和な雰囲気を表現することができる。

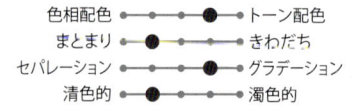

- 色相配色 ●—●—● トーン配色
- まとまり ●—●—● きわだち
- セパレーション ●—●—● グラデーション
- 清色的 ●—●—● 濁色的

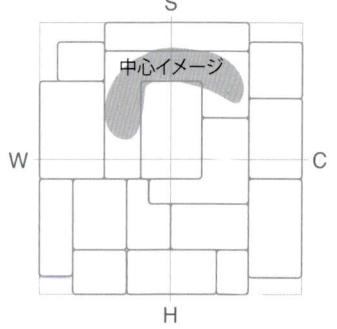

中心イメージ: S / W — C / H

動き	なごむ
名詞	自然 リラクゼーション 安心
関連	ここちよさ→ P.22　幸福感→ P.28　爽快→ P.48　温かい→ P.92　やさしい→ P.94　癒し・なごみ系→ P.124

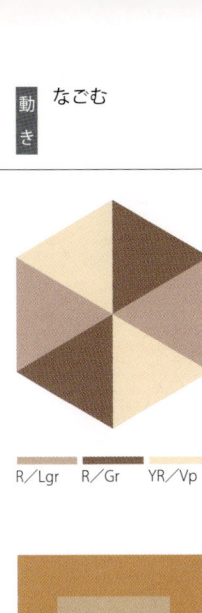

R／Lgr　R／Gr　YR／Vp 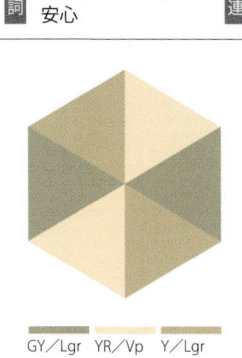　　GY／Lgr　YR／Vp　Y／Lgr 　　Y／Vp　GY／Vp　BG／Lgr 　　PB／Vp　G／P　Y／Vp

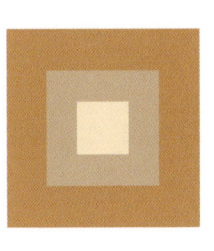

YR／L　YR／Lgr　YR／Vp 　　YR／Vp　R／P　R／Gr 　　G／Vp　Y／Vp　YR／Lgr 　　BG／Lgr　GY／Vp　P／B

YR／Lgr　R／Gr　YR／Vp 　　R／Vp　Y／Vp　R／P 　　BG／Vp　BG／Lgr　Y／Vp 　　GY／P　GY／Vp　GY／S

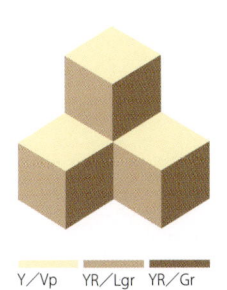

Y／Vp　YR／Lgr　YR／Gr 　　R／P　R／Vp　YR／P 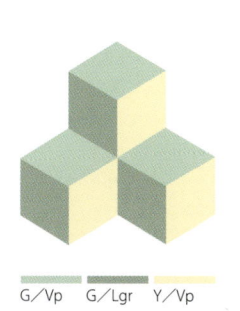　　G／Vp　G／Lgr　Y／Vp 　　BG／Vp　G／P　PB／L

2章　気持ちや気分、雰囲気

| 気持ちの表現 | やすらぎ | 展開 |

■流れ

| BG／Vp | Y／Vp | YR／P |
| R／P | YR／Vp | N9.5 |

| Y／Vp | YR／P | YR／L |
| Y／Lgr | YR／Vp | YR／Gr |

| G／Vp | N9.5 | G／P |
| B／B | B／Vp | PB／B |

■葉

| YR／Vp | YR／L | Y／Lgr |
| Y／Gr | | |

| N9.5 | BG／P | B／P |
| B／L | | |

| GY／Vp | GY／P | GY／S |
| GY／Dp | | |

■円

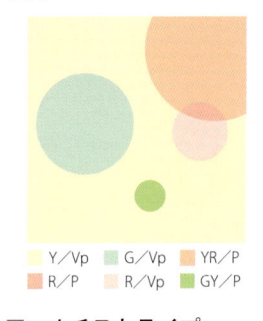

| Y／Vp | G／Vp | YR／P |
| R／P | R／Vp | GY／P |

| N9.5 | GY／P | GY／Vp |
| B／L | BG／P | YR／P |

| B／Vp | B／P | Y／V |
| RP／L | RP／P | GY／B |

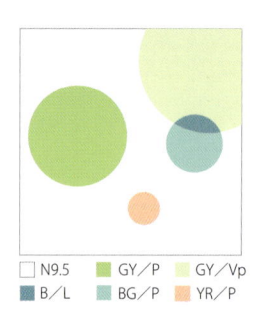

■マルチストライプ

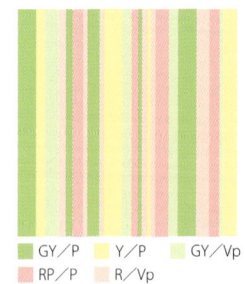

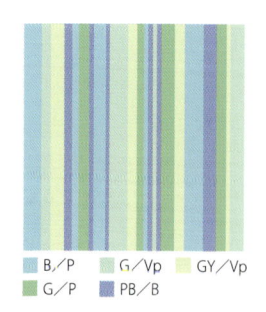

| GY／P | Y／P | GY／Vp |
| RP／P | R／Vp | |

| YR／P | Y／P | YR／Vp |
| GY／Vp | G／P | |

| B／P | G／Vp | GY／Vp |
| G／P | PB／B | |

| 表現モチーフ | ふんわりとした寝具　ソファ　うたたね　雛のいる巣　小川のせせらぎ　小鳥のさえずり　虫の音　子どもの寝顔　木陰　オアシス　庭園　温泉　畳の部屋　陽だまり　木漏れ日　森林浴 |

■フォント

■ B/P　■ Y/Vp

■ G/Vp　■ PB/L

■ RP/Vp　■ PB/B

■ YR/L　■ GY/Vp

■ GY/Vp　■ G/V

■ Y/Lgr　■ Y/Vp

■ Y/Vp　■ B/P

■ G/P　■ GY/Vp

■ P/P　■ Y/Vp

■ PB/B　■ G/Vp

■ YR/P　■ R/Gr

■ B/B　■ Y/Vp

2章　気持ちや気分、雰囲気

気持ちの表現
優雅な

形容: エレガントな　上品な　しっとりした　やさしい　しとやかな　しなやかな　たおやか　洗練された　なよやか　ノーブルな　みやびやか　すべすべ

たおやか
RP／Vp　P／Lgr

おちつき
P／Gr　P／Vp

すべすべ
YR／Vp　P／Vp

やさしい
RP／P　YR／Vp　P／P

エレガントな
RP／L　P／Vp　P／P

しなやかな
R／Vp　N9　BG／Vp

しとやかな
RP／Lgr　P／Vp　P／Lgr

上品な
P／Gr　RP／Lgr　PB／Lgr

みやびやか
P／B　P／Vp　G／Lgr

やわらぐ
R／P；YR／Vp；Y／Vp；GY／Vp

しっとりした
R／Lgr；R／Gr；P／Lgr；N8

洗練された
PB／L；PB／P；N9；PB／Vp

なよやか
P／Lgr；PB／Gr；P／Gr；N8

気品
P／L；N8；P／Dk；P／Gr

ノーブルな
BG／Lgr；BG／Vp；PB／Gr；N9

カラーイメージと配色テクニック

優雅さには、やさしい感覚やノーブルな雰囲気など様々なバリエーションが考えられるが、いずれもおだやかでソフトなイメージが中心となる。色相はP〜RP系、R系で、LgrやPトーンなどで、繊細な感じを大切にする。トーンの対比を弱めにし、コントラストをつけすぎないよう注意する。

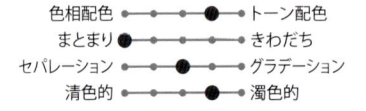

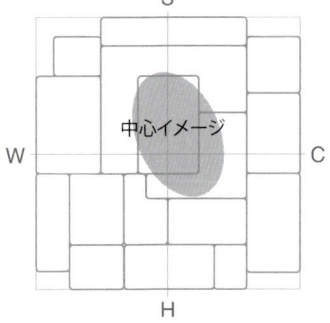

色相配色　→　トーン配色
まとまり　→　きわだち
セパレーション　→　グラデーション
清色的　→　濁色的

中心イメージ

46

| 動き | やわらぐ | 名詞 | おちつき
気品 | 関連 | 愛情→ P.18
幸福感→ P.28
夢心地→ P.30
アンニュイ→ P.74 | やさしい→ P.94
お嬢様→ P.128
才色兼備→ P.132 |

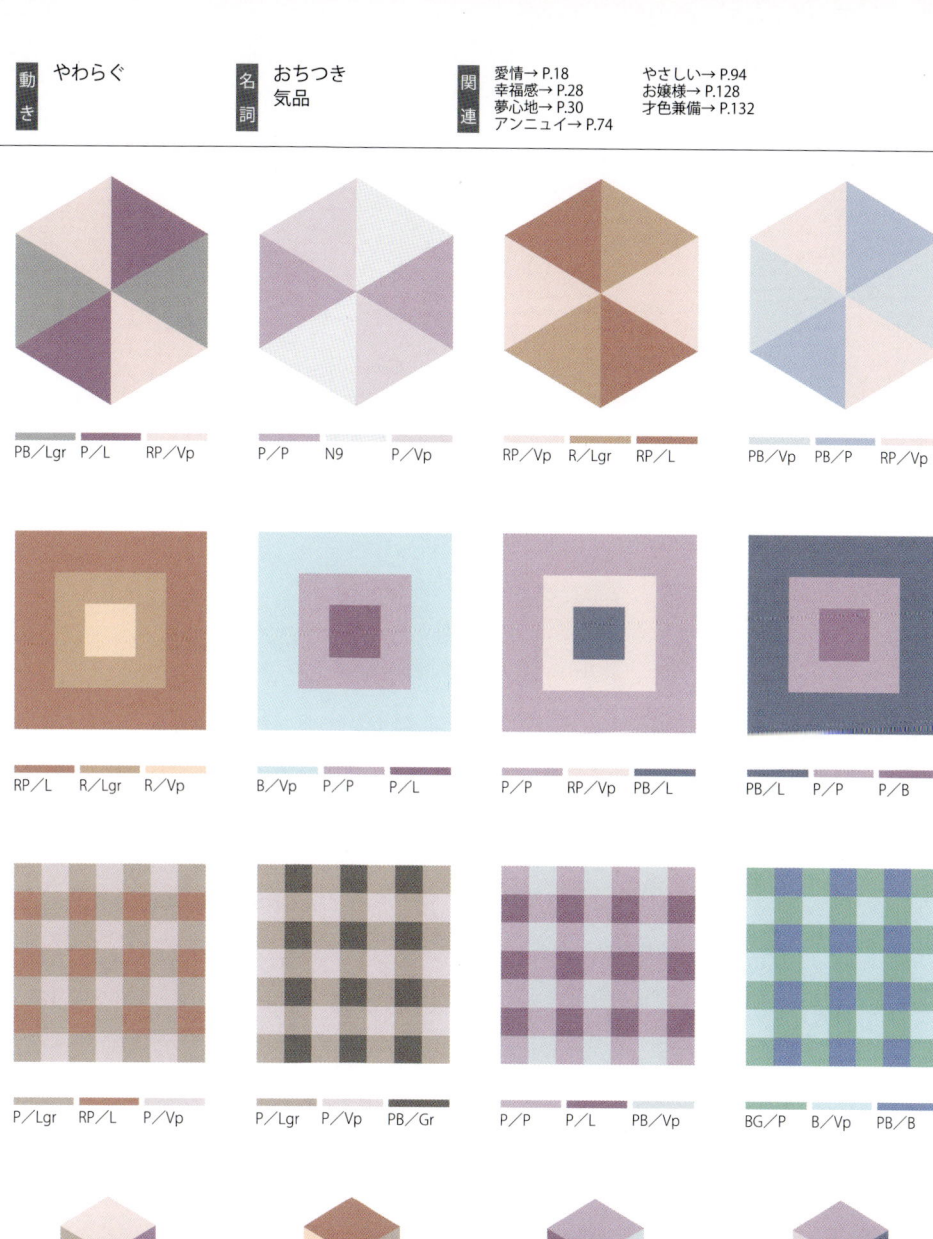

PB/Lgr　P/L　RP/Vp　　P/P　N9　P/Vp　　RP/Vp　R/Lgr　RP/L　　PB/Vp　PB/P　RP/Vp

RP/L　R/Lgr　R/Vp　　B/Vp　P/P　P/L　　P/P　RP/Vp　PB/L　　PB/L　P/P　P/B

P/Lgr　RP/L　P/Vp　　P/Lgr　P/Vp　PB/Gr　　P/P　P/L　PB/Vp　　BG/P　B/Vp　PB/B

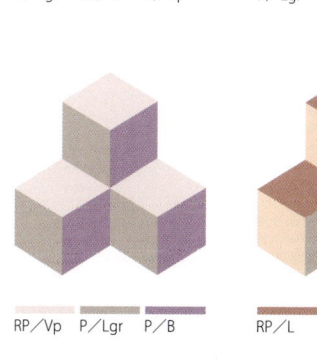

RP/Vp　P/Lgr　P/B 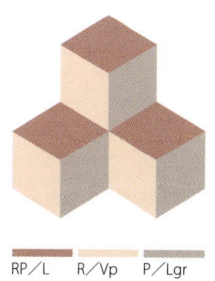　　RP/L　R/Vp　P/Lgr 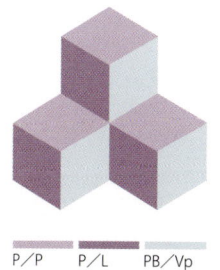　　P/P　P/L　PB/Vp 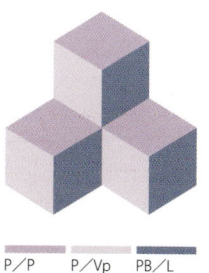　　P/P　P/Vp　PB/L

2章　気持ちや気分、雰囲気　　47

気持ちの表現
爽快

形容: さっぱりした　さわやかな　すがすがしい　明るい　はれやかな　軽快な　カラッとした　颯爽とした　生き生きした　明快な　スポーティな

快
BG/P　GY/Vp

明るい
GY/P　Y/B

すがすがしい
N9.5　B/V

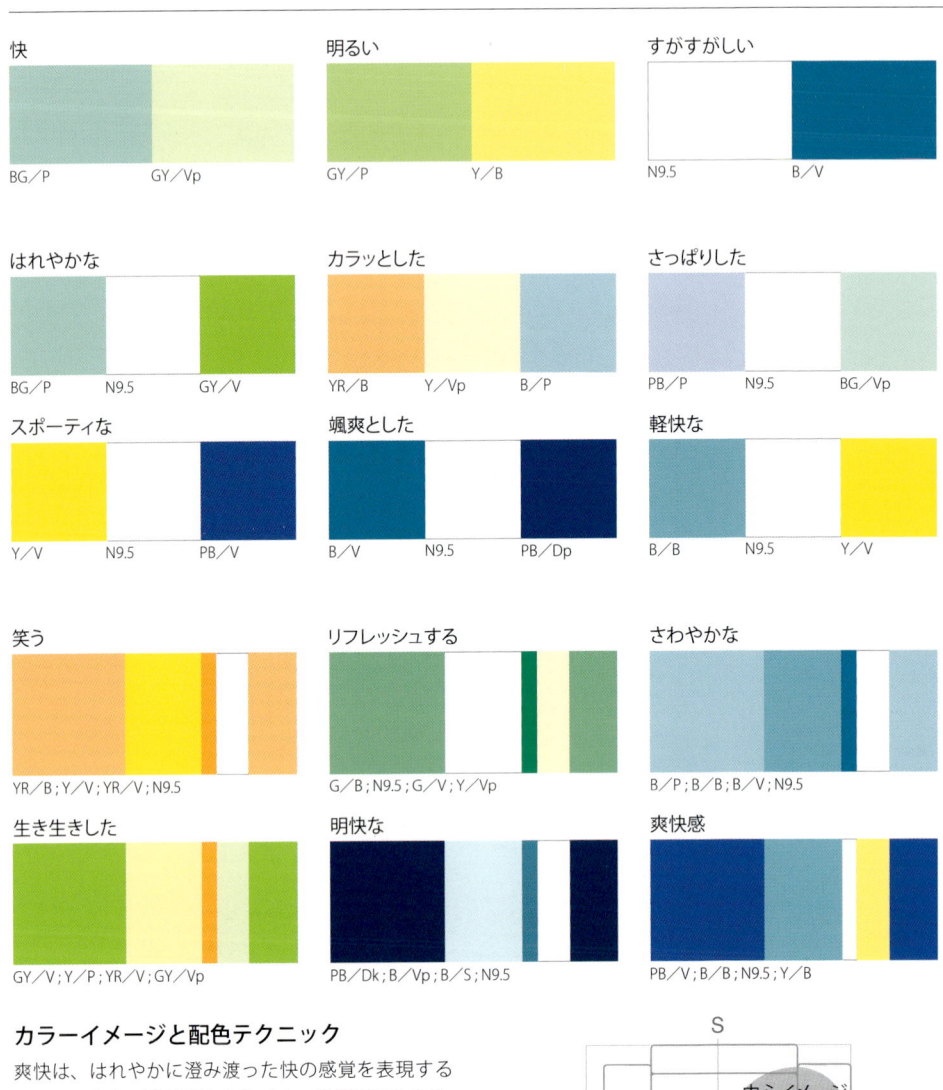

はれやかな
BG/P　N9.5　GY/V

カラッとした
YR/B　Y/Vp　B/P

さっぱりした
PB/P　N9.5　BG/Vp

スポーティな
Y/V　N9.5　PB/V

颯爽とした
B/V　N9.5　PB/Dp

軽快な
B/B　N9.5　Y/V

笑う
YR/B ; Y/V ; YR/V ; N9.5

リフレッシュする
G/B ; N9.5 ; G/V ; Y/Vp

さわやかな
B/P ; B/B ; B/V ; N9.5

生き生きした
GY/V ; Y/P ; YR/V ; GY/Vp

明快な
PB/Dk ; B/Vp ; B/S ; N9.5

爽快感
PB/V ; B/B ; N9.5 ; Y/B

カラーイメージと配色テクニック

爽快は、はれやかに澄み渡った快の感覚を表現するテーマである。透明感のあるイメージが重要なので、色相はGY〜PB系を中心にして濁色は避ける。グラデーションにするとおだやかに安らいだ心地よさを、白を使ったセパレーションにするとすっきりとした軽快感を表現することができる。

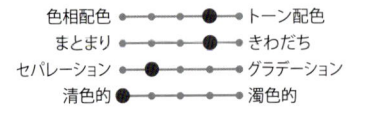

- 色相配色 ●――― トーン配色
- まとまり ――― ● きわだち
- セパレーション ● ――― グラデーション
- 清色的 ● ――― 濁色的

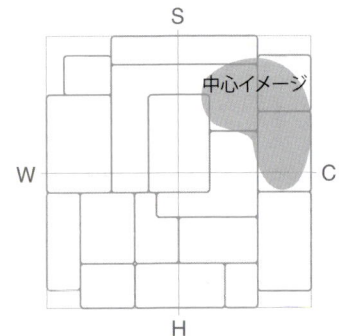

中心イメージ

| 動き | リフレッシュする
笑う | 名詞 | 爽快感
快 | 関連 | ここちよさ→ P.22
自由→ P.36
明るい→ P.90
さっぱりした→ P.104 | クールな→ P.110
人気者→ P.126 |

| B／P | YR／B | N9.5 | | G／B | N9.5 | Y／V | | Y／Vp | B／Vp | PB／B | 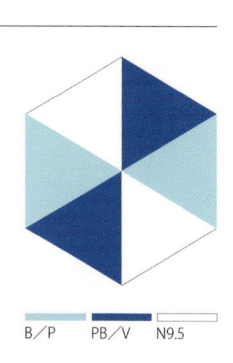 | B／P | PB／V | N9.5 |

| G／B | GY／Vp | N9.5 |  | B／P | Y／V | YR／V |  | B／B | N9.5 | PB／V | 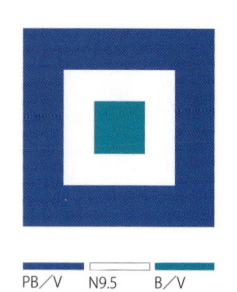 | PB／V | N9.5 | B／V |

| B／P | B／B | Y／Vp | 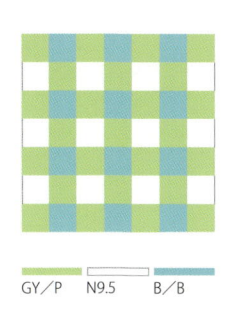 | GY／P | N9.5 | B／B |  | PB／B | PB／V | GY／Vp |  | B／P | N9.5 | PB／V |

| GY／Vp | BG／Vp | BG／P |  | B／B | N9.5 | B／P |  | GY／P | B／B | Y／V |  | G／Vp | PB／V | PB／B |

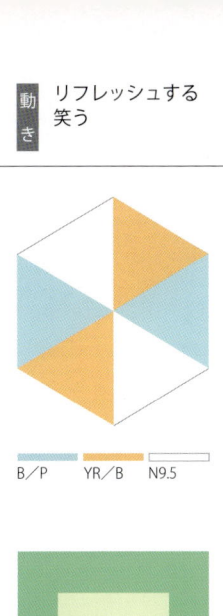

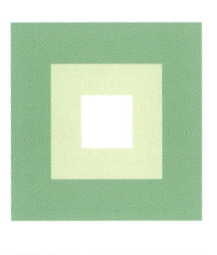

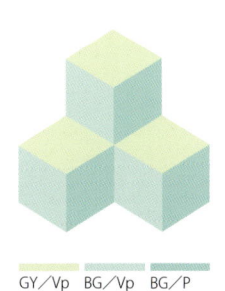

2章　気持ちや気分、雰囲気　　49

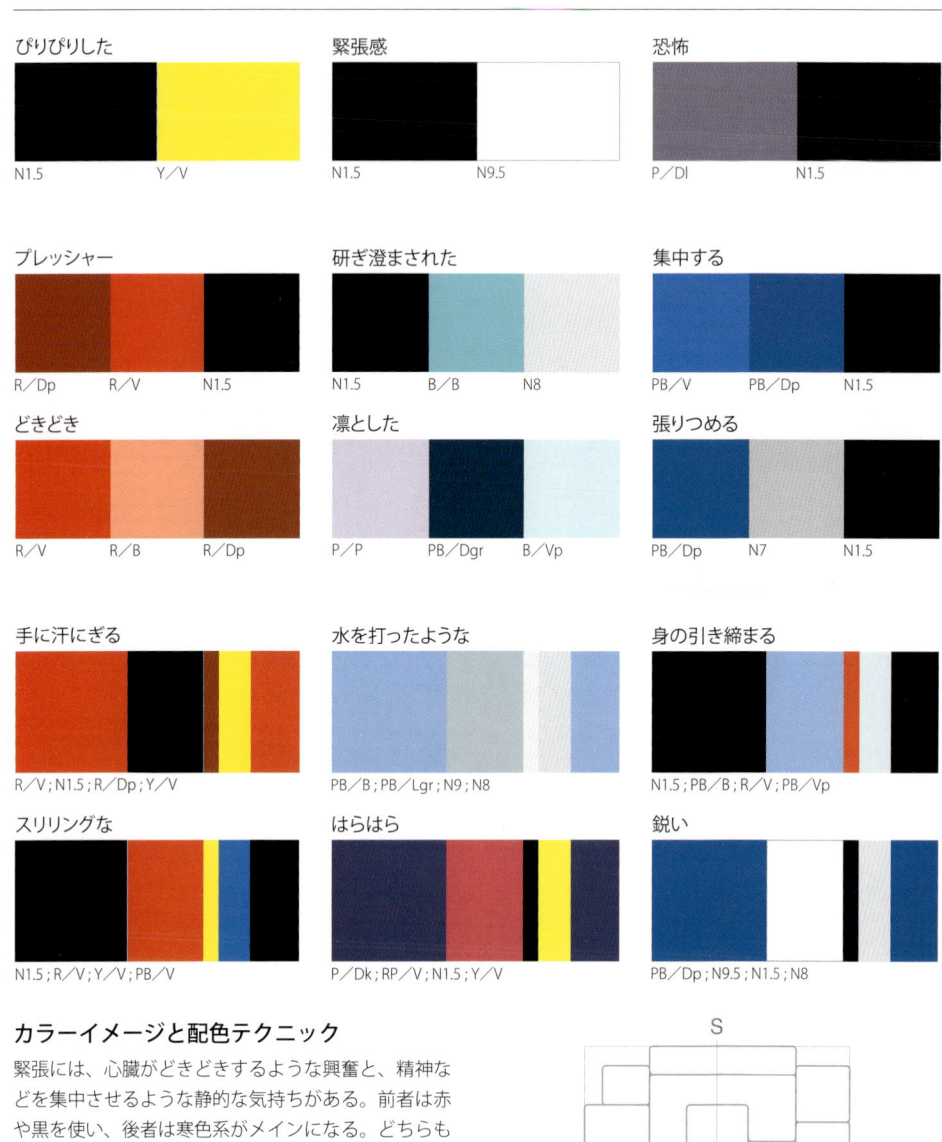

気持ちの表現
緊張

形容: 身の引き締まる　スリリングな　研ぎ澄まされた　鋭い　水を打ったような　凛とした　はらはら　どきどき　ぴりぴりした

ぴりぴりした
N1.5 / Y/V

緊張感
N1.5 / N9.5

恐怖
P/Dl / N1.5

プレッシャー
R/Dp / R/V / N1.5

研ぎ澄まされた
N1.5 / B/B / N8

集中する
PB/V / PB/Dp / N1.5

どきどき
R/V / R/B / R/Dp

凛とした
P/P / PB/Dgr / B/Vp

張りつめる
PB/Dp / N7 / N1.5

手に汗にぎる
R/V ; N1.5 ; R/Dp ; Y/V

水を打ったような
PB/B ; PB/Lgr ; N9 ; N8

身の引き締まる
N1.5 ; PB/B ; R/V ; PB/Vp

スリリングな
N1.5 ; R/V ; Y/V ; PB/V

はらはら
P/Dk ; RP/V ; N1.5 ; Y/V

鋭い
PB/Dp ; N9.5 ; N1.5 ; N8

カラーイメージと配色テクニック

緊張には、心臓がどきどきするような興奮と、精神などを集中させるような静的な気持ちがある。前者は赤や黒を使い、後者は寒色系がメインになる。どちらも黒を使うことで、張りつめた気分や雰囲気を表現する。トーンは清色が中心だが、濁色を使うと不安感やシーンと静まりかえった雰囲気になる。

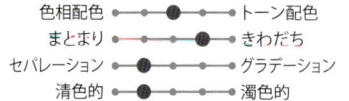

色相配色 ● トーン配色
まとまり ● きわだち
セパレーション ● グラデーション
清色的 ● 濁色的

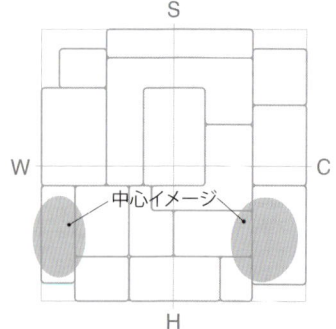

中心イメージ

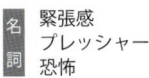

| 動き | 張りつめる
集中する
手に汗にぎる | 名詞 | 緊張感
プレッシャー
恐怖 | 関連 | 怒り→ P.20
懸命→ P.56
憂鬱→ P.78
真面目な→ P.106 | クールな→ P.110
プロフェッショナル→ P.136
頭脳派→ P.138
革命児→ P.142 |

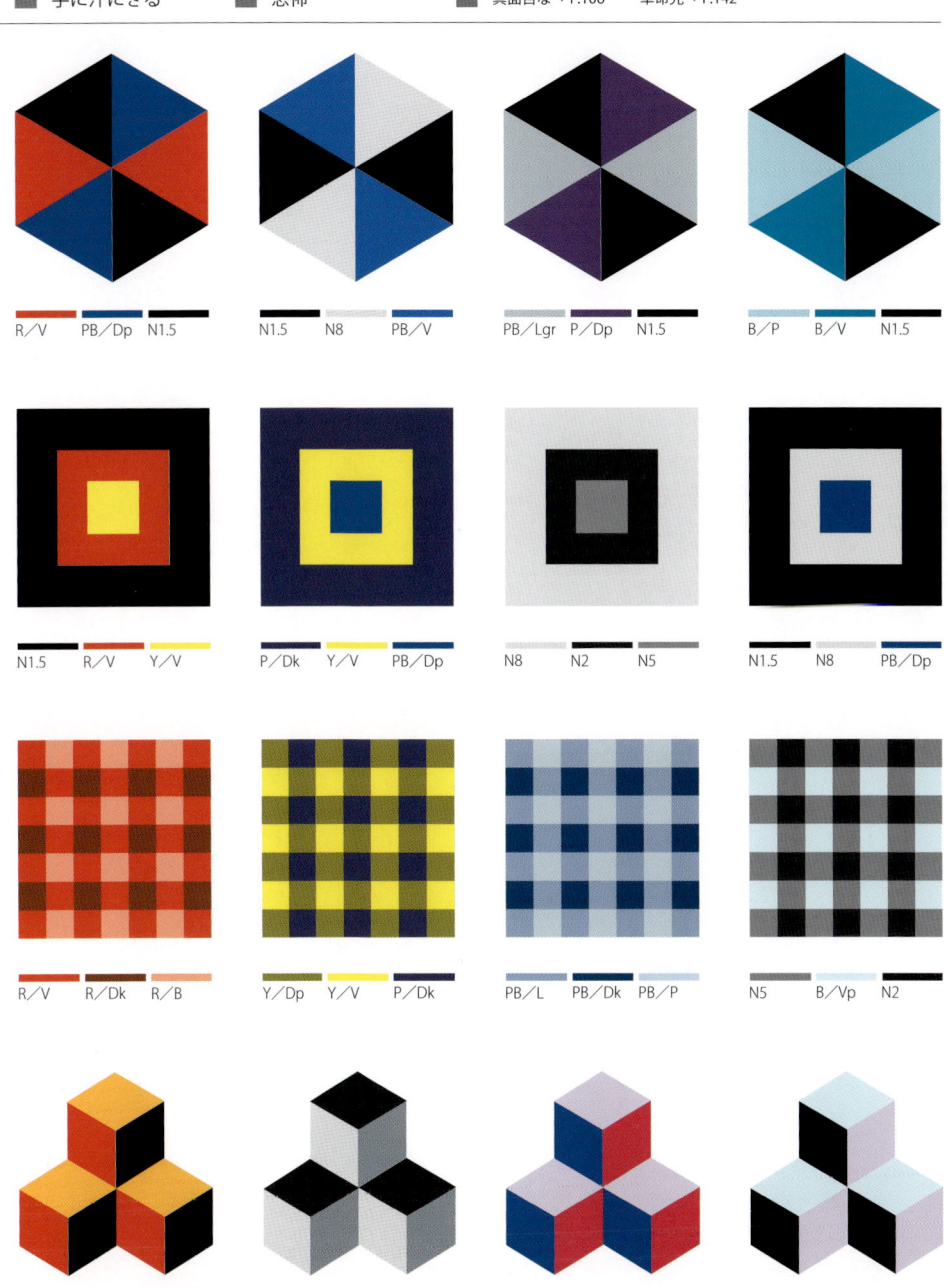

R/V　PB/Dp　N1.5

N1.5　N8　PB/V

PB/Lgr　P/Dp　N1.5

B/P　B/V　N1.5

N1.5　R/V　Y/V

P/Dk　Y/V　PB/Dp

N8　N2　N5

N1.5　N8　PB/Dp

R/V　R/Dk　R/B

Y/Dp　Y/V　P/Dk

PB/L　PB/Dk　PB/P

N5　B/Vp　N2

YR/V　R/V　N1.5

N2　N8　PB/Gr

P/P　PB/Dp　RP/V

B/Vp　N1.5　P/P

2章　気持ちや気分、雰囲気　51

| 気持ちの表現
感 動

形容: 感動的な　ドラマチックな　痛快な　エキサイティングな　どきり　じーん　うるうる　ぞくぞく

驚き
R/V　Y/V

共感する
YR/B　R/B

じーん
R/Lgr　P/Gr

どきり
RP/V　N1.5　Y/B

泣く
R/S　RP/P　RP/B

うるうる
PB/P　PB/Vp　RP/Vp

ぞくぞく
YR/V　RP/V　P/V

盛り上がる
YR/S　RP/V　R/Dp

心に染みる
PB/Gr　BG/Lgr　PB/Vp

感動的な
R/S ; Y/P ; N1.5 ; YR/V

情熱
YR/V ; R/V ; Y/V ; N1.5

感激
B/V ; B/P ; N9.5 ; RP/S

ドラマチックな
N1.5 ; RP/V ; P/Dp ; RP/S

痛快な
RP/V ; GY/V ; N1.5 ; Y/V

エキサイティングな
Y/V ; P/V ; YR/V ; N9.5

カラーイメージと配色テクニック

感動には、驚きに似たどきりとする感じ、しみじみと心に響く感情、気持ちが高ぶるような興奮など多様性があり、イメージにも広がりがある。派手な暖色や黒を組み合わせると強い感動を、弱いトーンやソフトな濁色でまとめるとじんわりとした感動を表現できる。いずれもあたたかい気持ちなので暖色系が中心である。

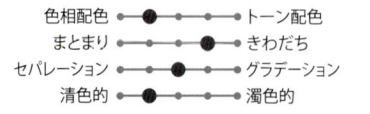

色相配色 — トーン配色
まとまり — きわだち
セパレーション — グラデーション
清色的 — 濁色的

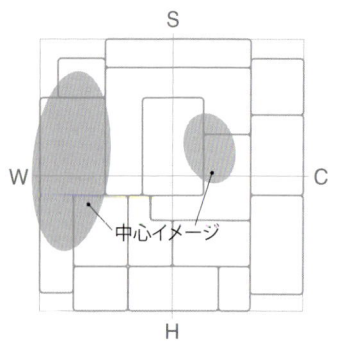

動き	泣く　盛り上がる　心に染みる　共感する
名詞	情熱　驚き　感激
関連	喜び→ P.12　悲しみ→ P.16　懸命→ P.56　郷愁→ P.70　侘しさ→ P.76　人気者→ P.126　革命児→ P.142

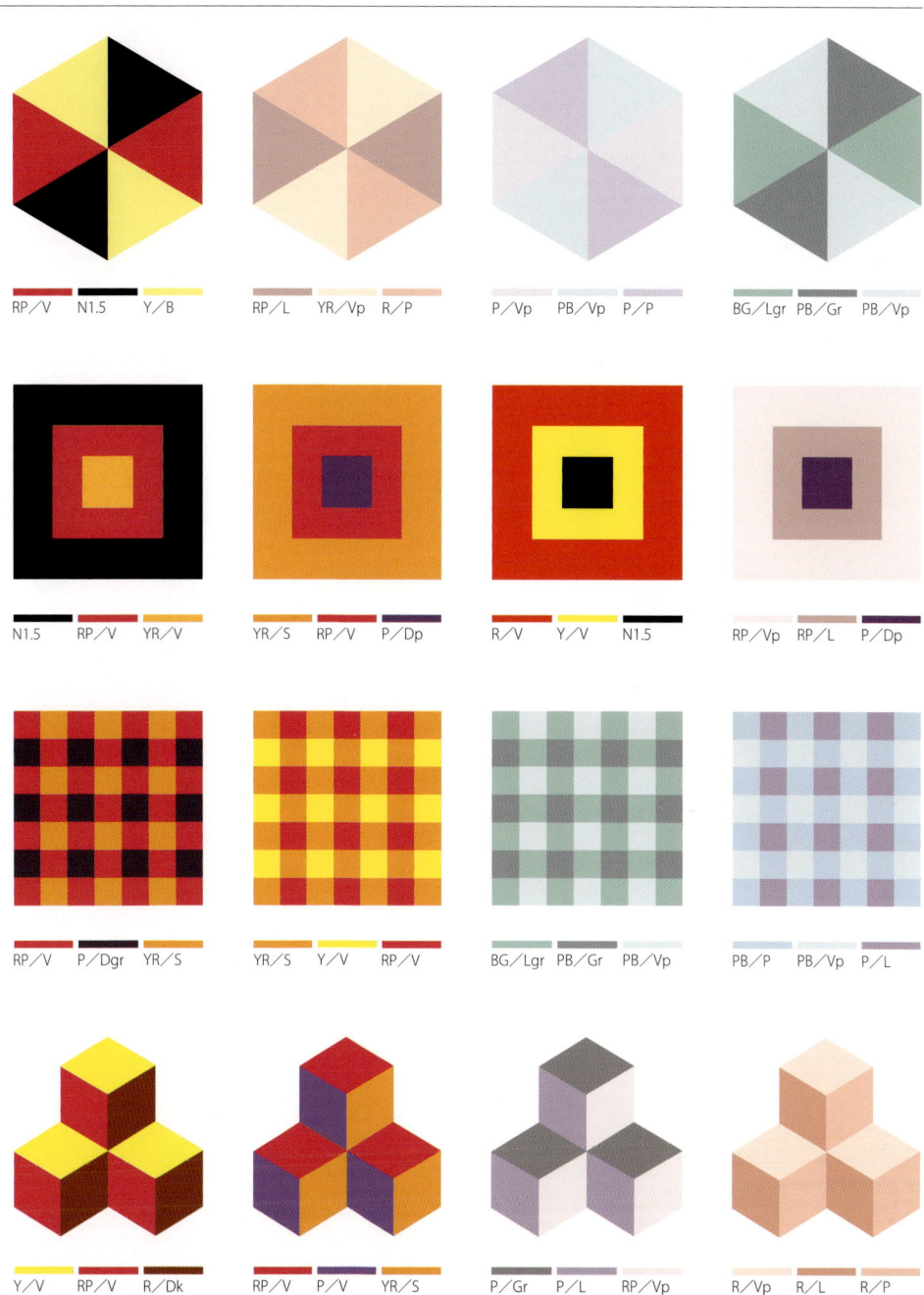

RP／V　N1.5　Y／B	RP／L　YR／Vp　R／P	P／Vp　PB／Vp　P／P	BG／Lgr　PB／Gr　PB／Vp
N1.5　RP／V　YR／V	YR／S　RP／V　P／Dp	R／V　Y／V　N1.5	RP／Vp　RP／L　P／Dp
RP／V　P／Dgr　YR／S	YR／S　Y／V　RP／V	BG／Lgr　PB／Gr　PB／Vp	PB／P　PB／Vp　P／L
Y／V　RP／V　R／Dk	RP／V　P／V　YR／S	P／Gr　P／L　RP／Vp	R／Vp　R／L　R／P

2章　気持ちや気分、雰囲気　53

| 気持ちの表現 | 感 動 | 展 開 |

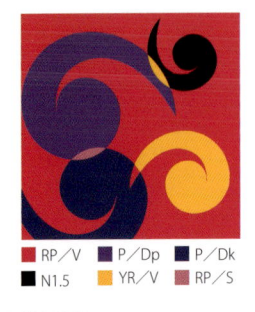

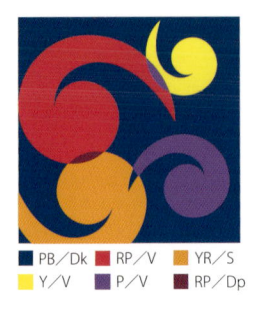

■巴

| RP／V | P／Dp | P／Dk | | PB／Dk | RP／V | YR／S | | YR／V | N1.5 | RP／V |
| N1.5 | YR／V | RP／S | | Y／V | P／V | RP／Dp | | PB／V | Y／V | RP／B |

■楕円形

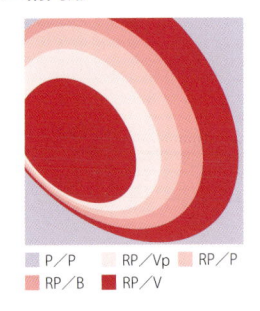

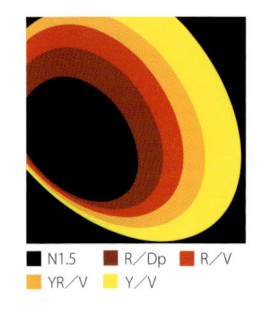

| P／P | RP／Vp | RP／P | | Y／Vp | RP／V | R／B | | N1.5 | R／Dp | R／V |
| RP／B | RP／V | | | YR／B | YR／P | | | YR／V | Y／V | |

■ハート

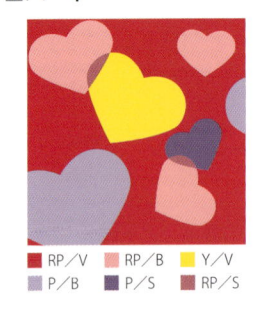

| RP／V | RP／B | Y／V | | RP／B | RP／Vp | RP／Dp | | N1.5 | RP／V | R／B |
| P／B | P／S | RP／S | | RP／S | P／S | P／B | | RP／S | Y／V | P／V |

■マルチストライプ

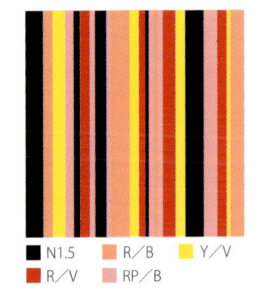

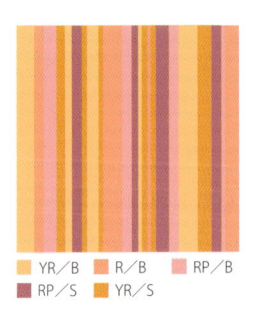

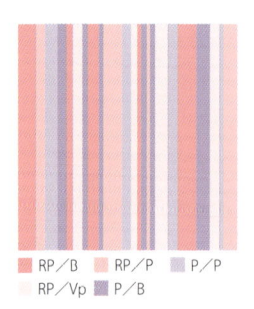

| N1.5 | R／B | Y／V | | YR／B | R／B | RP／B | | RP／B | RP／P | P／P |
| R／V | RP／B | | | RP／S | YR／S | | | RP／Vp | P／B | |

| 表現モチーフ | 夕焼け　日の出　胴上げ　受賞式　花束の贈呈　打ち上げ花火　オーロラ　出航する船　アンコール　スタンディング・オベーション　生命の誕生シーン　卒業式 |

■フォント

ABCDEFG abcdefg 1234567890 ■R/V ■Y/V	ABCDEFG abcdefg 1234567890 ■RP/B ■RP/V	ABCDEFG abcdefg 1234567890 ■N1.5 ■YR/V
ABCDEFG abcdefg 1234567890 ■RP/V ■RP/B	ABCDEFG abcdefg 1234567890 ■YR/V ■R/V	ABCDEFG abcdefg 1234567890 ■P/Dp ■R/V
ABCDEFGH abcdefgh 1234567890 ■RP/S ■R/B	ABCDEFGH abcdefgh 1234567890 ■RP/B ■R/Vp	ABCDEFGH abcdefgh 1234567890 ■N1.5 ■Y/V
ABCDEFGH abcdefgh 1234567890 ■Y/V ■R/V	ABCDEFGH abcdefgh 1234567890 ■YR/S ■Y/B	ABCDEFGH abcdefgh 1234567890 ■RP/Dp ■RP/S

2章　気持ちや気分、雰囲気

気持ちの表現
懸命

形容	懸命な　真剣な　真摯な　活気のある
	夢中な　熱心な　真面目な

懸命な
YR/V　R/V

夢中な
RP/S　RP/Vp

真摯な
PB/Dk　PB/L

活気のある
YR/S　R/V　Y/B

熱心な
YR/V　PB/V　R/S

熱中する
PB/S　R/V　N1.5

没頭する
YR/V　R/V　R/Dp

熱血漢
R/S　N1.5　PB/Dp

パッション
RP/Dp　RP/V　N1.5

打ち込む
PB/Dp；YR/V；R/V；Y/B

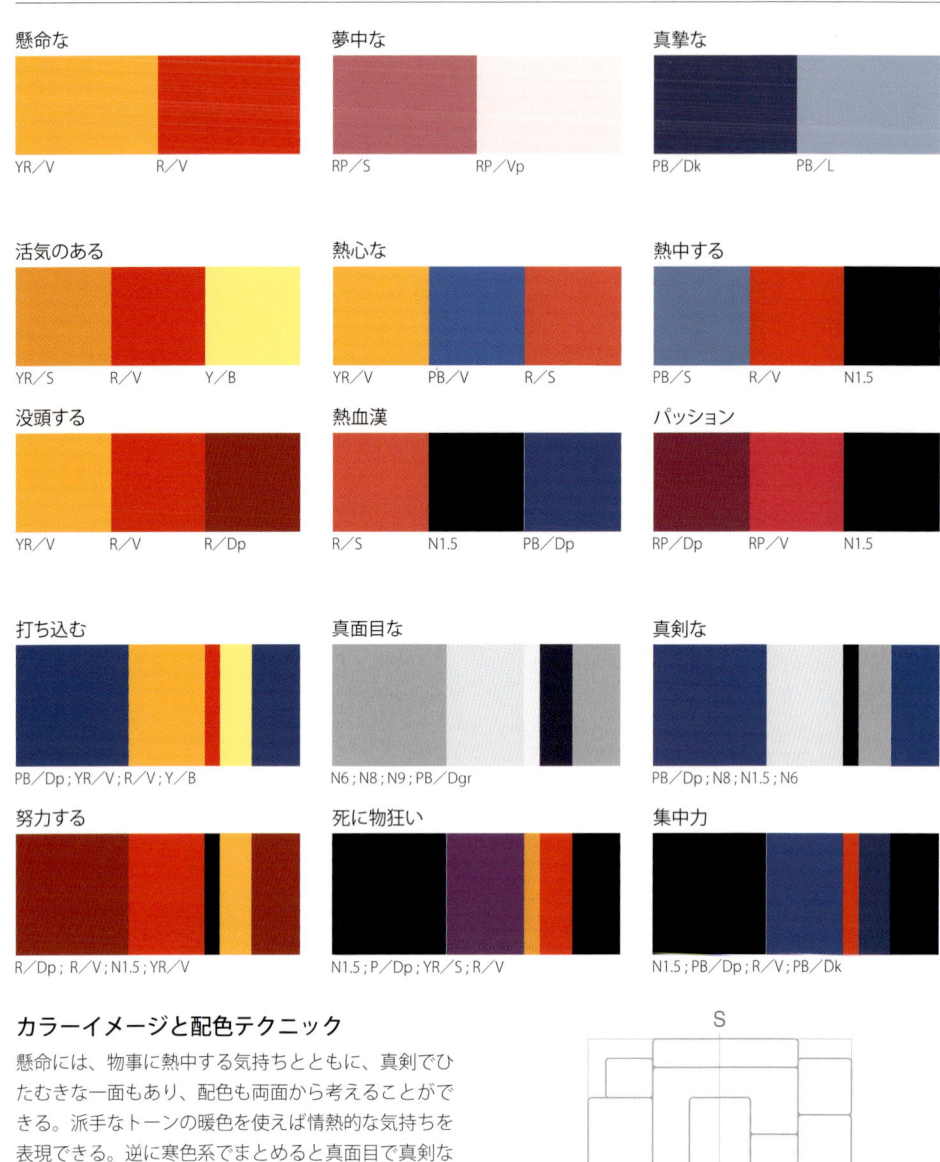

真面目な
N6；N8；N9；PB/Dgr

真剣な
PB/Dp；N8；N1.5；N6

努力する
R/Dp；R/V；N1.5；YR/V

死に物狂い
N1.5；P/Dp；YR/S；R/V

集中力
N1.5；PB/Dp；R/V；PB/Dk

カラーイメージと配色テクニック

懸命には、物事に熱中する気持ちとともに、真剣でひたむきな一面もあり、配色も両面から考えることができる。派手なトーンの暖色を使えば情熱的な気持ちを表現できる。逆に寒色系でまとめると真面目で真剣な印象になる。ともにじっくりと腰を据えて打ち込む印象からハードなイメージが中心である。

色相配色 ●―●―○　○―○―トーン配色
まとまり ○―○―●　●―●―きわだち
セパレーション ○―●―○　○―○―グラデーション
清色的 ○―●―○　○―○―濁色的

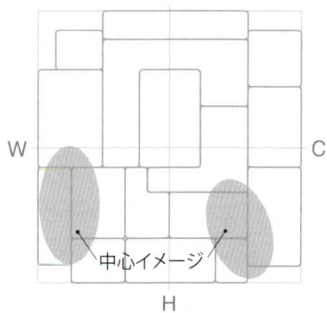

中心イメージ

| 動き | 打ち込む 熱中する
努力する 没頭する | 名詞 | パッション
集中力 熱血漢
死に物狂い | 関連 | 緊張→ P.50
感動→ P.52
積極的な→ P.88
真面目な→ P.106 | 人気者→ P.126
革命児→ P.142
マッチョ→ P.148
オタク→ P.154 |

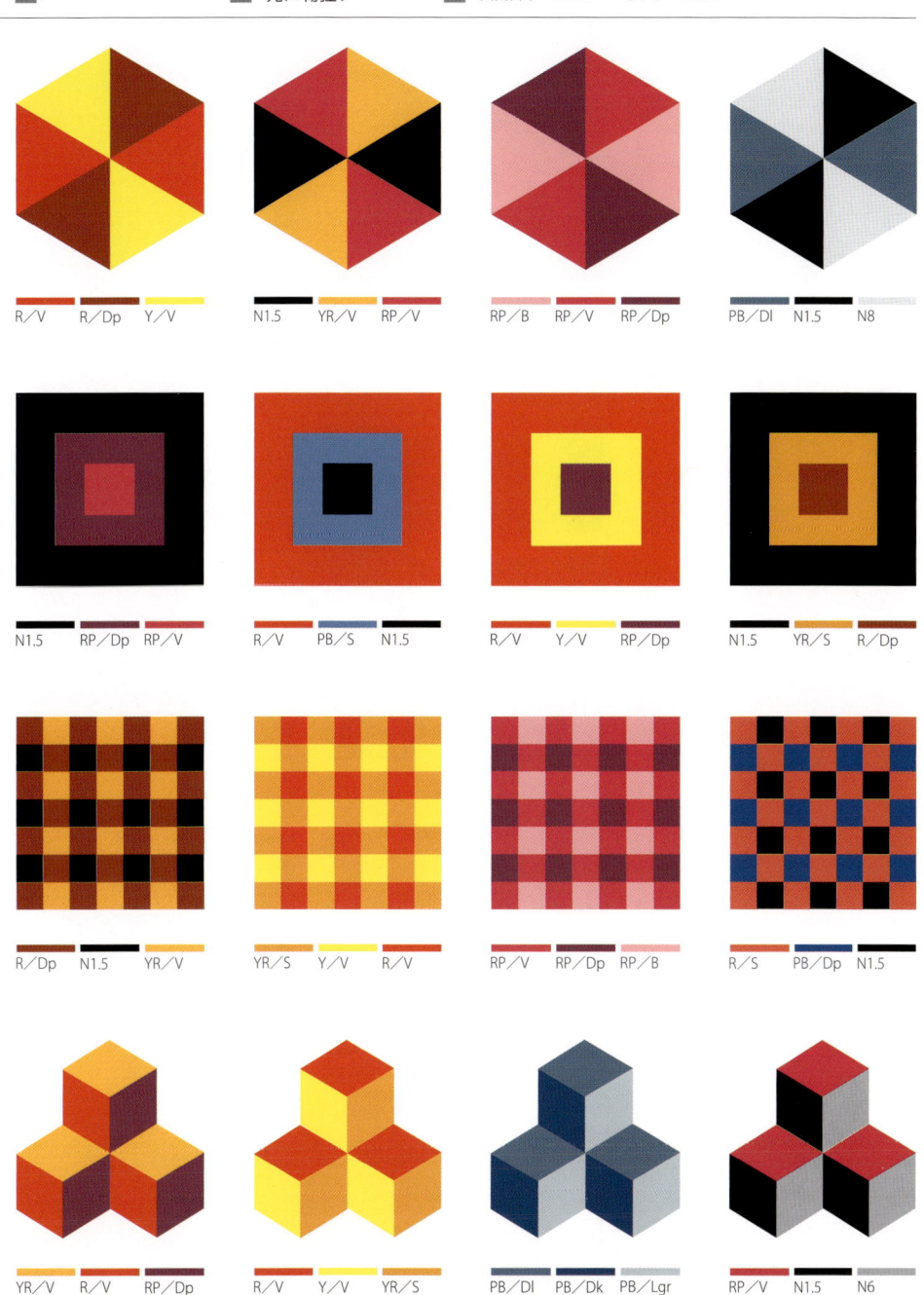

R／V　R／Dp　Y／V

N1.5　YR／V　RP／V

RP／B　RP／V　RP／Dp

PB／Dl　N1.5　N8

N1.5　RP／Dp　RP／V

R／V　PB／S　N1.5

R／V　Y／V　RP／Dp

N1.5　YR／S　R／Dp

R／Dp　N1.5　YR／V

YR／S　Y／V　R／V

RP／V　RP／Dp　RP／B

R／S　PB／Dp　N1.5

YR／V　R／V　RP／Dp

R／V　Y／V　YR／S

PB／Dl　PB／Dk　PB／Lgr

RP／V　N1.5　N6

2章 気持ちや気分、雰囲気　57

気持ちの表現	形容: 嫉妬深い　ねたましい　どろどろした　抑えた
# 嫉 妬	やきもきした　冷ややかな　複雑な　メラメラ

ねたましい
RP/V　　N1.5

葛藤
RP/Dl　　P/Dp

羨望
RP/B　　RP/S

やきもちを焼く
RP/S　　Y/S　　RP/Dp

うらやむ
YR/Dgr　　RP/V　　P/Dp

冷ややかな
PB/Dgr　　PB/Vp　　PB/Gr

嫉妬深い
RP/V　　N1.5　　P/V

どろどろした
G/Dgr　　RP/Dp　　P/Dgr

複雑な
P/Dk　　RP/Dl　　N2

やきもきした
P/Dp；Y/V；RP/V；GY/V

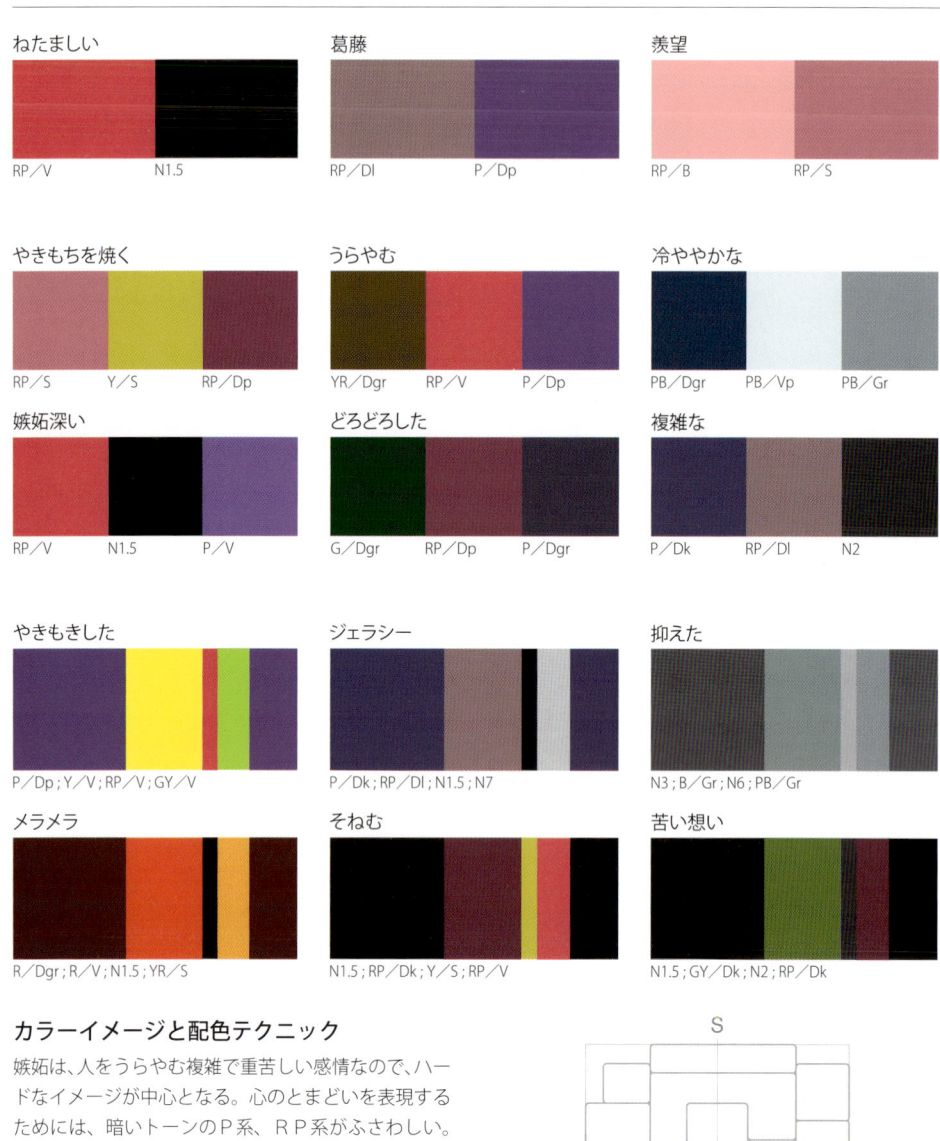

ジェラシー
P/Dk；RP/Dl；N1.5；N7

抑えた
N3；B/Gr；N6；PB/Gr

メラメラ
R/Dgr；R/V；N1.5；YR/S

そねむ
N1.5；RP/Dk；Y/S；RP/V

苦い想い
N1.5；GY/Dk；N2；RP/Dk

カラーイメージと配色テクニック

嫉妬は、人をうらやむ複雑で重苦しい感情なので、ハードなイメージが中心となる。心のとまどいを表現するためには、暗いトーンのP系、RP系がふさわしい。中明度の無彩色（グレー）とあわせると、感情を抑えたイメージになる。より明度の低いトーンの色や黒と組み合わせると、つらい想いが表現できる。

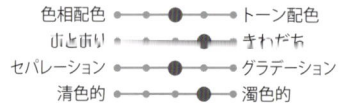

- 色相配色 ●—— トーン配色
- なじみ ——● きわだち
- セパレーション ——● グラデーション
- 清色的 ——● 濁色的

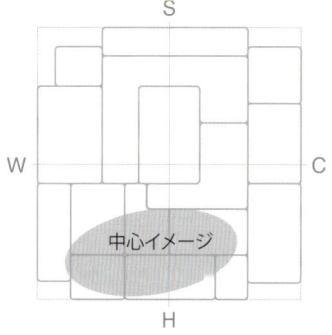

中心イメージ（W-C、H寄り）

動き	うらやむ そねむ やきもちを焼く	
名詞	羨望　ジェラシー 苦い想い 葛藤	
関連	怒り→ P.20 憂鬱→ P.78 セクシー→ P.146 ワル→ P.150	

| RP/S | RP/Dgr | Y/S | | P/Dk | RP/V | P/B | | PB/Vp | N6 | B/Gr | | P/S | N1.5 | RP/S |

| P/Dk | P/V | RP/V | | RP/S | RP/Dp | G/Dgr | | RP/S | YR/S | R/Dgr | | P/Dk | R/V | N1.5 |

| P/V | P/Dgr | RP/V | | RP/Dp | P/Dgr | RP/S | | P/Gr | PB/Dgr | P/L | | PB/Gr | N6 | PB/Dl |

| Y/S | RP/S | R/Dgr | | N1.5 | RP/B | P/Dp | | RP/V | P/Dk | RP/B | | RP/L | N1.5 | RP/S |

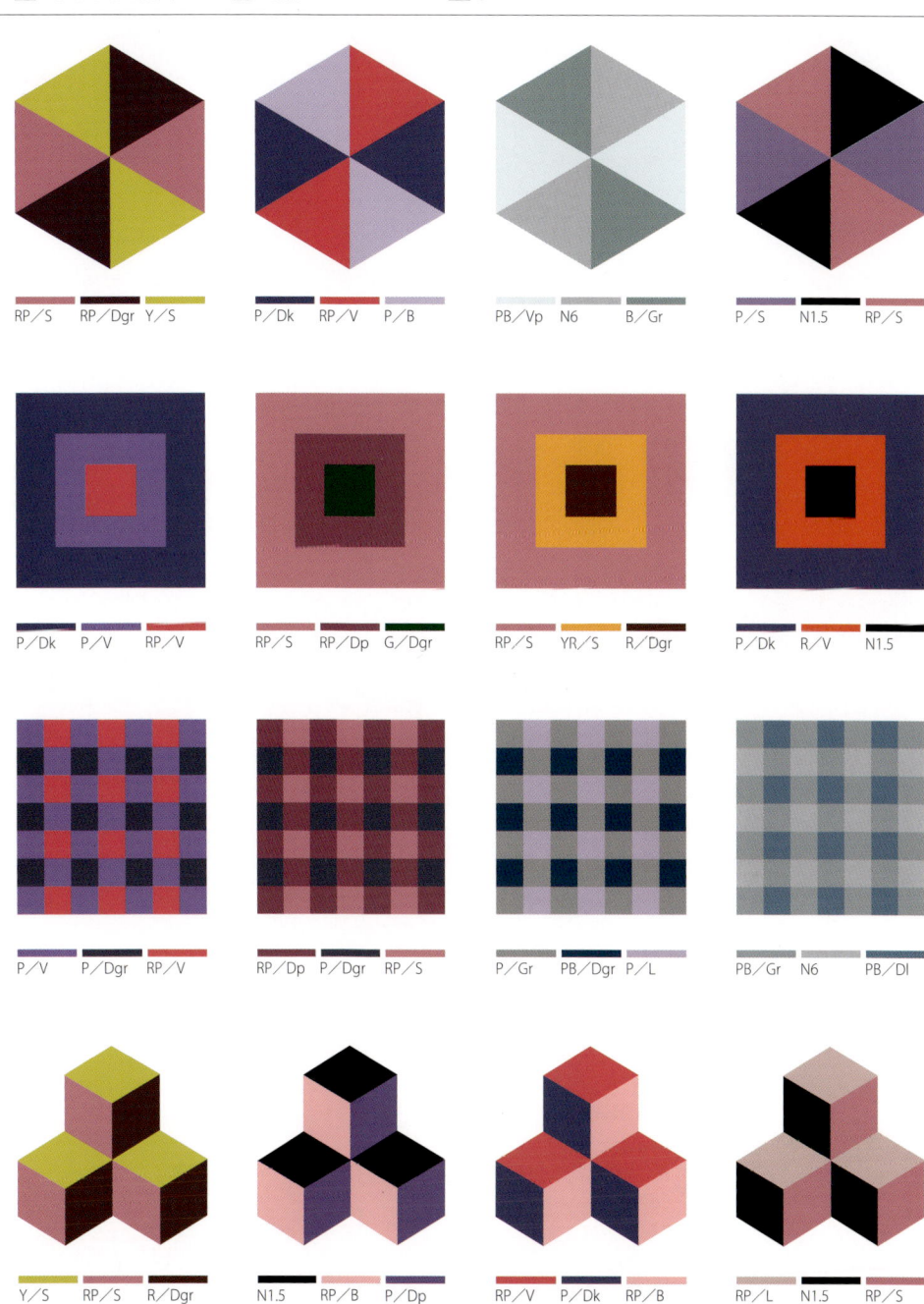

2章　気持ちや気分、雰囲気

気持ちの表現
リッチ

形容　リッチな　ゴージャスな　ぜいたくな　風格のある
高級な　華麗な　あでやかな　セクシーな
優雅な　魅惑的な　洗練された　知的な

華麗な
P/P　RP/S

優雅な
RP/L　P/Vp

ぜいたくな
Y/S　P/Dk

華やぐ
R/V　Y/B　P/V

魅惑的な
RP/Dp　RP/P　RP/S

洗練された
P/Gr　P/Vp　PB/Lgr

あでやかな
RP/S　RP/B　P/Dp

リッチな
P/Dl　Y/S　RP/Dp

風格のある
N1.5　Y/Gr　R/Dgr

セクシーな
RP/S；RP/B；RP/V；P/P

セレブ
P/Dl；B/Lgr；P/Dgr；P/Lgr

知的な
PB/Dk；N6；N9；B/Lgr

高級な
RP/Dgr；P/Lgr；N1.5；P/Gr

ゴージャスな
P/Dk；RP/Dp；Y/S；Y/Dp

エグゼクティブ
P/Dgr；P/Gr；N1.5；PB/Gr

カラーイメージと配色テクニック

質がよくドレッシーなイメージを表現するためには、色相はP〜RP系が中心となり、Y系を加えるとゴージャス感が出る。スマートさや知的な雰囲気を表したい場合は、PB系の暗いトーンやB系の地味なトーンを中心にまとめると、洗練されたリッチ感が表現できる。

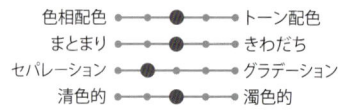

色相配色　●　トーン配色
まとまり　●　きわだち
セパレーション　●　グラデーション
清色的　●　濁色的

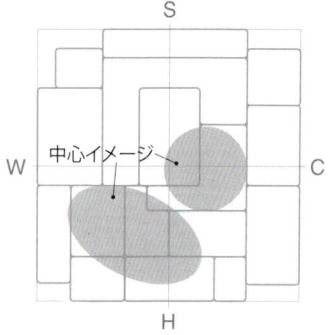

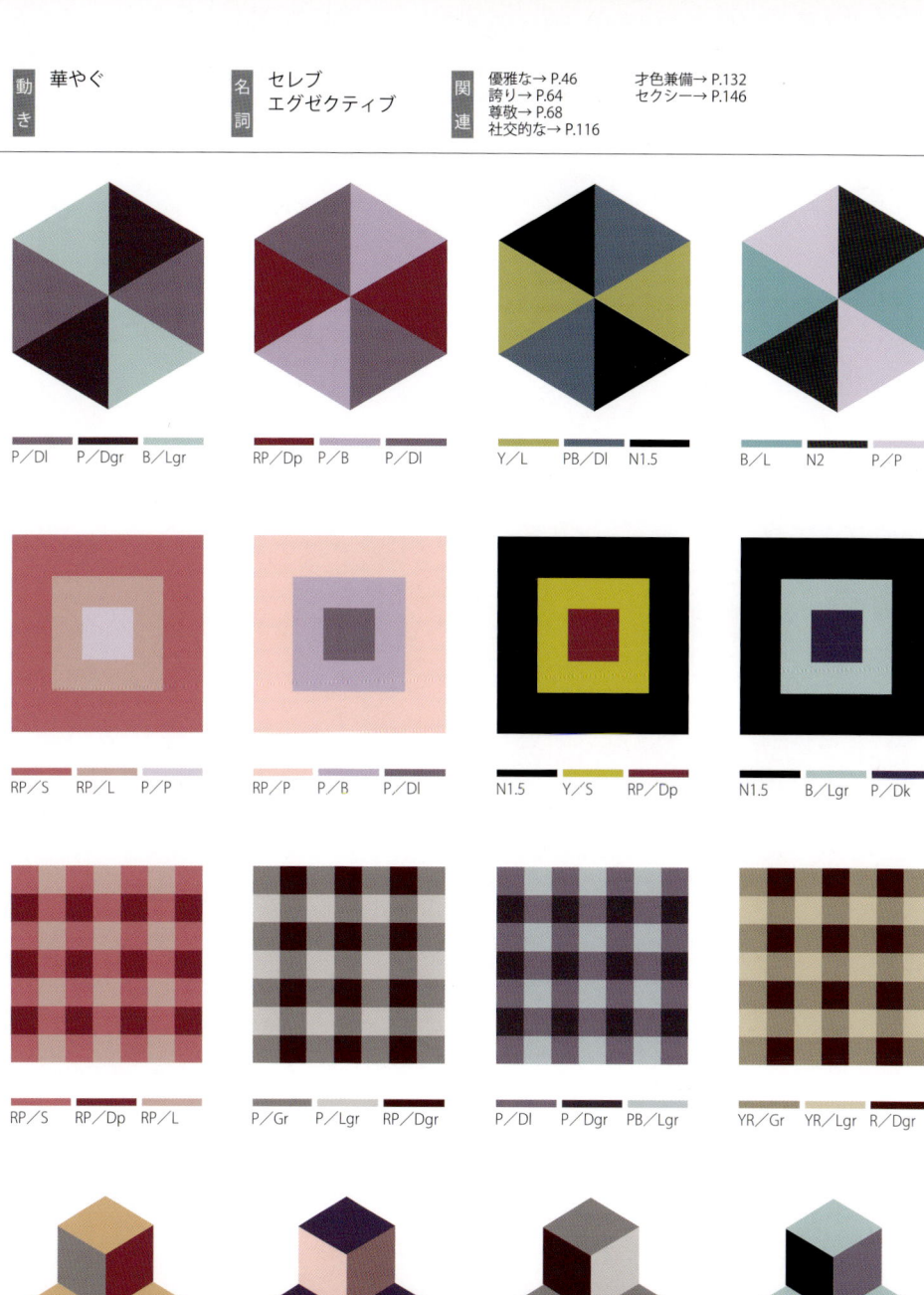

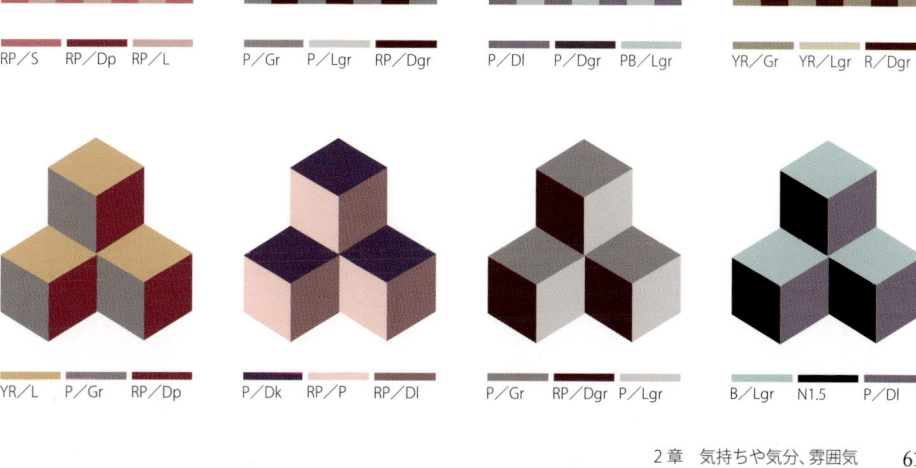

| 動き | 華やぐ | 名詞 | セレブ
エグゼクティブ | 関連 | 優雅な→ P.46
誇り→ P.64
尊敬→ P.68
社交的な→ P.116 | 才色兼備→ P.132
セクシー→ P.146 |

| P／Dl | P／Dgr | B／Lgr | RP／Dp | P／B | P／Dl | Y／L | PB／Dl | N1.5 | B／L | N2 | P／P |

| RP／S | RP／L | P／P | RP／P | P／B | P／Dl | N1.5 | Y／S | RP／Dp | N1.5 | B／Lgr | P／Dk |

| RP／S | RP／Dp | RP／L | P／Gr | P／Lgr | RP／Dgr | P／Dl | P／Dgr | PB／Lgr | YR／Gr | YR／Lgr | R／Dgr |

| YR／L | P／Gr | RP／Dp | P／Dk | RP／P | RP／Dl | P／Gr | RP／Dgr | P／Lgr | B／Lgr | N1.5 | P／Dl |

2章 気持ちや気分、雰囲気　　61

気持ちの表現 リッチ 展開

■リング

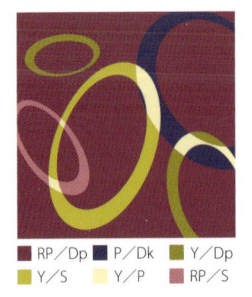

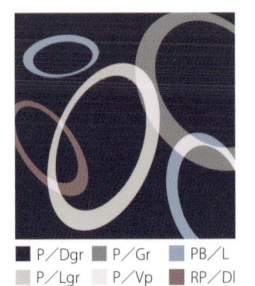

| ■ RP／Dp | ■ P／Dk | ■ Y／Dp |
| ■ Y／S | ■ Y／P | ■ RP／S |

| ■ P／Dgr | ■ P／Gr | ■ PB／L |
| ■ | ■ P／Vp | ■ RP／Dl |

| ■ P／Dk | ■ P／B | ■ RP／S |
| ■ B／Lgr | ■ PB／Vp | ■ P／Dl |

■ストライプ

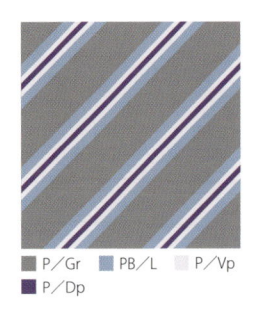

| ■ P／Dk | ■ Y／S | ■ RP／Dgr |
| ■ N7 | | |

| ■ R／Dgr | ■ Y／Gr | ■ Y／Lgr |
| ■ BG／Dk | | |

| ■ P／Gr | ■ PB／L | ■ P／Vp |
| ■ P／Dp | | |

■ダイヤ

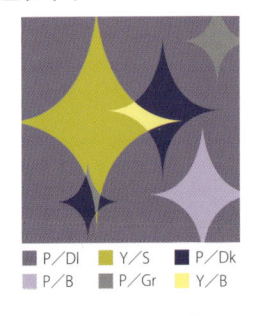

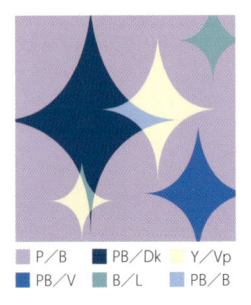

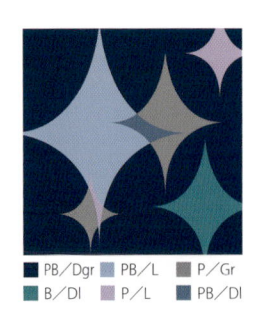

| ■ P／Dl | ■ Y／S | ■ P／Dk |
| ■ P／B | ■ P／Gr | ■ Y／B |

| ■ P／B | ■ PB／Dk | ■ Y／Vp |
| ■ PB／V | ■ B／L | ■ PB／B |

| ■ PB／Dgr | ■ PB／L | ■ P／Gr |
| ■ B／Dl | ■ P／L | ■ PB／Dl |

■マルチストライプ

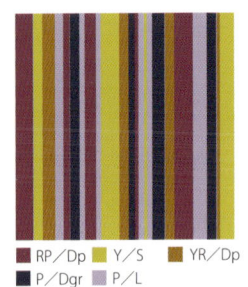

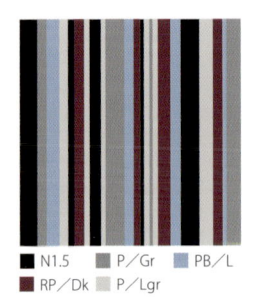

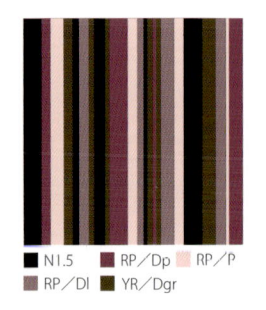

| ■ RP／Dp | ■ Y／S | ■ YR／Dp |
| ■ P／Dgr | ■ P／L | |

| ■ N1.5 | ■ P／Gr | ■ PB／L |
| ■ RP／Dk | ■ P／Lgr | |

| ■ N1.5 | ■ RP／Dp | ■ RP／P |
| ■ RP／Dl | ■ YR／Dgr | |

| 表現モチーフ | ゴールドの装飾品　ビロード　スイートルーム　イブニングドレス　タキシード　舞踏会
晩餐会　船旅　ビリヤード　カジノ　オペラ座　アールヌーヴォー　プライベートバンク |

■フォント

ABCDEFGH abcdefghijk 1234567890
■ N1.5　■ Y/S

ABCDEFGH abcdefghijk 1234567890
■ Y/S　■ PB/Dgr

ABCDEFGH abcdefghijk 1234567890
■ G/Dk　■ Y/L

ABCDEFGH abcdefghijk 1234567890
■ P/Dl　■ RP/P

ABCDEFGH abcdefghijk 1234567890
■ RP/S　■ Y/S

ABCDEFGH abcdefghijk 1234567890
■ P/Dgr　■ N6

ABCDEFG abcdefg 1234567890
■ R/Dgr　■ Y/S

ABCDEFG abcdefg 1234567890
■ P/P　■ P/Dl

ABCDEFG abcdefg 1234567890
■ P/Dp　■ RP/B

ABCDEFG abcdefg 1234567890
■ RP/Dp　■ YR/L

ABCDEFG abcdefg 1234567890
■ PB/Dgr　■ B/Lgr

ABCDEFG abcdefg 1234567890
■ N1.5　■ P/Lgr

2章　気持ちや気分、雰囲気　63

気持ちの表現

誇 り

形容: 名誉な　自信に満ちた　風格のある　気高い　プライドの高い

誉れ
Y/S　P/Dk

気高い
P/Dp　B/Lgr

誇り
P/Dk　P/B

輝く
Y/Dp　Y/V　YR/V

自尊心
RP/S　RP/Dgr　P/Gr

名声
R/V　Y/S　P/Dk

栄冠
RP/Dp　Y/S　PB/Dk

名誉な
P/Dk　R/V　N1.5

自信に満ちた
N1.5　R/Dk　P/Dk

栄光
RP/S ; Y/V ; RP/V ; PB/Dk

殿堂入り
YR/Dgr ; Y/Dp ; N1.5 ; N4

プライドの高い
RP/Dgr ; P/B ; P/Vp ; RP/S

勝ち誇る
R/Dp ; Y/S ; Y/V ; PB/Dk

信頼する
PB/Dk ; PB/Lgr ; Y/Dp ; N1.5

風格のある
N1.5 ; Y/Dp ; P/Dgr ; N6

カラーイメージと配色テクニック

努力が報われた時に感じる誇りには、喜びや光がイメージされるので、黄色や赤を使ったウォームな配色になる。一方、自信や権威、伝統や信頼感などからイメージされる誇りは、クラシック・ダンディイメージなどの、ハードで重厚感を感じさせる濁色的な配色が適している。

色相配色 ●——○——○ トーン配色
まとまり ○——●——○ きわだち
セパレーション ○——●——○ グラデーション
清色的 ○——○——● 濁色的

中心イメージ (S/W/C/H)

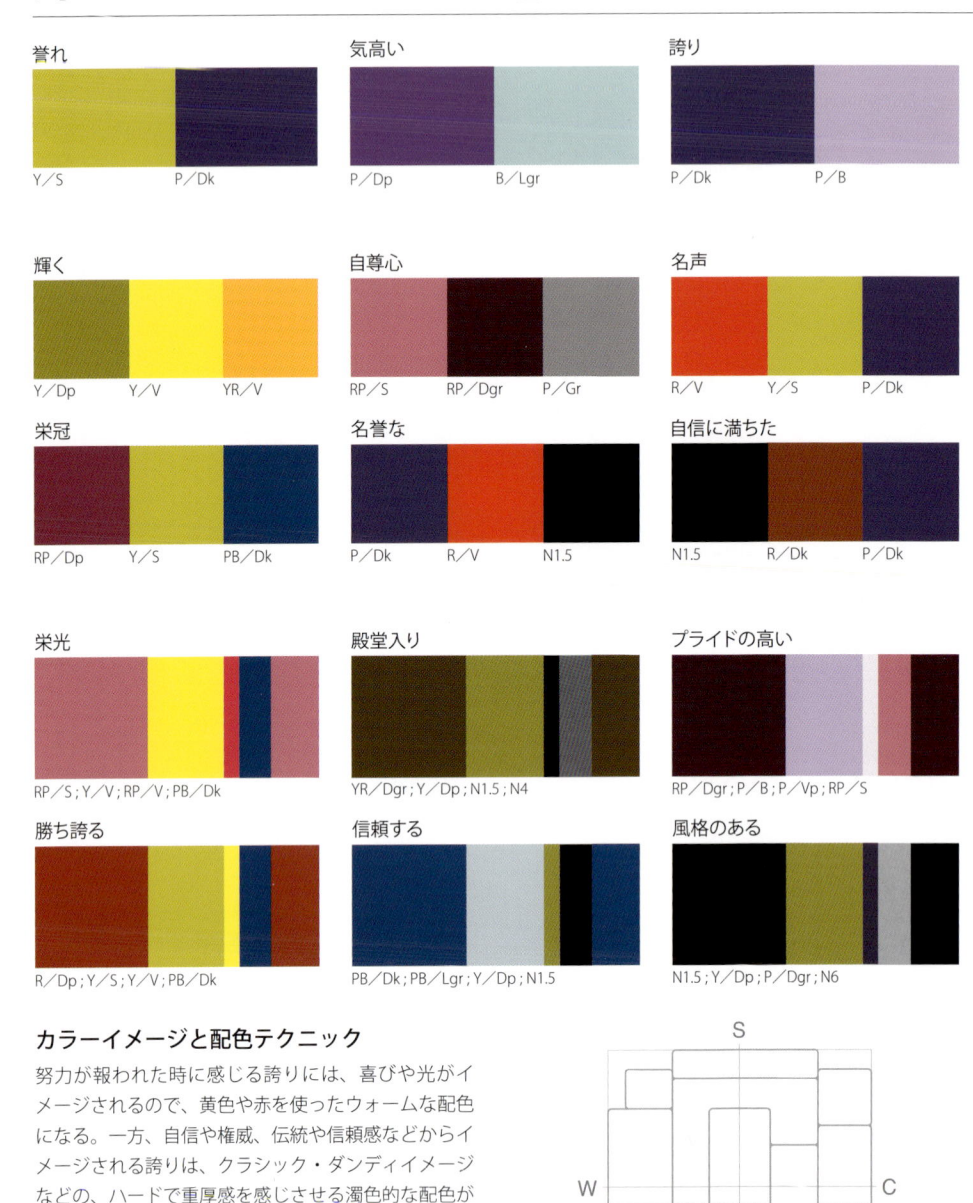

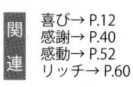

動き	勝ち誇る 輝く 信頼する	
名詞	誉れ 栄冠 栄光 自尊心 名声 殿堂入り 誇り	
関連	喜び→ P.12 感謝→ P.40 感動→ P.52 リッチ→ P.60	尊敬→ P.68 頼もしい→ P.112 貴公子→ P.130 プロフェッショナル→ P.136	大御所→ P.140

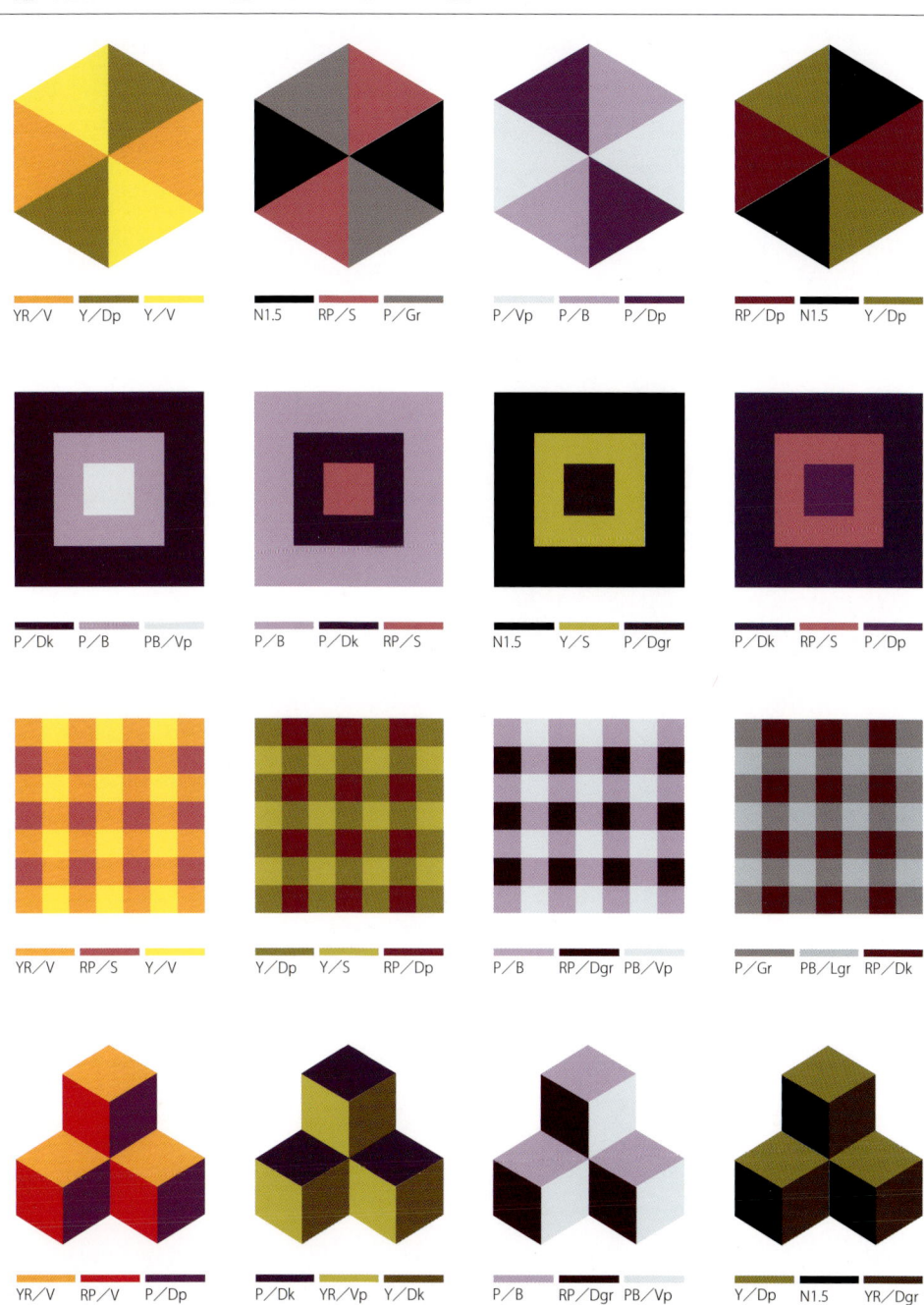

YR／V　Y／Dp　Y／V

N1.5　RP／S　P／Gr

P／Vp　P／B　P／Dp

RP／Dp　N1.5　Y／Dp

P／Dk　P／B　PB／Vp

P／B　P／Dk　RP／S

N1.5　Y／S　P／Dgr

P／Dk　RP／S　P／Dp

YR／V　RP／S　Y／V

Y／Dp　Y／S　RP／Dp

P／B　RP／Dgr　PB／Vp

P／Gr　PB／Lgr　RP／Dk

YR／V　RP／V　P／Dp

P／Dk　YR／Vp　Y／Dk

P／B　RP／Dgr　PB／Vp

Y／Dp　N1.5　YR／Dgr

2章　気持ちや気分、雰囲気　65

*C*olumn
第一印象が重視されるビジネスウエアの配色

　着こなしの色は、その人の第一印象を左右する大きな要素だが、最近では、「自分らしさをアピールし、好印象を与える色を身に着けたい」といった目的でカラー診断を受けるビジネスマンも増えている。

　仕事の特性や職種によっても、ふさわしい服装の色づかいがあるが、プレゼンテーションなどで自分のインパクトを強めたり、営業や折衝などで、顧客に安心感や信頼感を与えたりといった風に、ビジネスをうまく進めるための雰囲気づくりに色の効果を役立てることもできる（次ページ左図）。

■着こなし（Vゾーン）のイメージスケール

SOFT

		ロマンチック		クリア
プリティ		ナチュラル		
カジュアル		エレガント	シック	クールカジュアル

WARM　　　　　　　　　　　　　　　　　　　　　　　　　COOL

| ダイナミック | ゴージャス | クラシック | ダンディ | モダン |
| | ワイルド | クラシック&ダンディ | フォーマル | |

HARD

©2008 ㈱日本カラーデザイン研究所

注）…ファッションの色は微妙なため、このトピックスのみ基本130色以外で配色してある。

　また、春夏・秋冬といった季節感の演出も大切なポイントである（右下図）。冬から春、夏から秋の季節の変わり目に、少しだけシーズンを先取りしたカラー・コーディネイトをすれば、周囲に新鮮な驚きを与え、着る人のセンスをさりげなくアピールできる。

　スーツにシャツ、ネクタイといった配色は、人それぞれの好みで色づかいが固定化しやすいが、家族や職場の同僚などの意見を聞いたり、今まで着たこともないような色にチャレンジしてみるのも新しい自分と出会えるきっかけになるかも知れない。

■基本的な印象のちがい

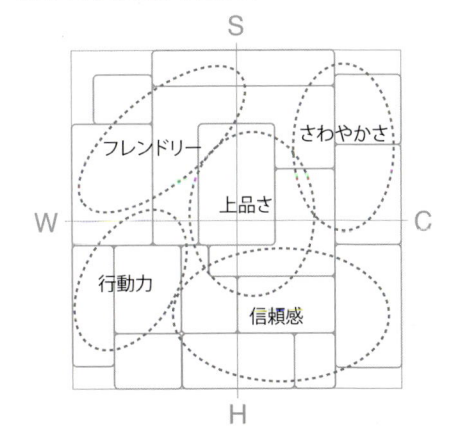

■季節に合ったイメージ

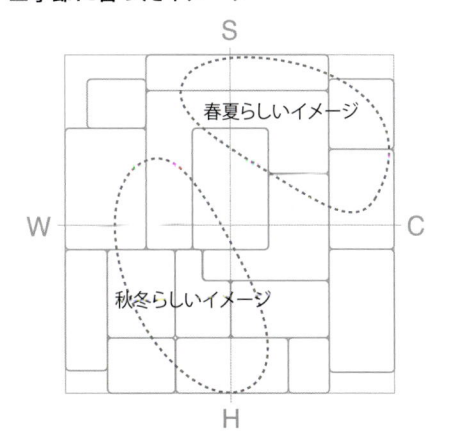

■ネクタイのカラーによる演出

元気のよさをアピール

積極性を感じさせる赤はここ一番、自分のヤル気を伝えたいときに。

おちつきをアピール

おだやかなベージュ系はじっくりと取り組む姿勢を見せるときに。

優雅さをアピール

エレガントなイメージのうす紫は、パーティなどの格調高い場に。

知性をアピール

真面目な印象を与える紺は、ビジネスシーンではベーシックな色。

2章　気持ちや気分、雰囲気　　67

気持ちの表現
尊 敬

形容：尊い　おごそかな　信頼感のある　高潔な　神聖な　奥ゆかしい

尊い
P／DL　　N8

奥ゆかしい
RP／Vp　　P／L

信頼感のある
P／Dk　　N6

敬愛する
RP／S　　P／P　　P／Vp

功労
P／Gr　　N1.5　　GY／Gr

恩師
P／Dl　　N1.5　　G／Gr

敬意
PB／Dk　　P／Lgr　　N1.5

神聖な
P／Dl　　N1.5　　PB／L

おごそかな
P／Dgr　　N6　　N3

敬う
RP／P；P／Vp；PB／Dp；P／Gr

尊敬する
PB／Dk；RP／Vp；P／Dl；N5

高潔な
P／Dk；PB／L；PB／Dp；N9.5

師匠
Y／Dgr；Y／Gr；PB／Dgr；Y／L

品格
PB／Dgr；P／Gr；N8；P／Lgr

プロフェッショナル
N1.5；N6；R／V；PR／Gr

カラーイメージと配色テクニック

尊敬は、大切に思う気持ちを表す色相P系をうまくつかい、ソフト、ハードの違いでバリエーションや、尊敬する気持ちの強弱をつけるとよい。暗いトーンをつかってハードにするほど、儀礼的な雰囲気や、文化的なイメージが強まる。茶系でウォームな配色にすると、時間の積み重ねやヒューマンな印象になる。

色相配色　●―――●　トーン配色
まとまり　●―――●　きわだち
セパレーション　●―――●　グラデーション
清色的　●―――●　濁色的

中心イメージ

S　W　C　H

68

| 動き | 敬う　尊敬する
敬愛する | 名詞 | 敬意　品格
功労　師匠　恩師
プロフェッショナル | 関連 | 愛情→ P.18
感謝→ P.40
リッチな→ P.60
誇り→ P.64 | 頼もしい→ P.112
プロフェッショナル→ P.136
頭脳派→ P.138
大御所→ P.140 |

| P／P　P／Dk　P／Vp | RP／S　RP／Vp　P／P | Y／L　P／Gr　N1.5 | P／Gr　PB／Dgr　P／Lgr |

| N1.5　Y／Gr　Y／L | GY／Gr　P／Dl　N1.5 | B／Gr　PB／Lgr　N1.5 | RP／Dl　RP／L　P／Vp |

| Y／Dgr　Y／Gr　N1.5 | PB／L　N8　PB／Dk | GY／Gr　P／Dk　PB／Lgr | P／Gr　RP／Lgr　N1.5 |

| P／Gr　N6　N1.5 | P／Dl　P／Vp　P／Lgr | P／P　P／Gr　RP／Vp | PB／B　N1.5　PB／Dl |

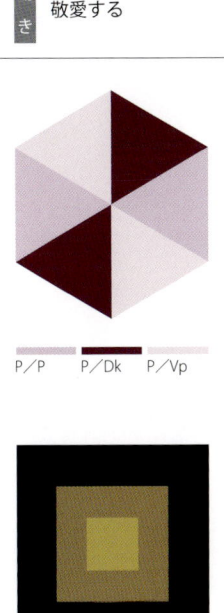

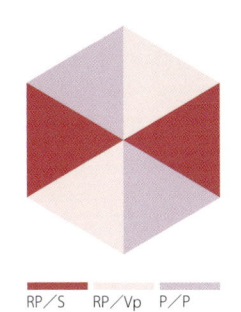

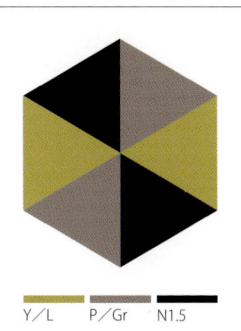

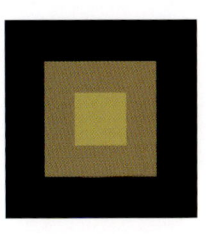

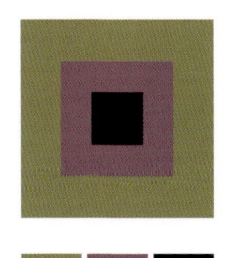

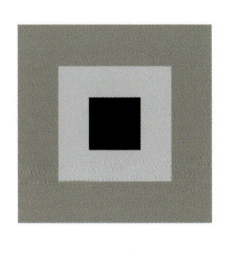

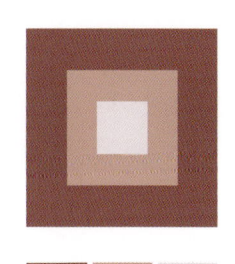

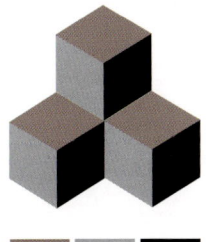

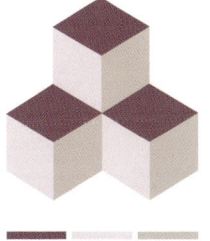

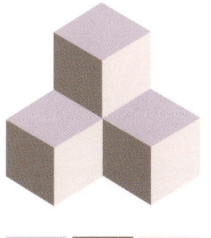

2章　気持ちや気分、雰囲気

気持ちの表現
郷 愁

形容: なつかしい　センチメンタルな　切ない　恋しい　もの悲しい　しんみりとした　叙情的な　ロマンチックな

思い出
R／Gr　P／Vp

しんみりとした
P／Lgr　PB／Vp

叙情的な
P／Gr　P／Lgr

ロマンチックな
RP／Vp　N9.5　PB／Vp

感傷にひたる
PB／Vp　P／Lgr　RP／Vp

切ない
N6　P／Lgr　PB／Lgr

ノスタルジー
YR／Dgr　R／Gr　RP／Lgr

なつかしむ
N3　YR／Gr　YR／Lgr

もの悲しい
P／Lgr　N6　PB／Gr

なつかしい
YR／Gr；YR／Lgr；Y／Dk；Y／Vp

恋しい
P／Lgr；N8；N9；P／Vp

センチメンタルな
P／Gr；RP／Lgr；N9；P／P

旅愁
YR／Dgr；YR／Gr；R／Lgr；P／Gr

哀愁
R／Gr；RP／Lgr；P／Vp；P／Gr

故郷
YR／Dgr；Y／Lt；GY／Lgr；GY／Dk

カラーイメージと配色テクニック

郷愁の情緒的で感傷的な気分を表現するため、濁色トーンが中心となる。トーン配色で微妙な明度の差を活かすと、繊細な雰囲気を伝えやすい。R系、YR系でトーン配色にすれば、セピア色の写真のようなノスタルジックなイメージが、寒色系やグレーを使うと切ない心情が表現できる。

色相配色 ●―→ トーン配色
まとまり ●―→ きわだち
セパレーション ●―→ グラデーション
清色的 ●―→ 濁色的

| 動き | なつかしむ 感傷にひたる | 名詞 | ノスタルジー 思い出　故郷 旅愁　哀愁 | 関連 | 悲しみ→ P.16 感動→ P.52 侘しさ→ P.76 |

RP／Lgr　P／Gr　PB／Vp

PB／Gr　RP／Vp　RP／Lgr

N8　B／Lgr　N5

P／P　P／Gr　N8

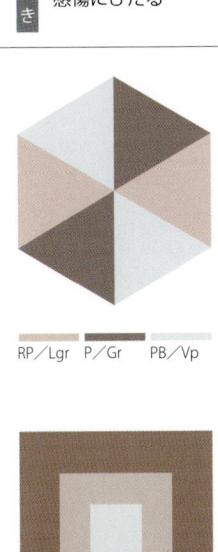

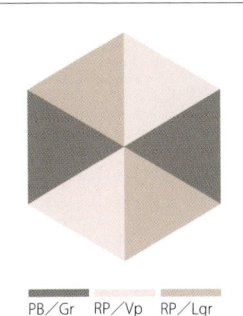

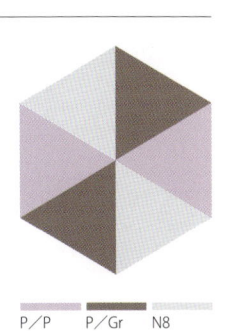

R／Gr　P／Lgr　PB／Vp

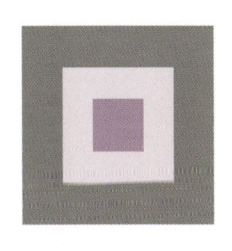

N8　P／Lgr　RP／Gr

B／Lgr　PB／Vp　PB／B

PB／Gr　P／Vp　P／L

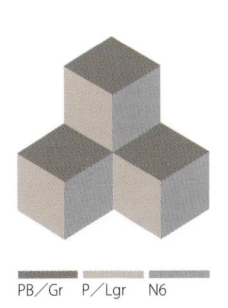

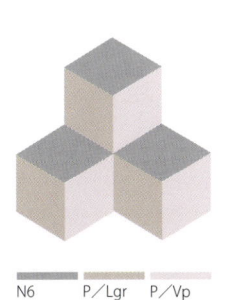

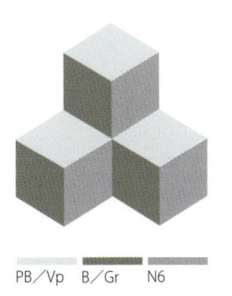

YR／Lgr　R／Gr　Y／Vp

P／Lgr　N8　R／Gr

PB／Gr　PB／Gr　PB／Vp

P／Gr　RP／Lgr　YR／Dgr

YR／Lgr　R／Gr　N3

PB／Gr　P／Lgr　N6

N6　P／Lgr　P／Vp

PB／Vp　B／Gr　N6

2章　気持ちや気分、雰囲気　71

|気持ちの表現| 郷 愁 |展 開|

■自然の山並み

| P／Lgr | N8 | N6 |
| N7 | R／Gr | YR／Dgr |

| RP／Lgr | P／Vp | P／Gr |
| P／Lgr | N6 | R／Gr |

| P／Vp | N9 | PB／Vp |
| YR／Vp | YR／Lgr | YR／Gr |

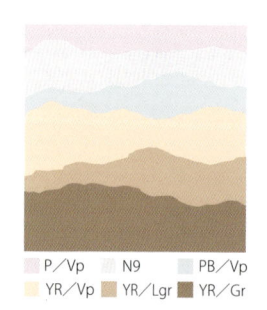

■落ち葉

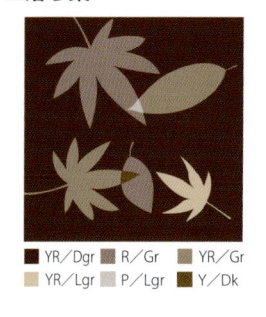

| YR／Dgr | R／Gr | YR／Gr |
| YR／Lgr | P／Lgr | Y／Dk |

| P／Lgr | YR／Gr | PB／Gr |
| N3 | YR／Lgr | P／Dk |

| YR／Dgr | Y／L | GY／L |
| G／Gr | GY／Lgr | GY／Dk |

■風

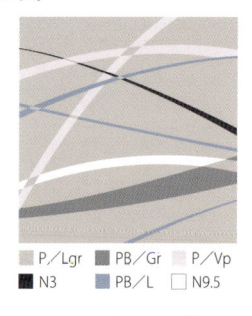

| P／Lgr | PB／Gr | P／Vp |
| N3 | PB／L | N9.5 |

| PB／Vp | PB／L | B／Lgr |
| RP／Gr | P／B | N9.5 |

| P／Vp | P／P | P／B |
| P／Lgr | N9.5 | PB／B |

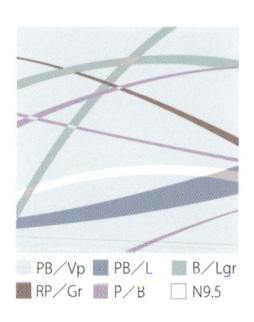

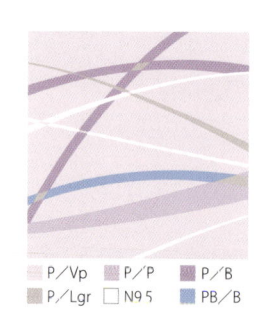

■マルチストライプ

| P／L | RP／Lgr | PB／Gr |
| P／Dl | RP／Vp | |

| N3 | P／Gr | P／Lgr |
| PB／Vp | RP／Vp | |

| YR／Lgr | R／Gr | P／Gr |
| Y／Dgr | PB／Dgr | |

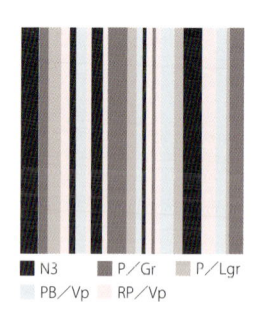

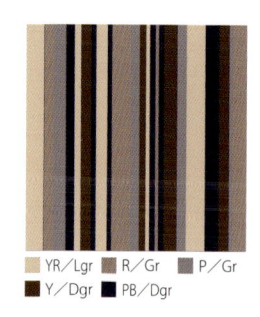

表現モチーフ	色褪せた写真　モノクロ映画　霧笛　路面電車　石畳　路地裏　和風住宅　夜景　木造校舎 ミッドセンチュリーデザイン　メリーゴーラウンド　古きよき時代　ボンネットバス

■フォント

ABCDEFGH abcdefghijk 10234567890	ABCDEFGH abcdefghijk 10234567890	ABCDEFGH abcdefghijk 10234567890
■ R/Gr　■ P/Lgr	■ PB/Vp　■ PB/L	■ YR/Lgr　■ N3
ABCDEFGH abcdefghijk 10234567890	ABCDEFGH abcdefghijk 10234567890	ABCDEFGH abcdefghijk 10231567890
■ G/Gr　■ G/Vp	■ P/Lgr　■ R/Gr	■ YR/Gr　■ YR/Lgr
ABCDEFGH abcdefgh 12345678910	ABCDEFGH abcdefgh 12345678910	ABCDEFGH abcdefgh 12345678910
■ YR/Gr　■ Y/Dgr	■ P/Vp　■ PB/Dl	■ YR/Dgr　■ YR/Lgr
ABCDEFGH abcdefgh 12345678910	ABCDEFGH abcdefgh 12345678910	ABCDEFGH abcdefgh 12345678910
■ P/Gr　■ P/Lgr	■ Y/Lgr　■ PB/Dl	■ B/Gr　■ PB/Vp

2章　気持ちや気分、雰囲気　73

アンニュイ

気持ちの表現

形容: アンニュイな　物憂い　気だるい　だるい　曖昧な　おぼろげな　くすんだ　ひかえめな　ぼんやりした　眠たげな　ぼーっとした

おぼろげな
P/Vp　N8

ぼんやりした
Y/Lgr　N8

憂う
PB/Lgr　P/Vp

アンニュイな
P/Gr　P/Lgr　PB/Lgr

ぼーっとした
P/Lgr　N7　N8

気だるい
PB/Gr　PB/Lgr　P/Lgr

眠たげな
PB/Gr　N6　N4

くすんだ
N7　Y/Lgr　N5

だるい
N7　PB/Gr　N6

ひかえめな
P/Vp ; P/Lgr ; N9 ; N8

曖昧な
PB/Lgr ; N8 ; YR/Vp ; N7

物憂い
N6 ; N8 ; PB/Gr ; P/Lgr

退屈
Y/Gr ; YR/Gr ; N5 ; N7

幻想
P/Gr ; P/P ; P/Vp ; P/L

倦怠
B/Gr ; P/Lgr ; N8 ; R/Lgr

カラーイメージと配色テクニック

アンニュイは、そこはかとなく物憂い、気だるい心の状態なので、動きの鈍い静的な様子を濁色で表現する。強いトーン差をつけ過ぎず、まとまりの配色でどんよりとかすんだような雰囲気をもたせる。色相は幅広く使用することができるが、RP系やP系を使うと、上品で詩的な雰囲気になる。

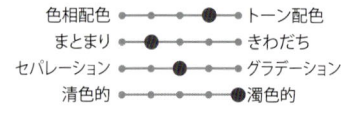

- 色相配色　――●　トーン配色
- まとまり　●――　きわだち
- セパレーション　―●―　グラデーション
- 清色的　――●　濁色的

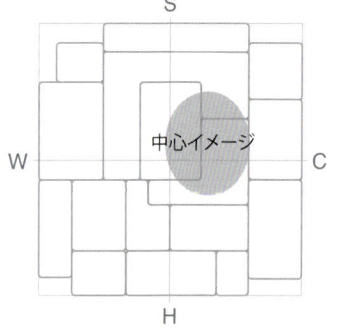

中心イメージ: W–C / S–H

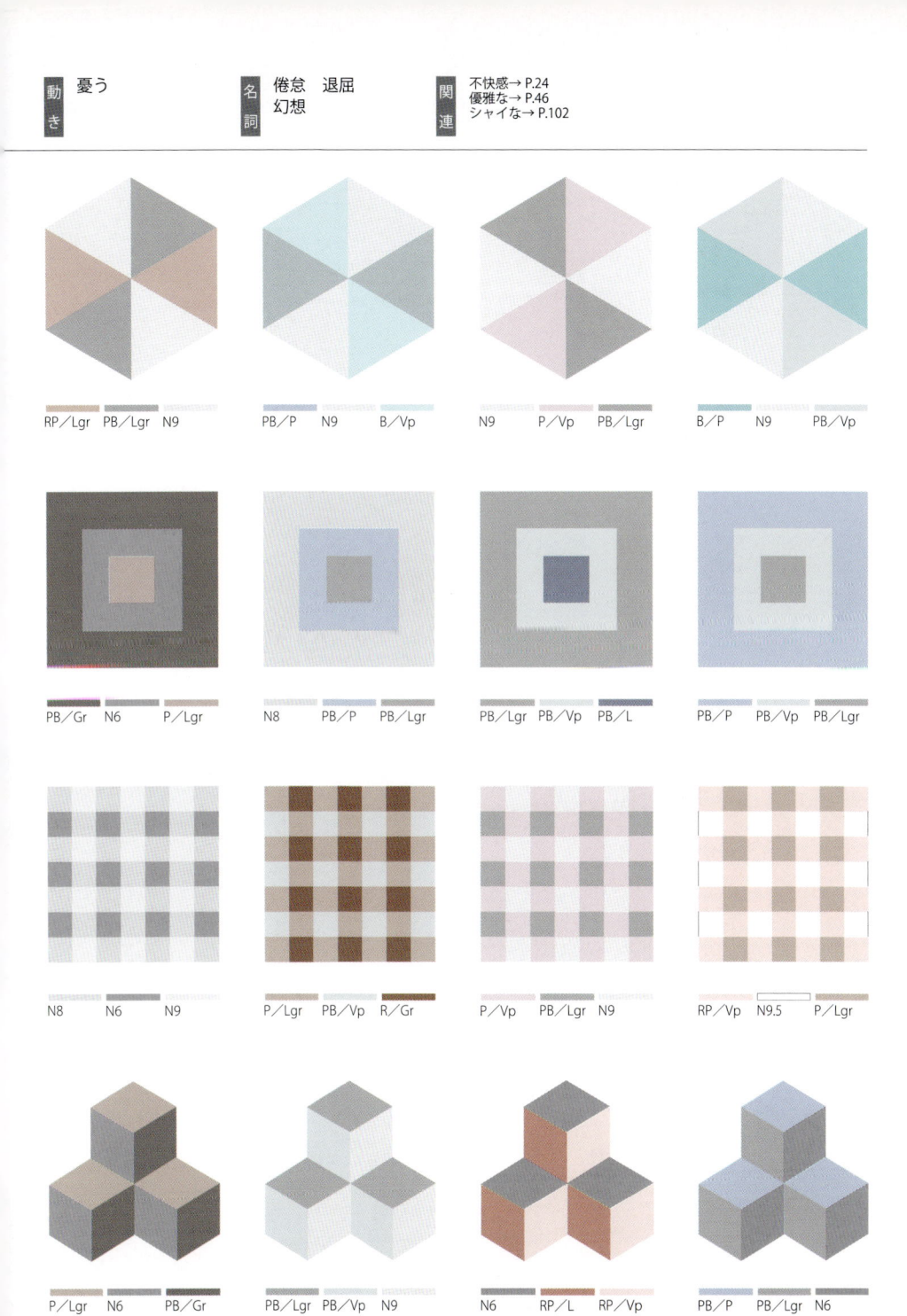

| 動き | 憂う | 名詞 | 倦怠　退屈　幻想 | 関連 | 不快感→ P.24　優雅な→ P.46　シャイな→ P.102 |

| RP／Lgr | PB／Lgr | N9 | | PB／P | N9 | B／Vp | | N9 | P／Vp | PB／Lgr | | B／P | N9 | PB／Vp |

| PB／Gr | N6 | P／Lgr | | N8 | PB／P | PB／Lgr | | PB／Lgr | PB／Vp | PB／L | | PB／P | PB／Vp | PB／Lgr |

| N8 | N6 | N9 | | P／Lgr | PB／Vp | R／Gr | | P／Vp | PB／Lgr | N9 | | RP／Vp | N9.5 | P／Lgr |

| P／Lgr | N6 | PB／Gr | | PB／Lgr | PB／Vp | N9 | | N6 | RP／L | RP／Vp | | PB／P | PB／Lgr | N6 |

2章　気持ちや気分、雰囲気

気持ちの表現
侘しさ

形容: 侘しい　枯れた　枯淡な　風流な　渋い　古い　ひなびた　ひっそりした　はかない　ひんやりとした　ぽつんとした　人恋しい

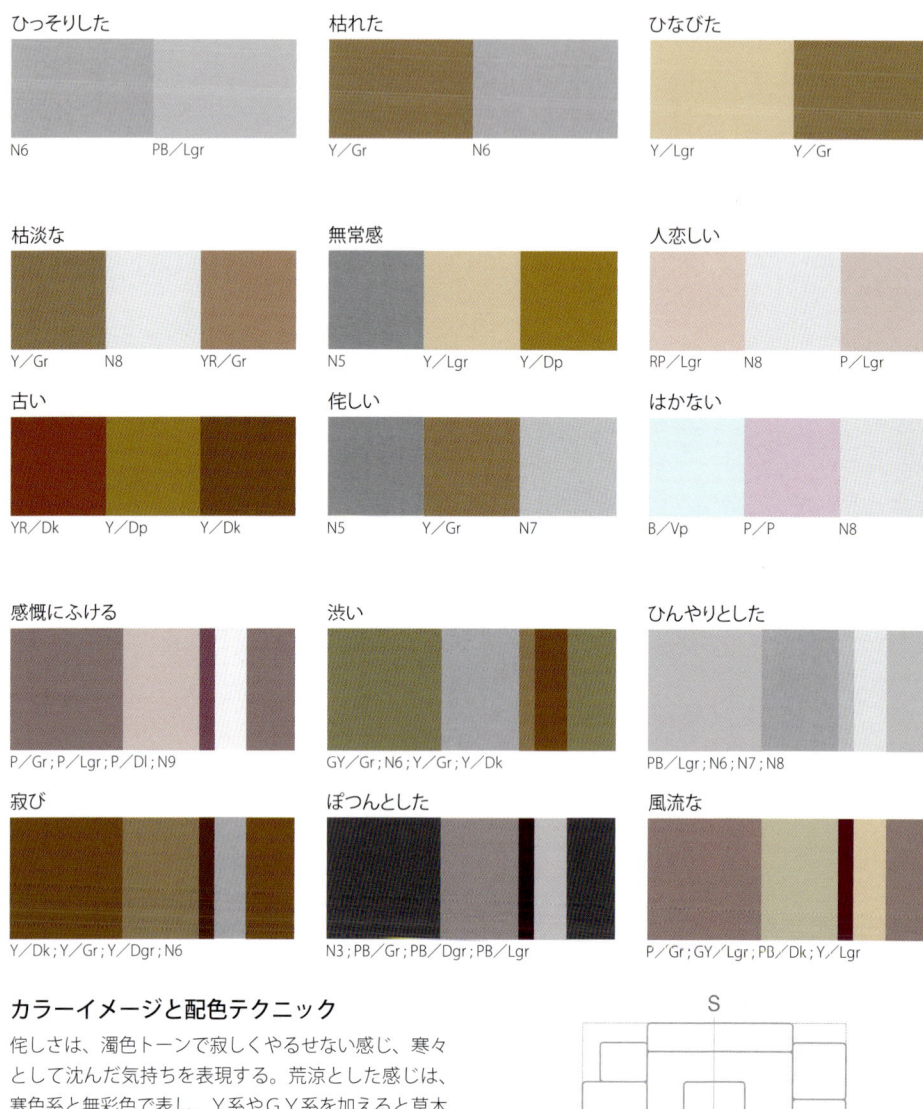

ひっそりした
N6　　PB／Lgr

枯れた
Y／Gr　　N6

ひなびた
Y／Lgr　　Y／Gr

枯淡な
Y／Gr　N8　YR／Gr

無常感
N5　Y／Lgr　Y／Dp

人恋しい
RP／Lgr　N8　P／Lgr

古い
YR／Dk　Y／Dp　Y／Dk

侘しい
N5　Y／Gr　N7

はかない
B／Vp　P／P　N8

感慨にふける
P／Gr；P／Lgr；P／Dl；N9

渋い
GY／Gr；N6；Y／Gr；Y／Dk

ひんやりとした
PB／Lgr；N6；N7；N8

寂び
Y／Dk；Y／Gr；Y／Dgr；N6

ぽつんとした
N3；PB／Gr；PB／Dgr；PB／Lgr

風流な
P／Gr；GY／Lgr；PB／Dk；Y／Lgr

カラーイメージと配色テクニック

侘しさは、濁色トーンで寂しくやるせない感じ、寒々として沈んだ気持ちを表現する。荒涼とした感じは、寒色系と無彩色で表し、Y系やGY系を加えると草木が枯れた様子が表現できる。ソフトにすればそこはかとない無常感が、ハードにすればより深い侘しい雰囲気が表現できる。

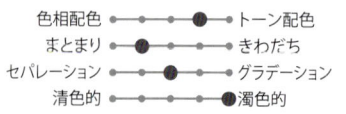

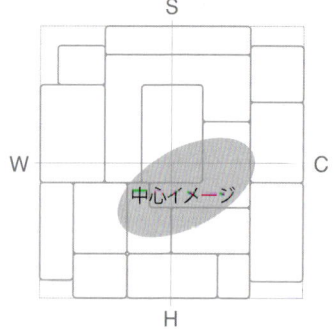

色相配色　●―――トーン配色
まとまり　●―――きわだち
セパレーション　●―――グラデーション
清色的　●―――濁色的

| 動き | 感慨にふける | 名詞 | 無常感 寂び | 関連 | 悲しみ→ P.16 郷愁→ P.70 憂鬱→ P.78 |

| Y／Lgr | GY／Lgr | R／Gr | 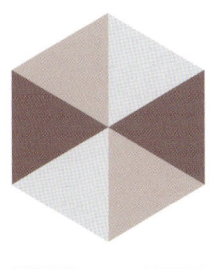 | P／Gr | N8 | P／Lgr | 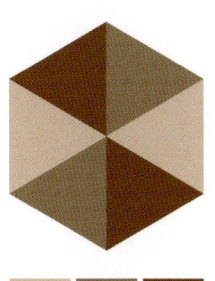 | YR／Lgr | Y／Gr | Y／Dk | 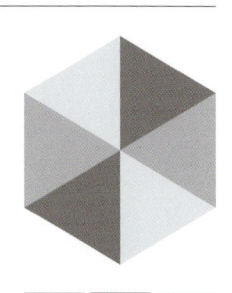 | PB／Lgr | B／Gr | PB／Vp |

| P／Gr | N6 | PB／Vp |  | N8 | YR／Lgr | YR／Gr |  | Y／Gr | Y／Lgr | Y／Dgr | 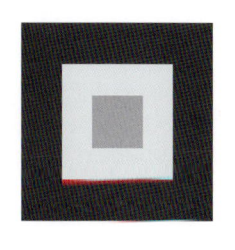 | N3 | PB／Vp | N6 |

| GY／Lgr | P／Gr | PB／Vp |  | Y／Gr | Y／Lgr | Y／Dk |  | P／Lgr | RP／L | N8 | 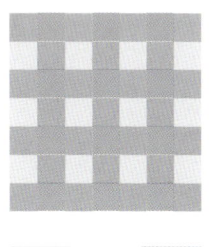 | N7 | N9 | PB／Lgr |

| Y／Lgr | Y／Gr | Y／Dgr |  | P／Gr | P／Vp | P／Lgr | 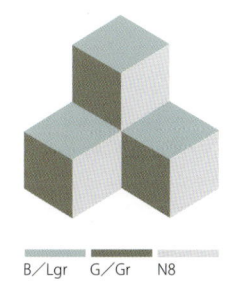 | B／Lgr | G／Gr | N8 | 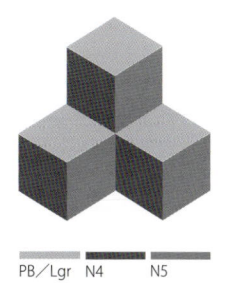 | PB／Lgr | N4 | N5 |

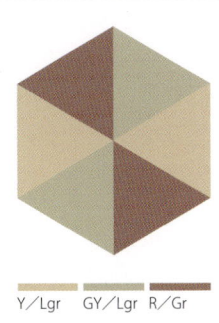

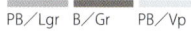

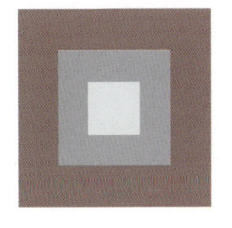

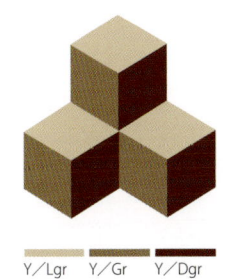

2章　気持ちや気分、雰囲気　77

気持ちの表現
憂鬱

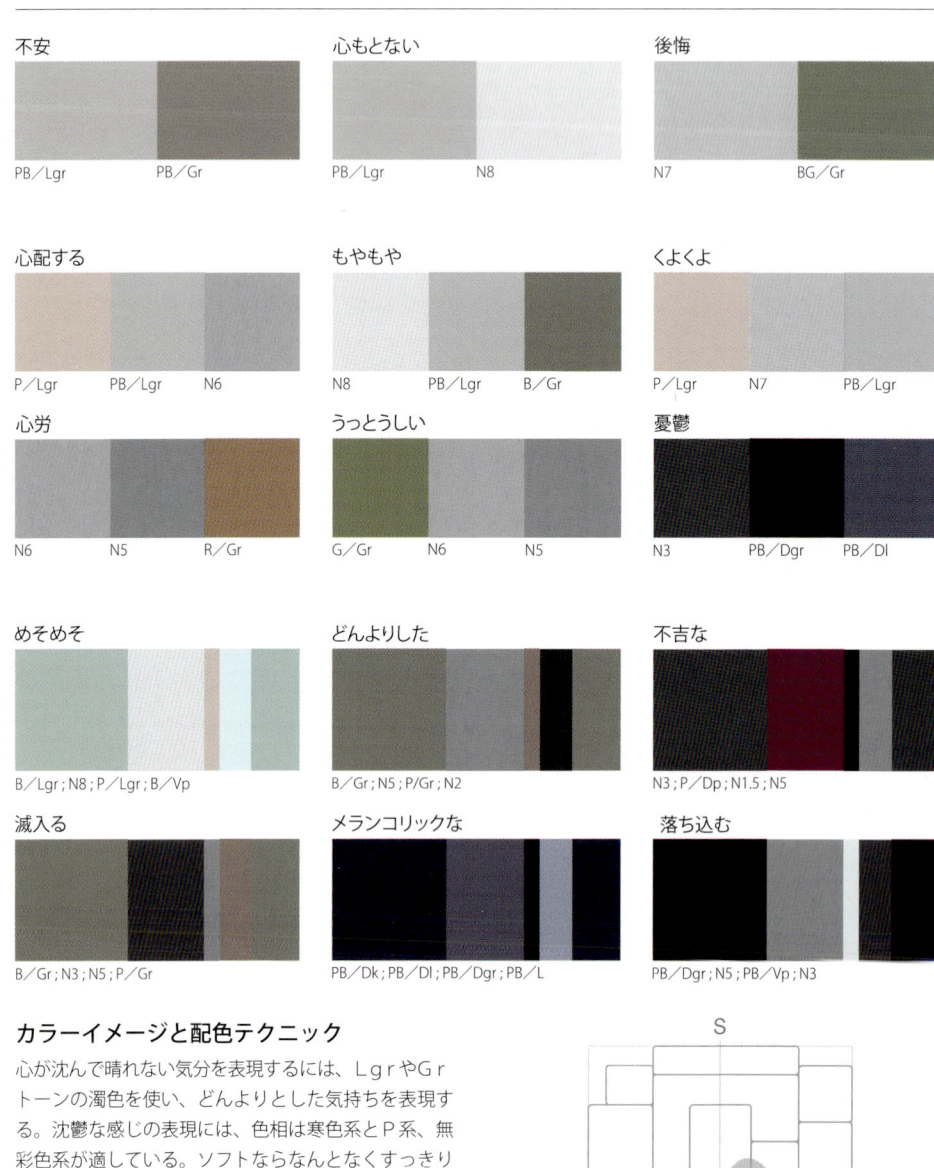

形容: メランコリックな　うっとうしい　どんよりした　不吉な　心もとない　くよくよ　もやもや　めそめそ

不安
PB/Lgr　PB/Gr

心もとない
PB/Lgr　N8

後悔
N7　BG/Gr

心配する
P/Lgr　PB/Lgr　N6

もやもや
N8　PB/Lgr　B/Gr

くよくよ
P/Lgr　N7　PB/Lgr

心労
N6　N5　R/Gr

うっとうしい
G/Gr　N6　N5

憂鬱
N3　PB/Dgr　PB/Dl

めそめそ
B/Lgr；N8；P/Lgr；B/Vp

どんよりした
B/Gr；N5；P/Gr；N2

不吉な
N3；P/Dp；N1.5；N5

滅入る
B/Gr；N3；N5；P/Gr

メランコリックな
PB/Dk；PB/Dl；PB/Dgr；PB/L

落ち込む
PB/Dgr；N5；PB/Vp；N3

カラーイメージと配色テクニック

心が沈んで晴れない気分を表現するには、LgrやGrトーンの濁色を使い、どんよりとした気持ちを表現する。沈鬱な感じの表現には、色相は寒色系とP系、無彩色系が適している。ソフトならなんとなくすっきりしない不快感を、ハードならより深刻でやりきれない不安感を表現することができる。

色相配色 ●―●―●―● トーン配色
まとまり ●―●―●―● きわだち
セパレーション ●―●―●―● グラデーション
清色的 ●―●―●―● 濁色的

中心・イメージ
S　W　C　H

| 動き | 落ち込む　心配する
滅入る | 名詞 | 憂鬱　不安
後悔　心労 | 関連 | 悲しみ→ P.16
怒り→ P.20
緊張→ P.50
アンニュイ→ P.74 |

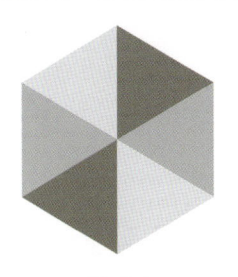

PB／Lgr　B／Gr　N8	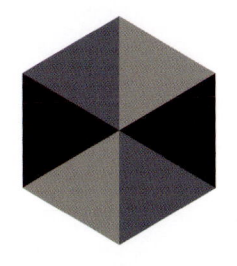 PB／Dgr　PB／Gr　PB／Dl	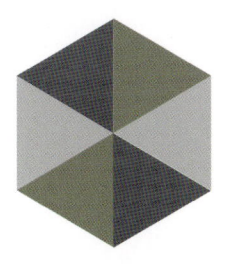 PB／Lgr　BG／Gr　N4	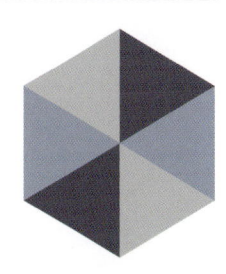 PB／L　PB／Dl　PB／Lgr
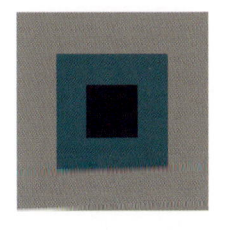 PB／Gr　B／Dp　PB／Dk	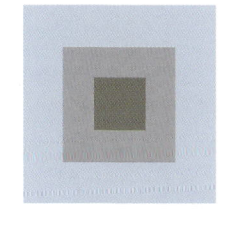 PB／P　N6　B／Gr	PB／Lgr　PB／P　N6	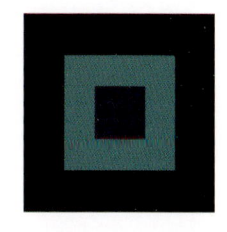 PB／Dgr　B／Dl　PB／Dk
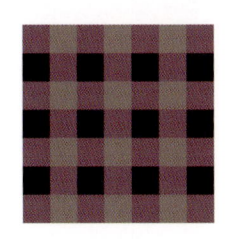 P／Dl　PB／Dgr　P／Gr	 N5　PB／Lgr　B／Gr	N7　N6　N8	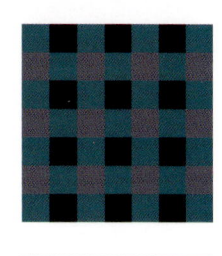 B／Dp　PB／Dl　PB／Dgr
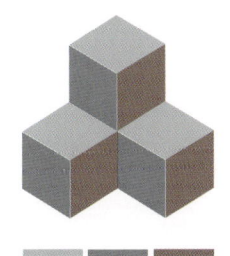 PB／Lgr　N5　P／Gr	 G／Gr　N7　N5	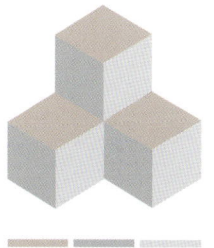 P／Lgr　PB／Lgr　N8	 PB／L　PB／Dgr　PB／Dl

2章　気持ちや気分、雰囲気

2章のまとめ　気持ちや気分、雰囲気のイメージ

■ 気持ちや気分、雰囲気を WC／SH でとらえる

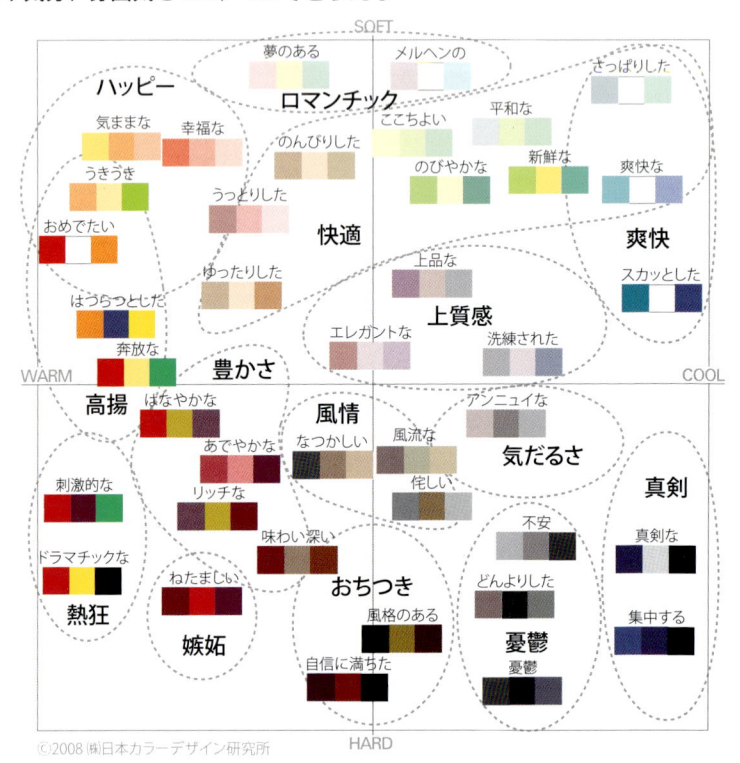

■ クリアーグレイッシュ軸での見方

● クリア・ソフトゾーン
　明るくすっきりとしたイメージ、軽やかで楽しいイメージ、幸福感を表すイメージが集まる。

● クリア・ハードゾーン
　心に与えるインパクトの強さや「本気」をイメージさせる言葉が集まる傾向。

● グレイッシュ・ソフトゾーン
　じわっとした感動や、上質感を表すイメージの言葉に特徴がある。

● グレイッシュ・ハードゾーン
　マイナスイメージもあるが、複雑なニュアンスを感じさせる言葉も含まれる。

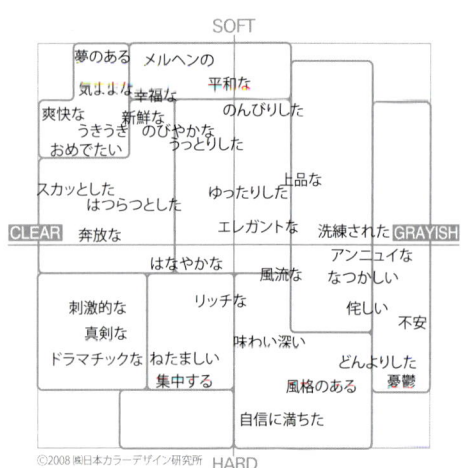

3章
性格の表現

いつもマイペースなのんびり屋、何事にも几帳面で論理的な性格、華やかで社交的な人柄…。カラーイメージでさまざまな人の性格を微妙に描きわけている。

好きな色を3色選んでみよう！ あなたの嗜好タイプがわかります。

● **好みの色で個性や性格を知る**

　色の好みを調べていくと、好きな色の選び方に、いくつかのタイプがあることがわかる。さらにそのタイプ別に、カラーイメージや形容詞による嗜好イメージ調査結果などを関連づけ、パーソナリティのタイプ分けを試みた。その人の個性をつかむには、少なくとも3色は必要である。例えば、黒が好きといっても、2色目を選ぶと、ある人は赤、他の人は白、もう一人はブルーという風に分かれる。3者は個性が違うのである。

　選んだ3色のうち、一番好きな色がどれか、P.83〜87のどのタイプに属するかを調べる。そのタイプの番号（G1〜G13）が、あなたの個性の一端を示していることになる。それぞれに当てはまる言葉（形容詞）と配色の掲載ページを示したので参考にしてほしい（タイプ分けの方法の解説は P.87 を参照）。

● **あなたのタイプは？**

　13タイプ（P.83〜87）の中から、自分が選んだ3色のうち、一番好きな色が最初にあるタイプ（G）を探してみる。そこに残りの2色のどれかがあれば、それがあなたの属するタイプである。もし一番好きな色が最初にない場合は、選んだ3色のうち2色以上を含むものが該当する。どれにも当てはまらない場合は、複数のタイプに属するマルチタイプである。13のタイプを比較して、好きなものを選んでみるとよい。

診断用カラーチャート

好きな色を3色選ぶ

P.82のカラーチャートの中から、好きな色を3色選ぶ。1から3の順位も控えておく。

1番目　2番目　3番目

タイプのチェック

自分の選んだ色が、P.83～87の13パターンの中のどのタイプに近いか、調べる。

一番好きな色が最初に
出ているタイプを探す。

↓ どれにもなければ

3色のうち、2色が
含まれるタイプを探す。

イメージの確認

第3章には、診断されたタイプ別の形容詞を載せている。自分の性格が当てはまるかどうか、確認してみよう。

注）…Gはグループの意味

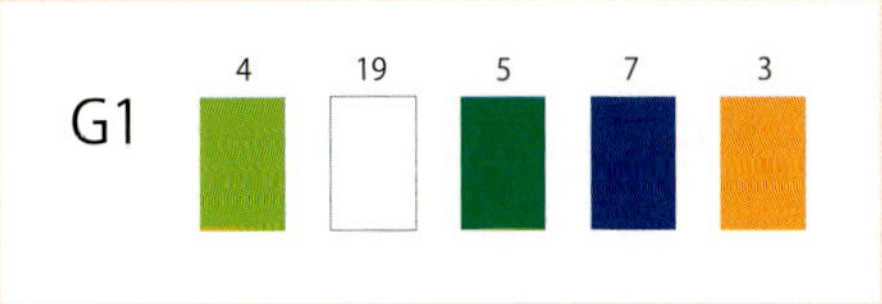

G1＝ナチュラル・カジュアル・タイプ

G1　4　19　5　7　3

さわやかで、素直な人柄

- 明るい緑は、自然、うるおい、健康を象徴。みずみずしさや、若々しさを求める心理が反映されている。
- 清潔感やさわやかな雰囲気を大切にする。表裏のない自然体の素直な性格である。

－特徴的な形容詞－
- 若々しい…P.88
- 気さくな…P.90
- 健康な…P.104
- みずみずしい…P.104
- さわやかな…P.104

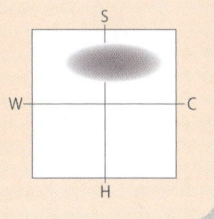

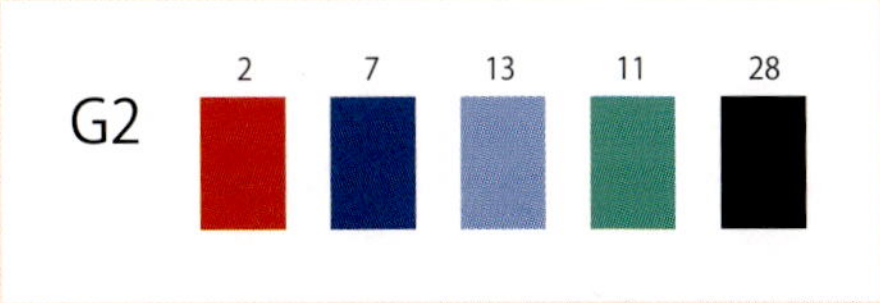

G2＝スポーティ・カジュアル・タイプ

G2　2　7　13　11　28

前向きなアクティブ志向

- 赤のもつ躍動感と青のスピード感は、活力や、積極性、動的なイメージを重視する性格を反映している。
- 行動力や躍動感、常に前へ進もうとするエネルギッシュな性格。元気で、意欲的な人柄である。

－特徴的な形容詞－
- エネルギッシュな…P.88
- 活動的な…P.88
- 元気な…P.88
- 先鋭的な…P.114
- 行動的な…P.88

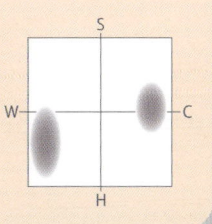

3章　性格の表現

G3

| 2 | 28 | 3 | 22 | 5 |

G3＝ダイナミック・ワイルド・タイプ

高い目標に挑戦する野心家

- 赤と黒、オレンジには、強い意志や情熱、パワフルなイメージを好む心理が表れている。
- 豪快で大胆、タフで粘り強く、逆境にめげないチャレンジ精神旺盛な性格である。

ー特徴的な形容詞ー
- 男っぽい…P.112
- 押しの強い…P.114
- 激しい…P.114
- 豪快な…P.114
- パワフルな…P.114

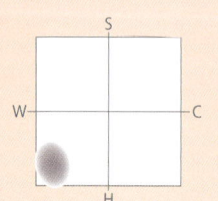

G4

| 13 | 12 | 17 | 7 | 19 |

G4＝クリア・タイプ

ピュアで几帳面なタイプ

- サックスやターコイズなどの明るい寒色は、透明性や理想を求める純真さを示している。
- 嘘や曲がったことが嫌いで、潔癖を貫き通すタイプ。無垢なもの、純粋さに価値を置く理想主義的な面がある。

ー特徴的な形容詞ー
- ピュアな…P.100
- 無垢な…P.100
- きれい好き…P.104
- さわやかな…P.104
- 潔い…P.104

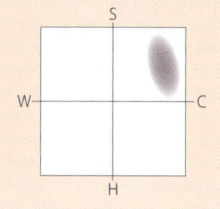

G5

| 28 | 18 | 13 | 20 | 7 |

G5＝シック・モダン・タイプ

冷静で思慮深い慎重派

- 黒と明るいブルー系は、物静かで知性的、冷静でストイックな性格を表している。
- きちんと計画を立ててから行動に移す、慎重なタイプ。物事を深く考える内省的な性格である。

ー特徴的な形容詞ー
- 折り目正しい…P.106
- クールな…P.110
- スマートな…P.110
- 冷静な…P.110
- 理知的な…P.110

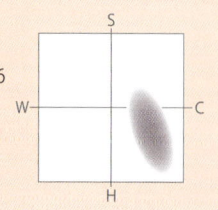

G6

| 28 | 2 | 23 | 27 | 7 |

G6＝モダン・ダンディ・タイプ

行動力のあるリーダータイプ

● 黒と赤からは、たくましさや精悍さが、茶系やグレーからは、目標に向かって努力する粘り強さがうかがえる。

● 行動的な面の裏で、こつこつと努力する我慢強さをもっている。周囲から信頼されるリーダーシップを備えた性格。

－特徴的な形容詞－
- 頼もしい…P.112
- タフな…P.112
- 円熟した…P.112
- アグレッシブな…P.114
- 迫力のある…P.114

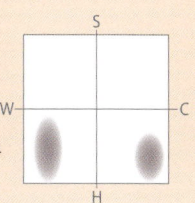

G7

| 28 | 7 | 19 | 10 | 6 |

G7＝モダン・タイプ

好奇心旺盛な知性派

● 黒、青、白の組み合わせのなかに、先進性や革新性といった、時代の先端をとらえる好奇心旺盛な性格が浮かび上がる。

● 常にアンテナを張り、新しい情報に関心をもち、自分の興味をとことん追求するこだわりがある。

－特徴的な形容詞－
- スピーディな…P.104
- 潔い…P.104
- クールな…P.110
- きりりとした…P.110
- 頭のきれる…P.110

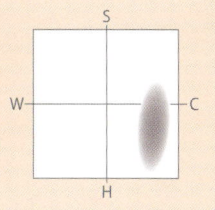

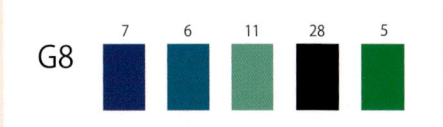

G8

| 7 | 6 | 11 | 28 | 5 |

G8＝クール・ダンディ・タイプ

理性的かつ行動的なタイプ

● ブルーやグリーン系などを集中的に好む人は、聡明さ、理性を求めるタイプである。

● 論理的で、筋道を立てて考える方である。行動力もあり、何事にも素早く対処できる俊敏さもある。

－特徴的な形容詞－
- みずみずしい…P.104
- 潔い…P.104
- 几帳面な…P.106
- 知的な…P.106
- 論理的な…P.110

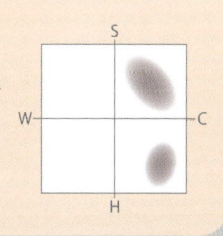

3章 性格の表現

G9 ＝ ナチュラル・タイプ

G9　24　16　25　23　10

おだやかで家庭的な人柄

- ベージュやキャメルには、おだやかさややすらぎの感覚がある。家庭的で、温和な性格である。
- 細かいことを気にしないおおらかさが特徴。日常生活では、ゆとりや自分のペースを大切にしたいと考えている。

－特徴的な形容詞－
- おっとりした…P.92
- 温厚な…P.92
- マイペースな…P.92
- おおらかな…P.92
- おとなしい…P.102

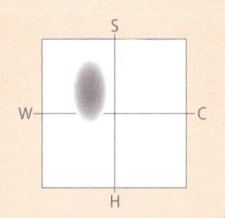

G10 ＝ ナチュラル・ダンディ・タイプ

G10　23　25　26　27　28

安定を重視する堅実タイプ

- 茶系を中心に選ぶ人は、伝統や古典、風格といった時間の重みに価値を見出す人である。
- 流行よりも、歴史やスタンダードといったものさしで物事をとらえ、何事にもじっくりと取り組むタイプ。

－特徴的な形容詞－
- ぼくとつな…P.92
- 真面目な…P.106
- 堅実な…P.106
- 着実な…P.112
- 貫禄のある…P.112

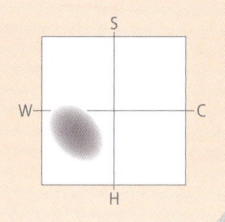

G11 ＝ ゴージャス・タイプ

G11　22　1　2　21　3

満ち足りた気分を求めるリッチ派

- ワインレッドやマゼンタを好む人は、あでやかさやセクシーさ、豊潤さを求める傾向がある。
- 社交的でにぎやかな雰囲気を好み、はなやかでリッチな雰囲気で人を楽しませる円熟した人柄である。

－特徴的な形容詞－
- 円熟した…P.112
- 社交的な…P.116
- ドレッシーな…P.116
- あでやかな…P.116
- 華やいだ…P.116

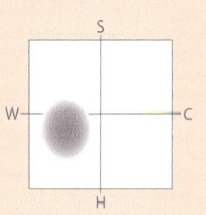

G12

| 8 | 3 | 9 | 15 | 2 |

G12＝プリティ・タイプ

思いやりのある明るい性格

- ピンク系やオレンジなど明るく温かみのある色を選ぶ人は、いつも人にやさしく、周囲に愛されたいと願っている。
- ほんわかとした癒しを感じさせる温かな人柄である。性格は明るくほがらかで、自分の夢を大切にしている。

－特徴的な形容詞－
- 温かな…P.94
- 親切な…P.94
- 甘えん坊な…P.98
- 無邪気な…P.98
- かわいい…P.98

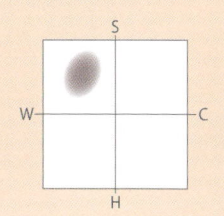

G13

| 14 | 8 | 13 | 17 | 9 |

G13＝エレガント・タイプ

感受性の豊かなセンシティブな人

- ラベンダーを選ぶ人は、細やかでデリケートな感覚を大切にしている。気分を癒してくれる雰囲気を好む。
- 上品さや奥ゆかしさなど、精神的に上質でありたいと願っている。感受性が豊かで、情緒を重んじるタイプである。

－特徴的な形容詞－
- やさしい…P.94
- 細やかな…P.94
- 可憐な…P.100
- シャイな…P.102
- デリケートな…P.102

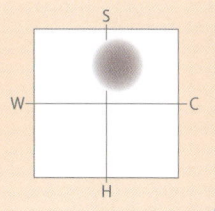

タイプ分けの方法

NCDが毎年実施している嗜好色調査と生活者意識の調査データを分析した。今回のタイプ分けに使用したデータと分析方法は、以下のとおりである。

- 被験者数：3198名
    （2003年から2006年の4年間の有効回答）
- 年齢：学生、20代、30代、40代、50代
- 性別：男女（同数）
- サンプリング：層別無作為抽出法
- 地域：首都圏、京阪神地区

3198名の好きな3色の選び方のデータを、要因分析（注1）とクラスター分析（注2）にかけて、被験者を30のグループに分類した。さらにグループごとに形容詞による嗜好イメージや生活価値観を集計して、傾向を分析した。これら30のグループを13グループに統合したのが、ここで紹介したタイプである。

注1）…要因分析
全体の結果に対して最も影響を与えた要因をさぐるための分析方法である。色彩嗜好の主な要因軸は、クリア―グレイッシュ、ソフト―ハード、ウォーム―クールの3軸であった。

注2）…クラスター分析
データ間の類似度（この場合は色を選ぶ要因）の近いものから順にグループ化していく手法。今回では、要因分析で得られた軸上3198名の因子得点をもとに、選んだ色がお互いに似ている同士をまとめてグループ分けをした。クラスター分析の方法には、階層的手法と非階層的手法があるが、ここでは非階層的手法で分析した。

3章　性格の表現

[性格の表現]

積極的な

形容: 積極的な　前向きな　元気な　行動的な　精力的な　生き生きした　アクティブな　活動的な　情熱的な　貪欲な　若々しい　エネルギッシュな　キラキラ

積極的な
YR/V　GY/B

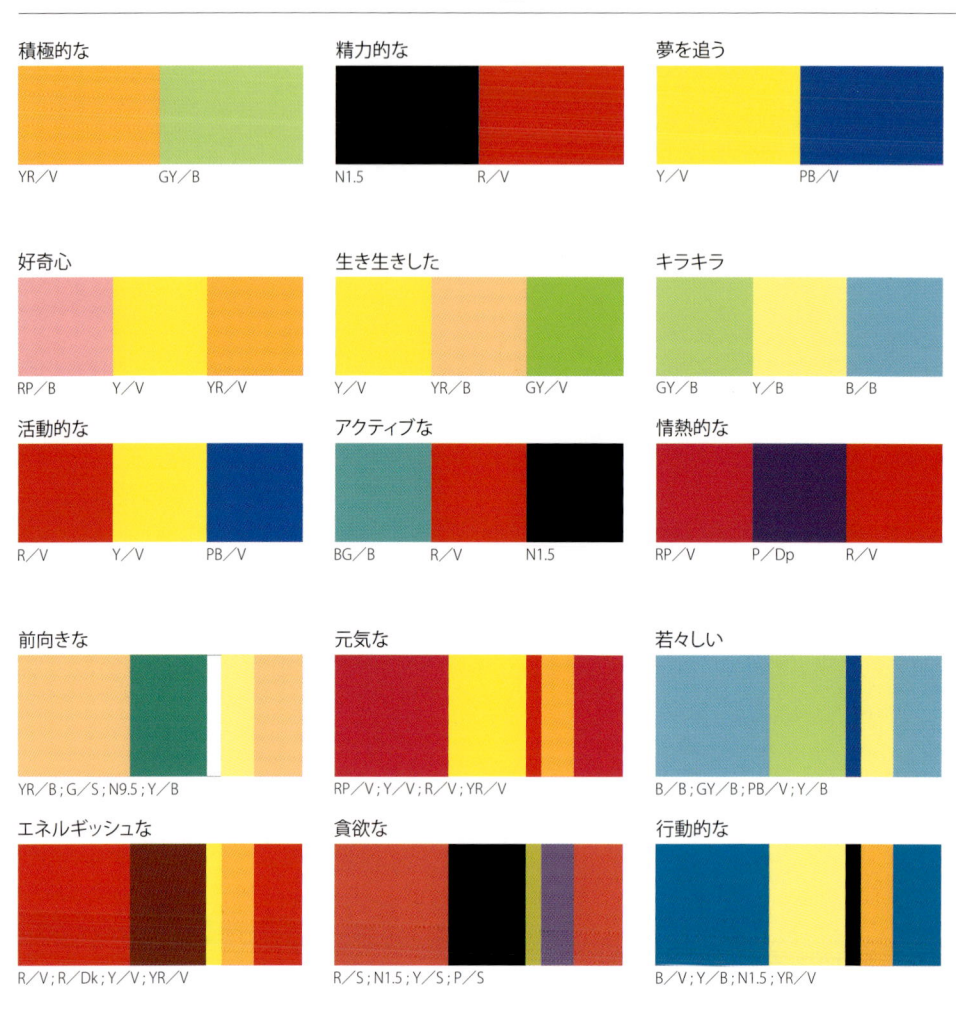

精力的な
N1.5　R/V

夢を追う
Y/V　PB/V

好奇心
RP/B　Y/V　YR/V

生き生きした
Y/V　YR/B　GY/V

キラキラ
GY/B　Y/B　B/B

活動的な
R/V　Y/V　PB/V

アクティブな
BG/B　R/V　N1.5

情熱的な
RP/V　P/Dp　R/V

前向きな
YR/B；G/S；N9.5；Y/B

元気な
RP/V；Y/V；R/V；YR/V

若々しい
B/B；GY/B；PB/V；Y/B

エネルギッシュな
R/V；R/Dk；Y/V；YR/V

貪欲な
R/S；N1.5；Y/S；P/S

行動的な
B/V；Y/B；N1.5；YR/V

カラーイメージと配色テクニック

積極性は、つかうトーンによって、明るいイメージ、活動的なイメージ、力強いイメージに分かれる。配色は、類似色相や反対色相を使い、動的な印象を表現する。Y系やYR系を入れると、前向きな姿勢や元気のよさが表現できる。黒を入れると力強さや大胆さが加わった積極性となる。

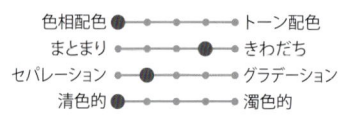

色相配色 ●—●—●—● トーン配色
まとまり ●—●—●—● きわだち
セパレーション ●—●—●—● グラデーション
清色的 ●—●—●—● 濁色的

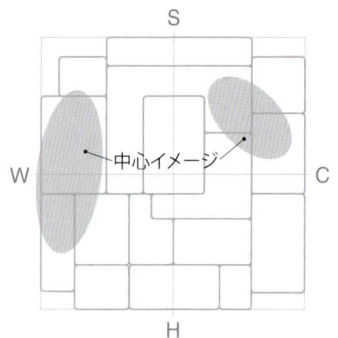

中心イメージ

動き	夢を追う	名詞	好奇心	関連	喜び→ P.12 ときめき→ P.34 自由→ P.36 懸命→ P.56	明るい→ P.90 アグレッシブな→ P.114 社交的な→ P.116 お調子者→ P.120	人気者→ P.126

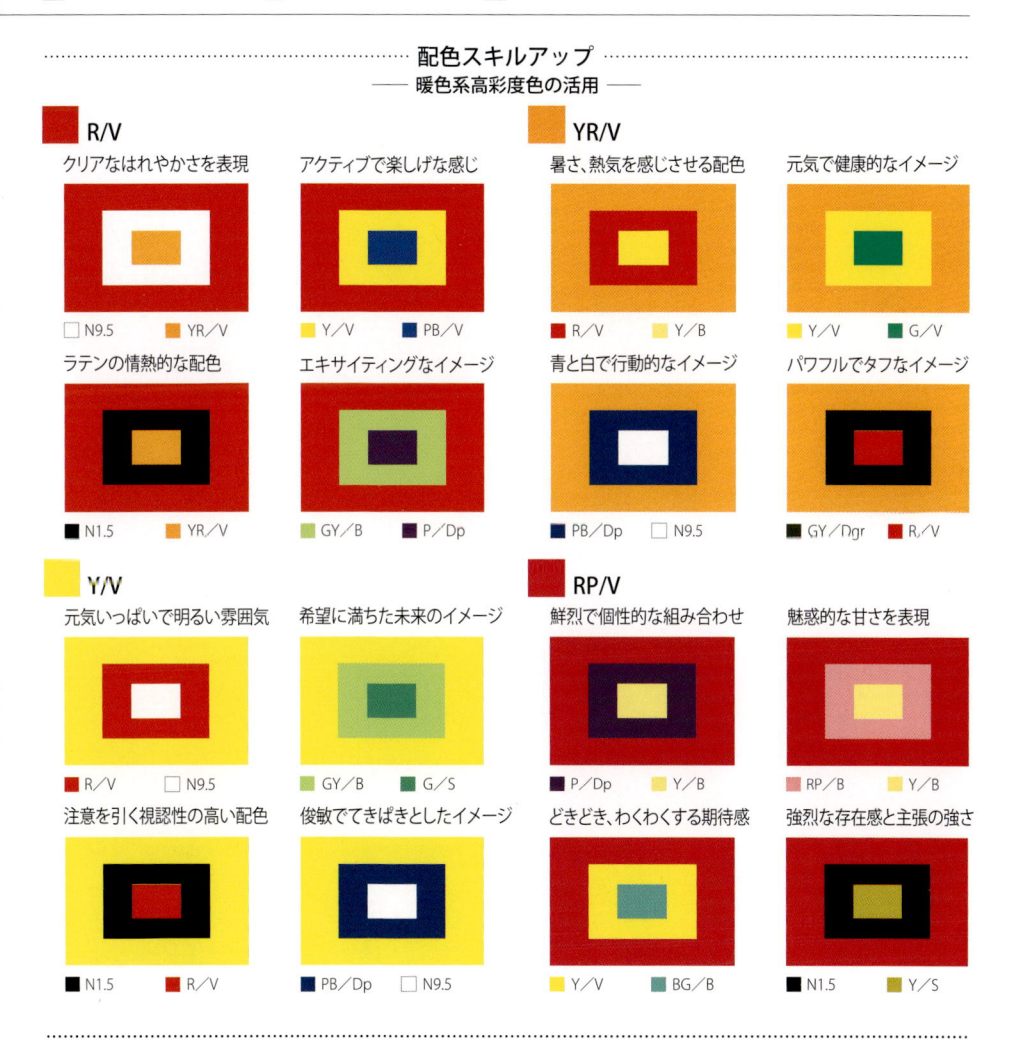

配色スキルアップ
—— 暖色系高彩度色の活用 ——

R/V

クリアなはれやかさを表現
☐ N9.5 ■ YR/V

アクティブで楽しげな感じ
■ Y/V ■ PB/V

YR/V

暑さ、熱気を感じさせる配色
■ R/V ■ Y/B

元気で健康的なイメージ
■ Y/V ■ G/V

ラテンの情熱的な配色
■ N1.5 ■ YR/V

エキサイティングなイメージ
■ GY/B ■ P/Dp

青と白で行動的なイメージ
■ PB/Dp ☐ N9.5

パワフルでタフなイメージ
■ GY/Dgr ■ R/V

Y/V

元気いっぱいで明るい雰囲気
■ R/V ☐ N9.5

希望に満ちた未来のイメージ
■ GY/B ■ G/S

RP/V

鮮烈で個性的な組み合わせ
■ P/Dp ■ Y/B

魅惑的な甘さを表現
■ RP/B ■ Y/B

注意を引く視認性の高い配色
■ N1.5 ■ R/V

俊敏でてきぱきとしたイメージ
■ PB/Dp ☐ N9.5

どきどき、わくわくする期待感
■ Y/V ■ BG/B

強烈な存在感と主張の強さ
■ N1.5 ■ Y/S

●色の進出効果

　暖色系の高彩度色は、太陽や炎、熱、暑さなどを連想させる色である。これらの色は、「進出色」といわれ、遠くからでもよく目立つ。こちらに迫ってくる強さがあり、スポーツ・ユニフォームや消防車、サイン（標識）などにも使われる。色のもつインパクトや識別性を効果的に使うことがポイントである。

　赤は、軽い印象にするか、力強さを表現するかで組み合わせる色を変える。

　オレンジは健康や、おいしさ、パワー、スタミナといったイメージを表現しやすい。

　黄色は明度が高いので、暗い色と合わせるときわだつ。

　ＲＰ系のマゼンタは、エンターテイメントやスポーツなど非日常感が持ち味である。

3章　性格の表現

性格の表現

明るい

形容	明るい　陽気な　楽しい　明朗な　元気な　気さくな　自由奔放な　愉快な　ユーモラスな　こっけいな

楽天家
Y／V　　YR／V

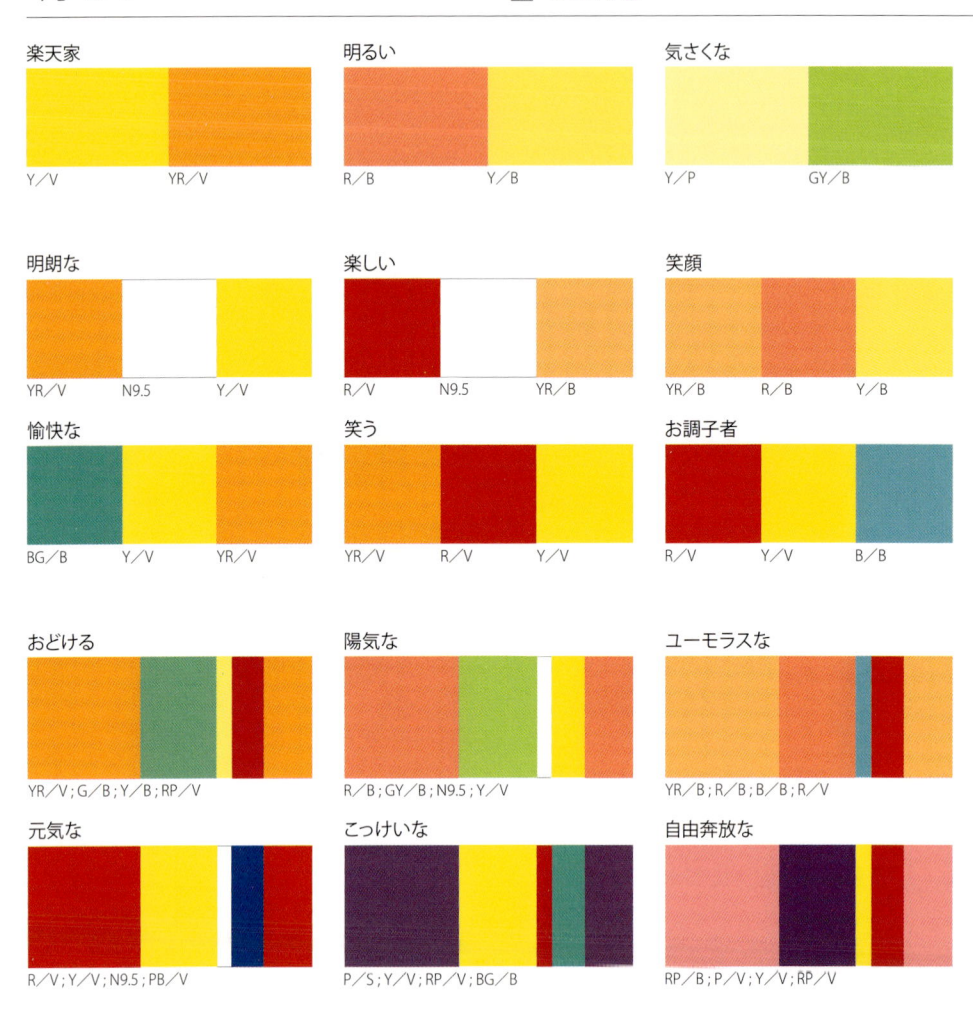

明るい
R／B　　Y／B

気さくな
Y／P　　GY／B

明朗な
YR／V　N9.5　Y／V

楽しい
R／V　N9.5　YR／B

笑顔
YR／B　R／B　Y／B

愉快な
BG／B　Y／V　YR／V

笑う
YR／V　R／V　Y／V

お調子者
R／V　Y／V　B／B

おどける
YR／V；G／B；Y／B；RP／V

陽気な
R／B；GY／B；N9.5；Y／V

ユーモラスな
YR／B；R／B；B／B；R／V

元気な
R／V；Y／V；N9.5；PB／V

こっけいな
P／S；Y／V；RP／V；BG／B

自由奔放な
RP／B；P／V；Y／V；RP／V

カラーイメージと配色テクニック

性格的な明るさを表現するには、明朗さをイメージさせるY系と、親しみやすさを感じさせるYR系の清色トーンを使うことが基本となる。これらの色相に反対色相のGやBGを加えると、面白さやにぎやかさが強調される。PやRPの色相を使うと、面白さや、気ままな雰囲気が強まる。

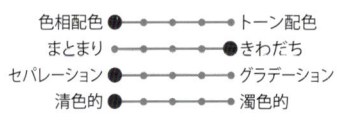

色相配色　●━━━●━━━●　トーン配色
まとまり　●━━━●━━━●　きわだち
セパレーション　●━━━●━━━●　グラデーション
清色的　●━━━●━━━●　濁色的

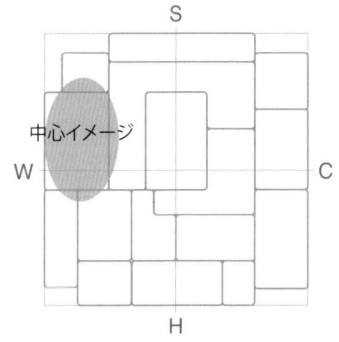

中心イメージ

S / W / C / H

動き	笑う おどける	名詞	笑顔　お調子者　楽天家	関連	喜び→ P.12　自由→ P.36 ここちよさ→ P.22　感謝→ P.40 幸福感→ P.28　社交的な→ P.116 ときめき→ P.34　お調子者→ P.120

配色スキルアップ
── 黄色の活用 ──

■黄色の特徴は明るさ

　色には固有の明るさ―明度があるが、有彩色のなかでは、黄色（Y）が最も明度が高い色である。暗い色は紫（P）で最も明度が低い。こうした属性は、図（文字や形）と地（背景）の見え方に大きく影響する。

　配色においても、黄色を使う場合には、より暗い色と組み合わせると明度対比により黄色がきわだつ。

Vトーンの明度

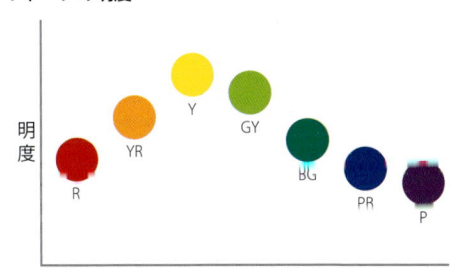

（明度・色相のグラフ：R, YR, Y, GY, BG, PR, P）

背景色による見え方の違い

- 背景が暗い場合には、高明度の色がきわだつ。
- 膨張−高明度、収縮−低明度の効果が表れる。
- 進出−暖色、後退−寒色の効果が表れる。

- 背景が明るい場合には、低明度の色の方がきわだつ。
- 黄色は背景に溶け込んで目立たなくなる。
- 膨張、収縮の効果が表れにくい。

■はなやかさを与えるスパイス的な色

　フラワーアレンジメントのように複数の色を組み合わせる場合、黄色を加えると全体が生き生きとしたイメージになる場合が多い。配色が物足りない、動きや華やぎが欲しい場合に効果的な色である。

　また、明るい色という性質から、地色よりもアクセントとして効果的な場合が多い。明度の対比を付けるほど、黄色のもつ印象が強調される。

- 白はさわやかさを、黄色ははなやかさを与える。

- ベースよりもアクセントとして使うと、黄色が冴える。

●黄色は光の色

　「希望の光」という表現があるが、黄色は太陽の光や黄金の輝きの色である。明るい性格、陽気な人柄といった時にイメージされる色に黄色が多いのは、太陽の光の色に生命力や成長のエネルギーを感じるからだ。

　また、ビタミンカラーというように、黄色はオレンジ系とともに柑橘系果物の色であり、元気の良さをアピールしやすい。

　一方、派手な黄色は遠くからも目立つため、学童の帽子や踏み切りの縞模様、タクシーやサインにも使われる。サッカーのイエローカードのように注意を促す機能もある。

　「黄色い声」は、かん高い声の比喩だが、イライラした気分、おちつかない、といったイメージもある。

3章　性格の表現　91

[性格の表現]
温かい

形容: 温厚な　柔和な　おおらかな　おっとりした
なじみやすい　マイルドな　家庭的な　素朴な
ぼくとつな　牧歌的な　マイペースな　ぼーっとした

素朴な
YR／L　　YR／Lgr

柔和な
YR／Lgr　　YR／Vp

のんびり屋
Y／Vp　　YR／Lgr

おっとりした
YR／Lgr　YR／P　YR／Vp

ぼーっとした
Y／Lgr　N8　RP／Lgr

いい人
YR／Lgr　Y／Vp　G／Vp

なごむ
YR／P　R／L　YR／Vp

マイルドな
YR／Lgr　YR／L　YR／Gr

牧歌的な
YR／Dl　Y／Lgr　Y／Gr

マイペースな
YR／P；YR／B；Y／Lgr；R／L

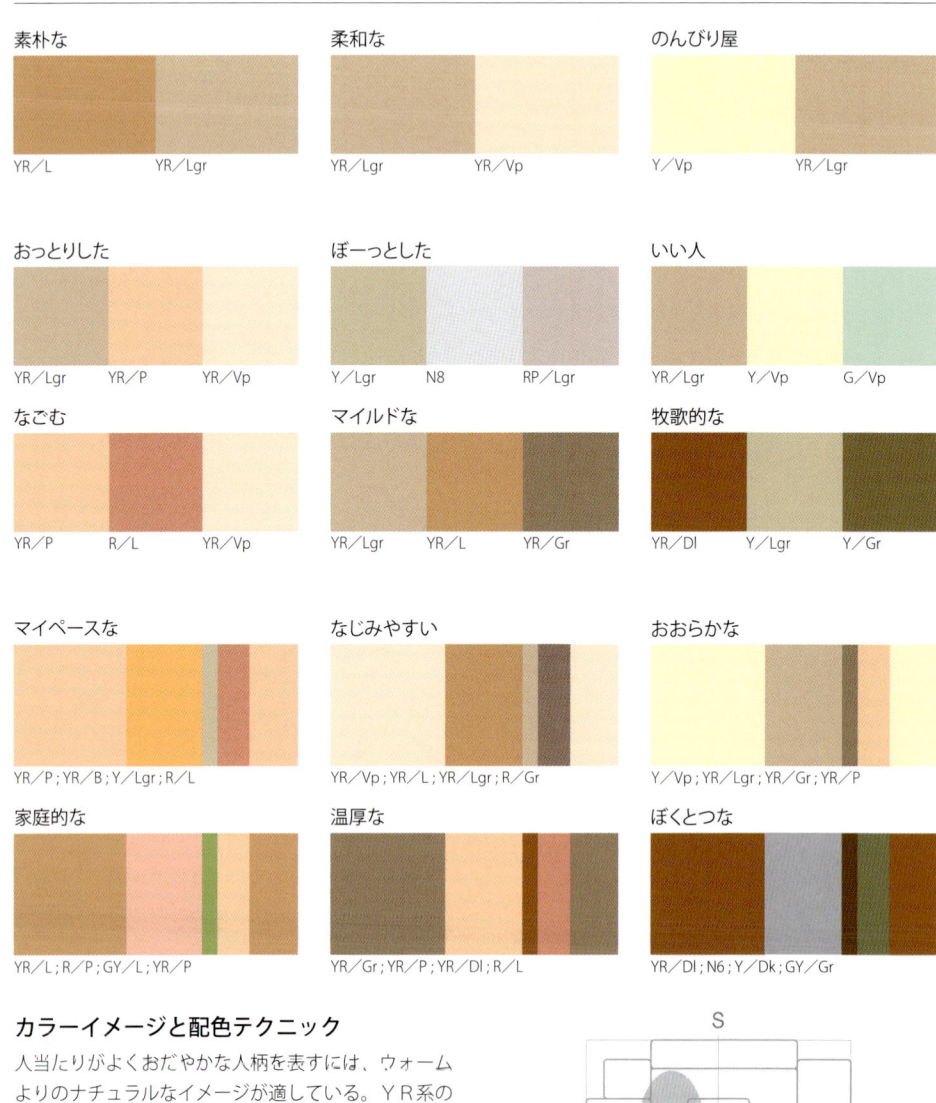

なじみやすい
YR／Vp；YR／L；YR／Lgr；R／Gr

おおらかな
Y／Vp；YR／Lgr；YR／Gr；YR／P

家庭的な
YR／L；R／P；GY／L；YR／P

温厚な
YR／Gr；YR／P；YR／Dl；R／L

ぼくとつな
YR／Dl；N6；Y／Dk；GY／Gr

カラーイメージと配色テクニック

人当たりがよくおだやかな人柄を表すには、ウォームよりのナチュラルなイメージが適している。ＹＲ系の明るいトーンや地味なトーンを中心に、まとまりの配色で温和な雰囲気を表現する。同一か類似色相を使い、弱いトーン差でおちついたイメージを出すことがポイントである。

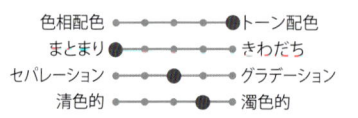

色相配色　●━━━━━●　トーン配色
まとまり　●━━━━━　きわだち
セパレーション　━━●━━　グラデーション
清色的　━━━━●　濁色的

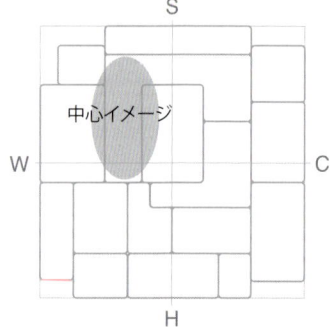

中心イメージ
S／W／C／H

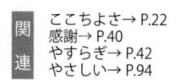

| 動き | なごむ | 名詞 | のんびり屋 いい人 | 関連 | ここちよさ→ P.22　癒し・なごみ系→ P.124
感謝→ P.40
やすらぎ→ P.42
やさしい→ P.94 |

配色スキルアップ
―― ベージュ系の活用 ――

■ベージュにはトーン配色が適している

ベージュはYR系の中明度の濁色である。クリアな清色よりも、形の陰影感を表現しやすい色である。

特にインテリアや着こなしでベージュを配色する場合、配色の基本はトーンの関係で考えるとよい。

同じYRか類似の色相で縦方向に配色すると明度の差がつき、きれいにまとまりやすい。横方向に配色すると明度差がつきにくく、ぼやけた感じのすっきりしない配色になる（右図の配色3を参照）。

明度の対比の強弱によって、はっきりとした感じか、おだやかな感じかが決まる。

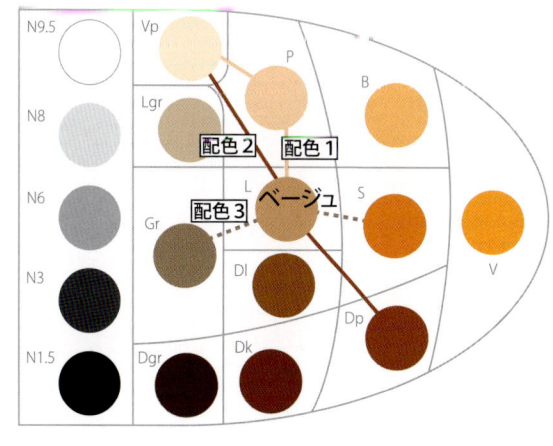

色相YRでトーン差を活かした配色

配色1　トーン図で ━━ で示した配色
YR／Vp
YR／P
YR／L

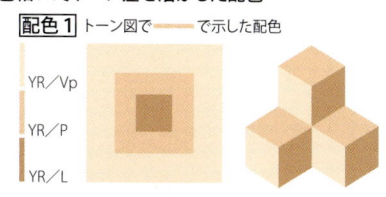

配色2　トーン図で ━━ で示した配色
YR／Vp
YR／L
YR／Dp

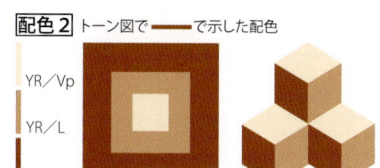

トーン差が足りない配色

配色3　トーン図で ┉┉ で示した配色
YR／S
YR／L
YR／Gr

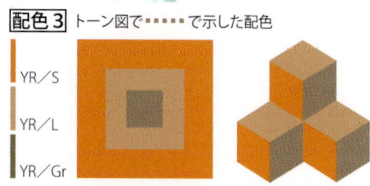

類似色相で組み合わせた例
YR系、Y系との配色
Y／Vp
YR／L
R／Dl

色相YRのトーン配色の関係

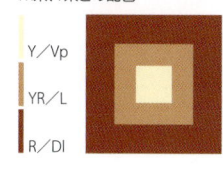

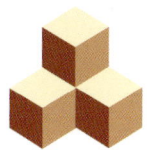

●ナチュラルカラーの代表、ベージュ

ベージュ系の色は、代表的な自然素材色である。無塗装の木や畳を使った和室、染色や脱色をする前のウールや麻の色でもある。サンド・ベージュという色名があるように、土や砂にも多く見られる。

パリの街はベージュが基調色になっているが、これは市街の地下から切り出した石材を建築に使ったためといわれている。自然の色が環境色としてなじむ典型的な例である。

ベージュは、インテリア、アパレル、建築、また、穀物などの食材にも多く見られ、生活の基本色である。自然に見える柄や質感がともなわないと、ベージュのもつなじみやすさがうまく引き出されないのも、自然素材の色の特徴である。

3章　性格の表現

性格の表現	形容	やさしい　温かな　ヒューマンな
# やさしい		面倒見のよい　細やかな　親切な　手厚い
		寛容な　さびしがり屋の

やさしい
P/Vp　RP/P

寛容な
YR/L　R/P

ヒューマンな
R/Vp　R/L

温かな
R/L　YR/P　R/P

手を差し伸べる
P/P　RP/Vp　R/Lgr

いたわる
R/Lgr　N9　P/Vp

面倒見のよい
YR/V　YR/B　Y/B

さびしがり屋の
R/P　P/Vp　P/Lgr

慈しむ
RP/P　R/Vp　P/L

親切な
R/B ; Y/P ; YR/S ; GY/B

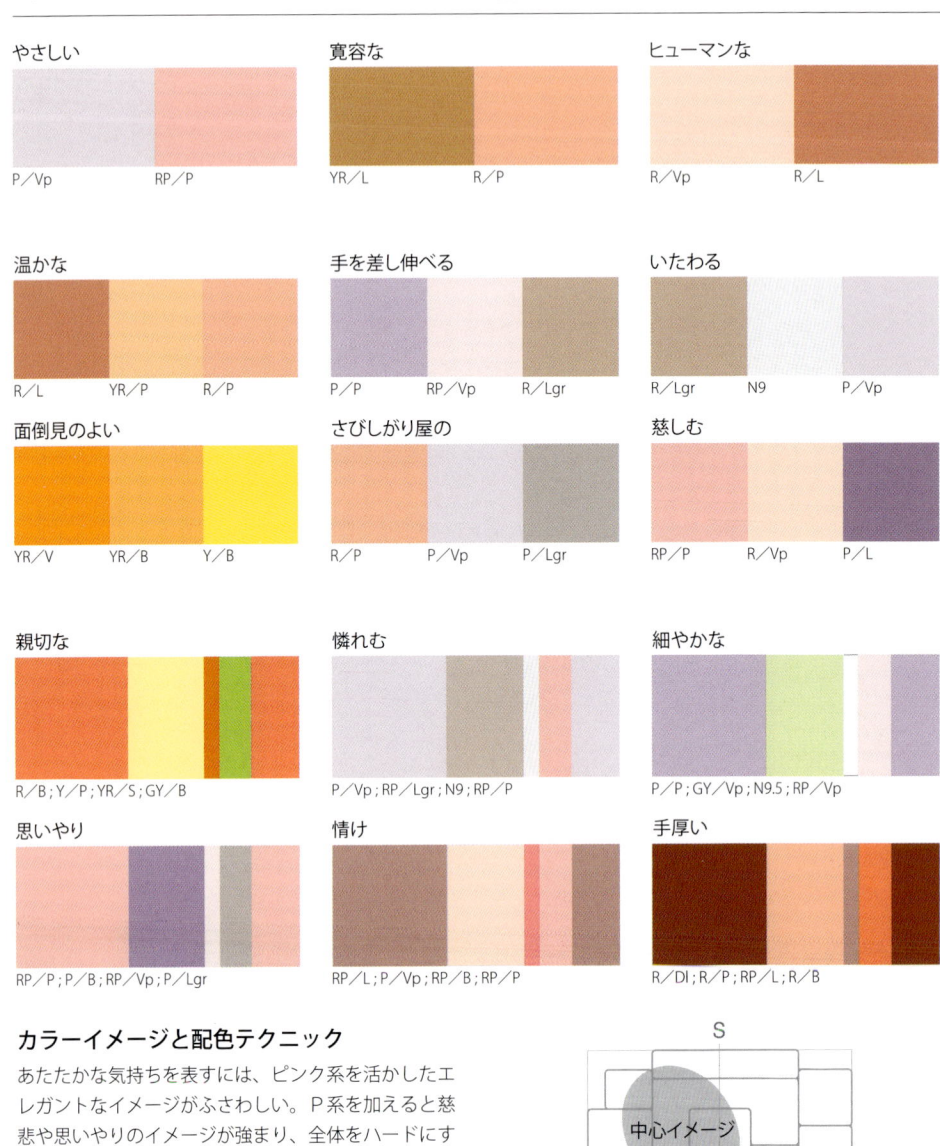

憐れむ
P/Vp ; RP/Lgr ; N9 ; RP/P

細やかな
P/P ; GY/Vp ; N9.5 ; RP/Vp

思いやり
RP/P ; P/B ; RP/Vp ; P/Lgr

情け
RP/L ; P/Vp ; RP/B ; RP/P

手厚い
R/Dl ; R/P ; RP/L ; R/B

カラーイメージと配色テクニック

あたたかな気持ちを表すには、ピンク系を活かしたエレガントなイメージがふさわしい。P系を加えると慈悲や思いやりのイメージが強まり、全体をハードにすると心情の深さを表現することができる。ソフトなカジュアルイメージの配色なら、「親切な」や「面倒見のよい」という意味のやさしさを表現できる。

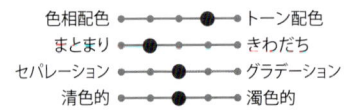

- 色相配色 ●————● トーン配色
- まとまり ●————● きわだち
- セパレーション ●————● グラデーション
- 清色的 ●————● 濁色的

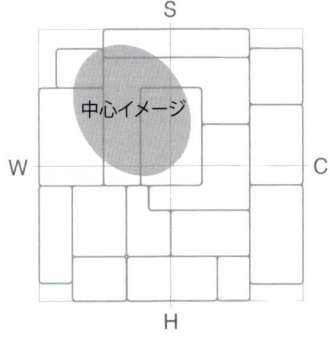

中心イメージ：S / W / C / H

動き	憐れむ　いたわる 慈しむ 手を差し伸べる	
名詞	思いやり　情け	
関連	愛情→ P.18 幸福感→ P.28 夢心地→ P.30 やすらぎ→ P.42	優雅な→ P.46 温かい→ P.92 シャイな→ P.102 癒し・なごみ系→ P.124	お嬢様→ P.128

配色スキルアップ
―― ピンクの活用 ――

RP／B　桃色　ローズ・ピンク
最もピンクらしい楽しさの感じられる色。心弾む、女の子らしいイメージであるが、組み合わせる色で印象がかわる。

- キュートな かわいい　Y／B
- スポーティな 洋風の　B／B
- あでやかな セクシーな　P／Dl

RP／P　うす桃色　モーブ・ピンク
ピンクのなかでも甘さやロマンチックさを感じさせる色。P系と組み合わせると、優雅さや、上品なイメージになる。

- 甘美な ういういしい　Y／Vp
- ロマンチックな 春らしい　G／Vp
- フェミニンな 麗しい　P／L

RP／Vp　紅桜（べにざくら）　チェリー・ローズ
清色的でふんわりとやわらかなイメージのピンク。ベビー服など乳幼児向けの衣料品や、玩具などによく使われる。

- ういういしい 肌ざわりのよい　N9.5
- 新鮮な しなやかな　GY／P
- 繊細な しとやかな　PB／Lgr

R／B　ばら色　ローズ
バラの花を想わせるピンク。RP系のピンクよりもナチュラルであたたかみがあり、おいしさや甘さをイメージさせる。

- ほがらかな 親しみやすい　Y／P
- 健康な 楽しい　GY／P
- 派手な 艶っぽい　P／S

R／P　とき色　フラミンゴ
肌ざわりのよさとマイルドな印象を与えるピンク。和装の振り袖や、化粧品などにもよく使われる色である。

- マイルドな 家庭的な　R／Vp
- あどけない おおらかな　Y／Vp
- 優雅な 奥ゆかしい　P／B

R／Vp　さくら色　ベビー・ピンク
ういういしく、やさしさの感じられるピンク。組み合わせる色のトーンも明るい方がまとまりやすい。

- 可憐な あどけない　RP／P
- のんびりした なじみやすい　YR／Lgr
- やさしい 情緒的な　P／P

●ピンクは愛情と幸福の色

ピンクは、女性の代表的な嗜好色である。日本では、桃の節句をはじめとして「女の子の色」としても伝統的に親しまれてきた。

また、ピンクは、あたたかく、やわらかな雰囲気をもたらす。愛情や、やさしさ、幸福のシンボル的な色である。気分をほっとさせる効果があるので、最近では医療施設の壁やカーテンなどにもよく使われる。

ピンクの色相は、R系とRP系に分かれる。R系は、ナチュラルさがあり、やや和風、RP系は、はなやかで洋風な印象を与える。明るくなるほど、ういういしく清らかな雰囲気になり、彩度が高くなるとカジュアルな印象を与える。配色では、テーマによって同一色相だけでなく、類似や反対色相も使いわけたい。

Column

花のイメージ

「立てば芍薬、座れば牡丹、歩く姿は百合の花」とか、「バラのようにあでやかな女性」といったように、女性はよく花にたとえられる。たとえられた花が本人の好きな花であれば、とてもうれしいことであろう。

栽培技術の発達で生花店では、一年中色とりどりの花が飾られている。

自宅用の花を選ぶとき、誰かにプレゼントをするとき、花のイメージをよく考えて選ぶことが大切なのはいうまでもない。

日本人に人気のある花を中心に、いろいろなイメージの花をスケール化してみた。

■花のイメージスケール

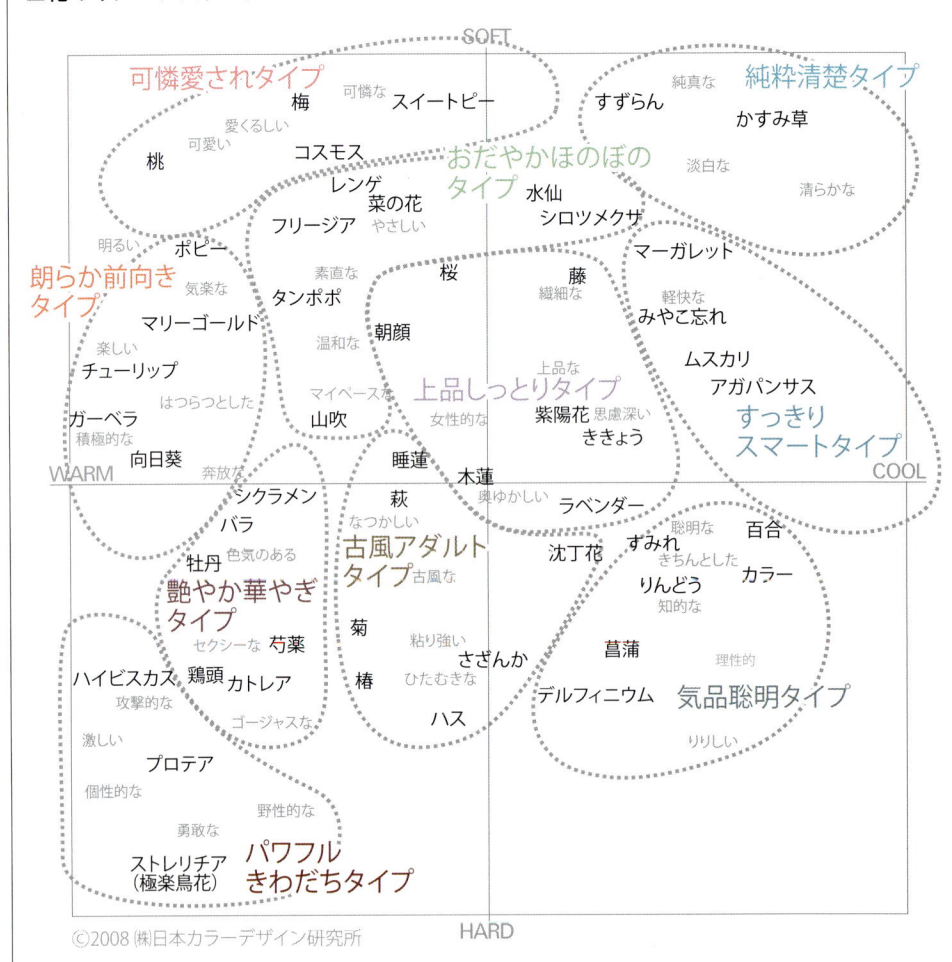

SOFT

- 可憐愛されタイプ: 梅、可憐な、スイートピー、愛くるしい、可愛い、桃、コスモス、レンゲ、菜の花、フリージア、やさしい
- 純粋清楚タイプ: すずらん、純真な、かすみ草、淡白な、清らかな
- おだやかほのぼのタイプ: 水仙、シロツメクサ
- 朗らか前向きタイプ: 明るい、ポピー、気楽な、マリーゴールド、楽しい、チューリップ、ガーベラ、積極的な、向日葵、奔放な、素直な、タンポポ、温和な、朝顔、マイペースな、山吹、はつらつとした
- 桜、藤、繊細な、マーガレット、軽快な、みやこ忘れ、ムスカリ、アガパンサス
- すっきりスマートタイプ
- 上品しっとりタイプ: 上品な、女性的な、紫陽花、思慮深い、ききょう

WARM —————————————————————— **COOL**

- 艶やか華やぎタイプ: シクラメン、バラ、牡丹、色気のある、芍薬、セクシーな、ハイビスカス、鶏頭、カトレア、攻撃的な、ゴージャスな、激しい、プロテア、個性的な、ストレリチア（極楽鳥花）、勇敢な、野性的な
- 古風アダルトタイプ: 睡蓮、木蓮、萩、なつかしい、奥ゆかしい、古風な、菊、粘り強い、椿、ひたむきな、さざんか、ハス
- ラベンダー、沈丁花、聡明な、すみれ、きちんとした、りんどう、知的な、百合、カラー、菖蒲、理性的、デルフィニウム、りりしい
- 気品聡明タイプ
- パワフルきわだちタイプ

HARD

©2008 ㈱日本カラーデザイン研究所

■タイプ別花のイメージ

可憐愛されタイプ
小花／丸い花びら／集合

淡いピンクやパープル、ブルーなどの小さな花がふわっと集まっているもの。花びらは丸く、薄く、風にそよぐようなイメージで、可憐で愛くるしい雰囲気。

純粋清楚タイプ
小花／細い・華奢／細かい集合

白い小花が群れ咲いているもの。白い花と葉のグリーンが涼やかで軽やかな印象。白い花がレースのように集まっている様子は、ナイーブで純粋な雰囲気。

上品しっとりタイプ
曲線的／たおやか／しなだれる

桜色や藤色など、上品で淡い色の花がしなやかに咲き誇るもの。香りを楽しむことができるものも多い。しっとりと情緒的で、優美な大人の女性の雰囲気。

すっきりスマートタイプ
星形・ベル形／直線的／直立

さわやかなブルーやパープルの花がすっと直立して咲いているもの。星形のように花そのものの形もすっきりとしている。涼しげで軽快な雰囲気。

おだやかほのぼのタイプ
丸み／野草／群生

明るい黄色や赤、オレンジなどの丸みのある花で、一面に咲き誇るもの。身近でよく見る花々であり、どこかほっと、心を和ませてくれる雰囲気。

気品聡明タイプ
筒状／直立／しっかりした茎

深いブルーやパープル、白の花がすっと立ち伸びる茎に凛と咲いているもの。真っ直ぐに伸びる様はりりしく、毅然として気品のある雰囲気。

朗らか前向きタイプ
大きめの花／丸み／色とりどり

赤、黄色、オレンジ等の鮮やかな色の花が元気よく咲き並ぶもの。太陽に向かって元気よく咲くイメージで、見ている人も楽しくさせてくれる、明るく快活な雰囲気。

古風アダルトタイプ
丸み／寒さに強い／はらはらと散る

秋から冬に渋い赤やオレンジ、ゴールド系の花をつけるもの。存在感があるが、どこか素朴で味わい深い趣がある。寒い季節に咲くためか我慢強さも感じさせる。

パワフルきわだちタイプ
大輪／個性的な形／熱帯性

派手な赤やオレンジなどの花で、熱帯に咲く、個性的で存在感のあるもの。一輪でもきわだった、目を引く形をしているものも多く、注目を集める。

艶やか華やぎタイプ
多弁／ボリューム感／鮮やか

鮮やかなピンクや紫などで花びらの数が多く、華やかなもの。何輪か集めるとゴージャスな印象になる。香りも色っぽさが漂うものが多く、豪華で贅沢な雰囲気。

【性格の表現】
甘えん坊な

形容: 甘えん坊な　子供っぽい　子供らしい　愛らしい
　　　かわいい　ういういしい　いじらしい　うぶな
　　　幼い　素直な　無邪気な　ふわふわ

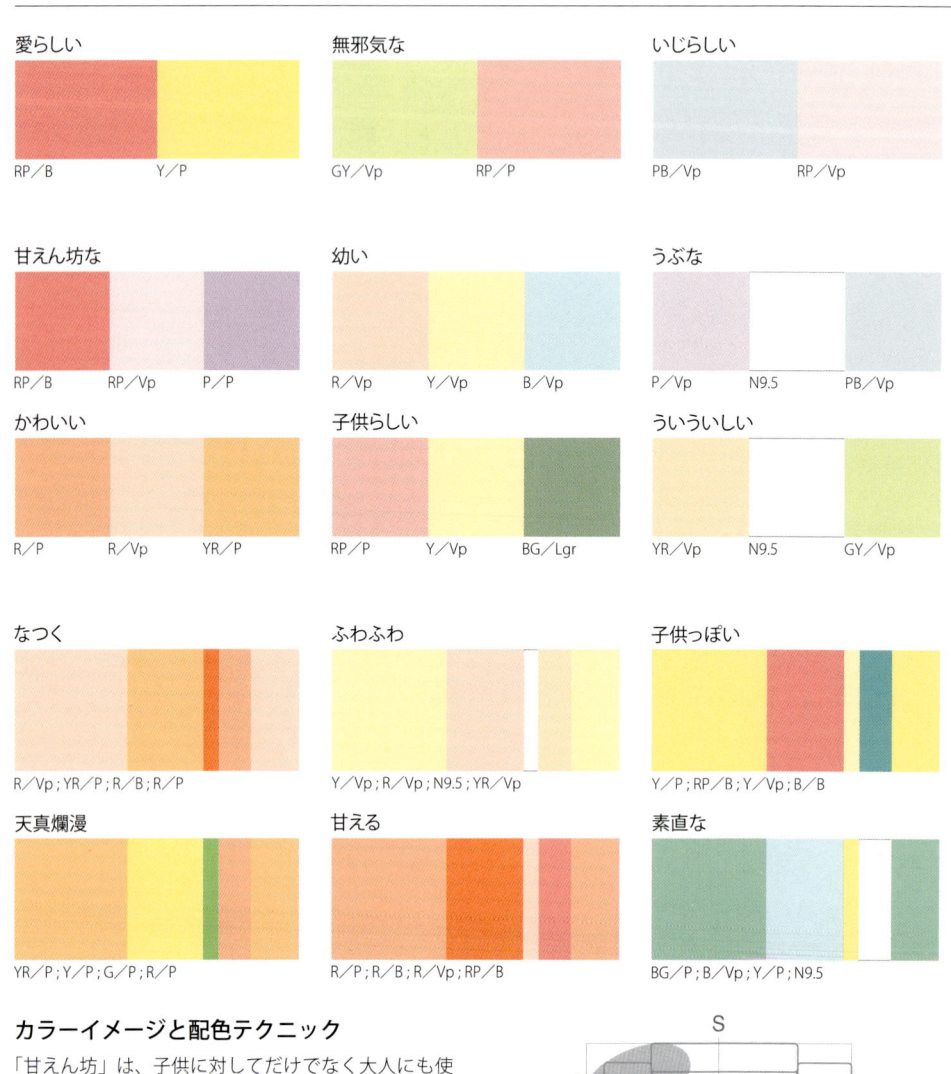

愛らしい
RP／B　　Y／P

無邪気な
GY／Vp　　RP／P

いじらしい
PB／Vp　　RP／Vp

甘えん坊な
RP／B　RP／Vp　P／P

幼い
R／Vp　Y／Vp　B／Vp

うぶな
P／Vp　N9.5　PB／Vp

かわいい
R／P　R／Vp　YR／P

子供らしい
RP／P　Y／Vp　BG／Lgr

ういういしい
YR／Vp　N9.5　GY／Vp

なつく
R／Vp；YR／P；R／B；R／P

ふわふわ
Y／Vp；R／Vp；N9.5；YR／Vp

子供っぽい
Y／P；RP／B；Y／Vp；B／Vp

天真爛漫
YR／P；Y／P；G／P；R／P

甘える
R／P；R／B；R／Vp；RP／B

素直な
BG／P；B／Vp；Y／P；N9.5

カラーイメージと配色テクニック

「甘えん坊」は、子供に対してだけでなく大人にも使う言葉だが、基本は幼さを表現するため、プリティイメージを中心とする。色相はＲＰ、Ｒ、Ｙ系の明るいトーンを中心に色相配色にすると、子供っぽさが強まる。寒色系やＧの色相を加えると、素直さやうぶなイメージになる。

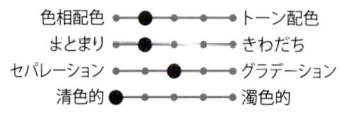

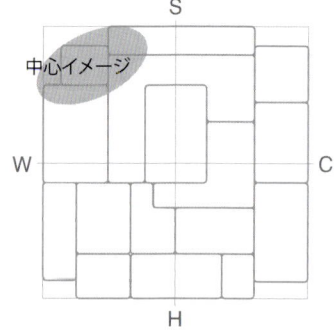

色相配色 ●―・―○ トーン配色
まとまり ―●―○ きわだち
セパレーション ―○―●― グラデーション
清色的 ―●―○ 濁色的

中心イメージ
S　W　C　H

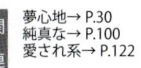

| 動き | 甘える　なつく | 名詞 | 天真爛漫 | 関連 | 夢心地→ P.30
純真な→ P.100
愛され系→ P.122 |

配色スキルアップ
―― ういういしさの表現 ――

■かわいらしいイメージ

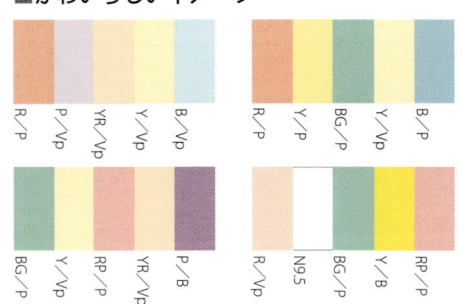

■ロマンチックなイメージ

R、YR、Yのソフトなトーンを中心にした色相配色。グラデーションにするとやわらかなイメージに、セパレーションでは、元気なイメージになる。

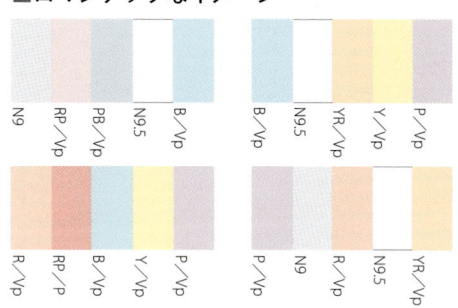

ロマンチックなイメージを表現するには、Ｖｐと白を中心にふんわりとした雰囲気を出す。白やB系の色相は透明感を、Yを加えると明るさが生まれる。

■新生のイメージ

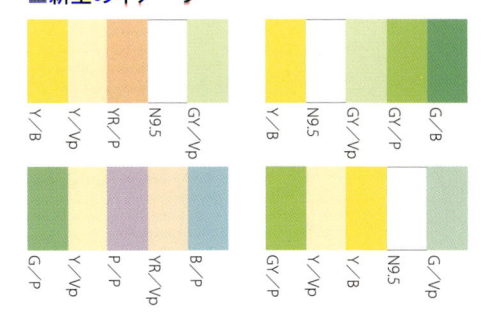

■可憐なイメージ

芽吹きや小さな命が誕生するイメージ。Y、GY、Gの清色トーンで、フレッシュでいきいきとしたイメージを表現する。白を入れると無垢な印象が強調される。

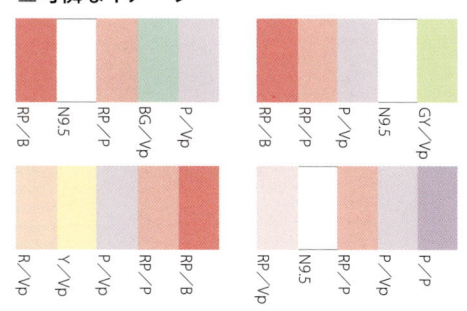

意味的には「かわいい」に近いが、対比を抑えてよりデリケートに配色すると、いたいけな感じが表現しやすい。白が入るとすっきりと清潔な感じになる。

●無垢なイメージと未来への期待

「ういういしい」という言葉からの連想では、あどけない子供や若い女性をイメージしやすいが、新入生や新社会人などにも、この表現はあてはまりやすい。

季節でいえば、寒さが和らぎ、木の芽がふくらんで来る春先のころである。そんな季節やシーンには、未来への期待や希望がある。

P.91で見たように、希望や光の表現には黄色がふさわしいが、ういういしさの表現では、色相B系やP系のソフトなトーンを合わせバランスをとる。

白は明るさとともに、純真さや穢れのないピュアな感覚を表現する色である。白のかわりにN9を使うと、やや翳りが生まれ、よりデリケートで洗練された雰囲気になる。

3章　性格の表現

性格の表現
純真な

形容: 純真な ピュアな 穢れのない 清純な 清楚な イノセントな ういういしい 可憐な 無垢な 清潔な クリアな クリーンな

乙女心
R／Vp　P／Vp

無垢な
BG／Vp　N9.5

クリーンな
B／P　N9.5

初恋
RP／Vp　Y／Vp　GY／Vp

穢れのない
GY／Vp　N9.5　BG／Vp

クリアな
B／P　N9.5　B／Vp

清楚な
P／Vp　N9.5　PB／Vp

純真な
B／Vp　N9.5　RP／Vp

清潔な
PB／B　N9.5　PB／Vp

可憐な
P／Vp；N9.5；YR／Vp；P／P

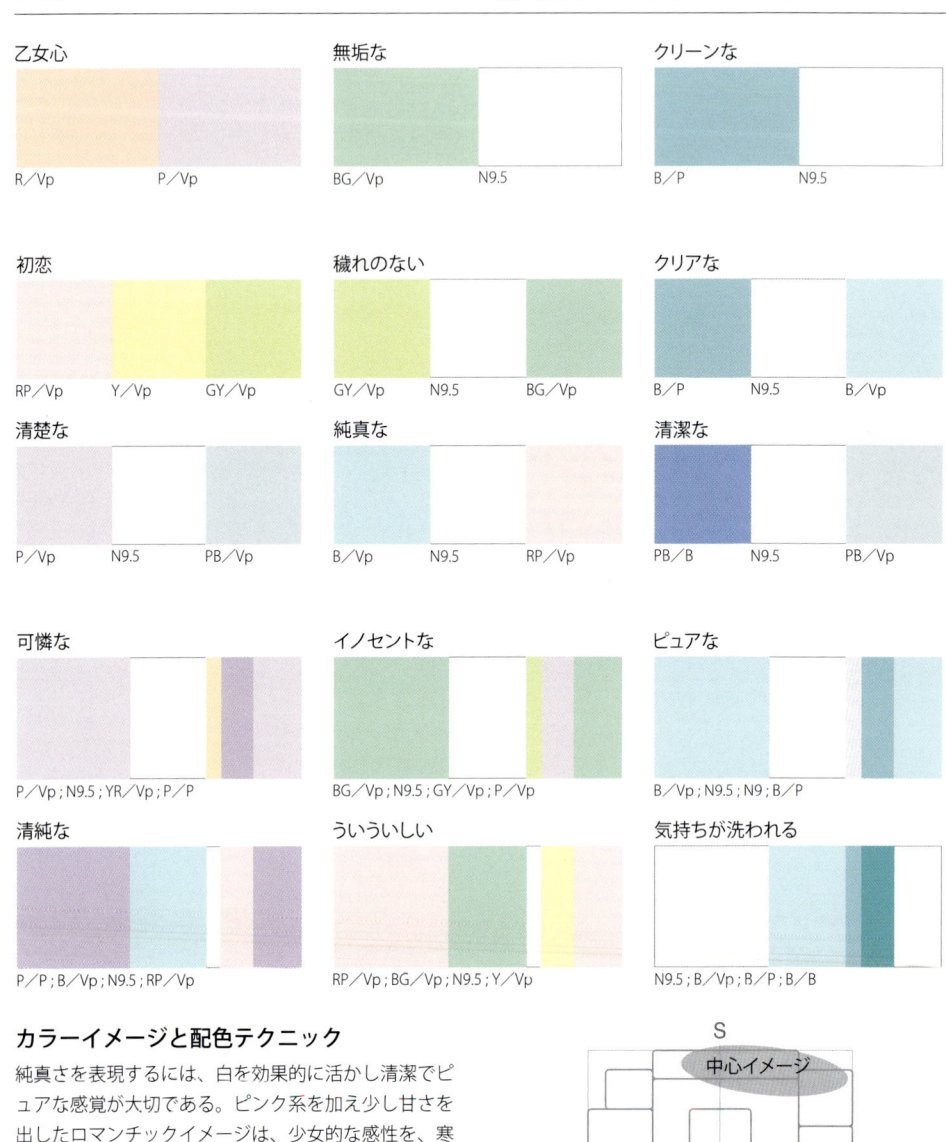

イノセントな
BG／Vp；N9.5；GY／Vp；P／Vp

ピュアな
B／Vp；N9.5；N9；B／P

清純な
P／P；B／Vp；N9.5；RP／Vp

ういういしい
RP／Vp；BG／Vp；N9.5；Y／Vp

気持ちが洗われる
N9.5；B／Vp；B／P；B／B

カラーイメージと配色テクニック

純真さを表現するには、白を効果的に活かし清潔でピュアな感覚が大切である。ピンク系を加え少し甘さを出したロマンチックイメージは、少女的な感性を、寒色系のクリアイメージでは純粋な感じを表現しやすい。いずれも極端なトーン差はつけずに、Vpトーンと白を中心にする。

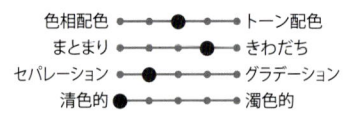

色相配色 ●―●―→ トーン配色
まとまり ●―●―→ きわだち
セパレーション ●―●―→ グラデーション
清色的 ●―●―→ 濁色的

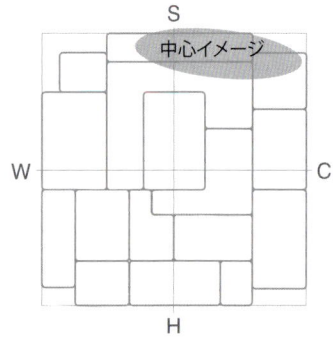

| 動き | 気持ちが洗われる | 名詞 | 乙女心
初恋 | 関連 | 夢心地→ P.30
爽快→ P.48
シャイな→ P.102
さっぱりした→ P.104 | 愛され系→ P.122
お嬢様→ P.128 |

配色スキルアップ
—— 透明と混色の効果 ——

■重なり部分が透けて見える

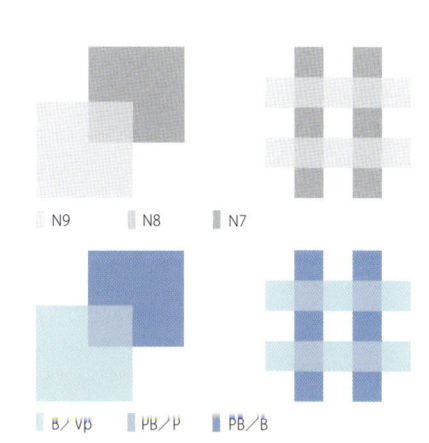

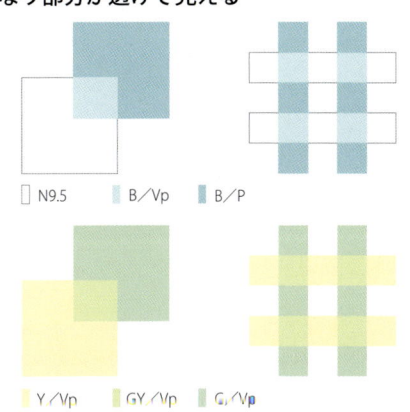

N9.5　B/Vp　B/P　　　N9　N8　N7

Y/Vp　GY/Vp　G/Vp　　　B/Vp　PB/P　PB/B

■重なり部分が混色されて見える

P/P　PB/L　G/Vp　　　R/P　Y/L　GY/P

B/P　BG/B　Y/B　　　RP/P　BG/Gr　B/B

●色の錯視を利用した透明性と混色

　色の錯視は、同じ色が周りの色の影響で、通常の見え方とは違って見えることを指す。

　二つの色が交差するときの錯視に、色の透明性と混色がある。二つの色の重なりの部分にあたる面にある色をつけると、重なり部分が透けるように見えたり、塗り重ねたように混色されて見える現象である。

　透明性の効果は、二つの色の中間の明度を配色することで得られやすい。混色効果は、絵の具を混ぜたときにできる第3の色を想定して色をつけると効果的である。

　デザインの分野では、集合図の交わりのようなチャートの表現や、上に示したようなパターンデザインをテキスタイルに応用するケースが多い。

3章　性格の表現　　101

性格の表現
シャイな

形容: シャイな　内気な　おとなしい　奥ゆかしい　傷つきやすい　繊細な　デリケートな　慎重な　内向的な　目立たない　物静かな　敏感な

傷つきやすい
RP／Vp　　P／Vp

物静かな
P／Lgr　　N8

遠慮
P／Lgr　　PB／Lgr

はにかむ
RP／P　　YR／P　　RP／Vp

内気な
PB／L　　N7　　PB／Vp

内向的な
PB／Vp　　PB／Lgr　　PB／Gr

繊細な
P／Vp　　RP／Lgr　　P／Lgr

目立たない
PB／Lgr　　N5　　PB／Gr

シャイな
P／Vp　　B／Lgr　　B／Vp

おとなしい
YR／Vp；YR／Lgr；N8；P／Lgr

デリケートな
RP／Vp；RP／Lgr；N8；PB／Lgr

敏感な
PB／Vp；P／Lgr；P／Vp；PB／Lgr

慎重な
N5；PB／Lgr；N9.5；PB／Vp

奥ゆかしい
P／Gr；RP／Lgr；R／Gr；N7

照れ屋
RP／P；RP／Vp；RP／B；Y／P

カラーイメージと配色テクニック

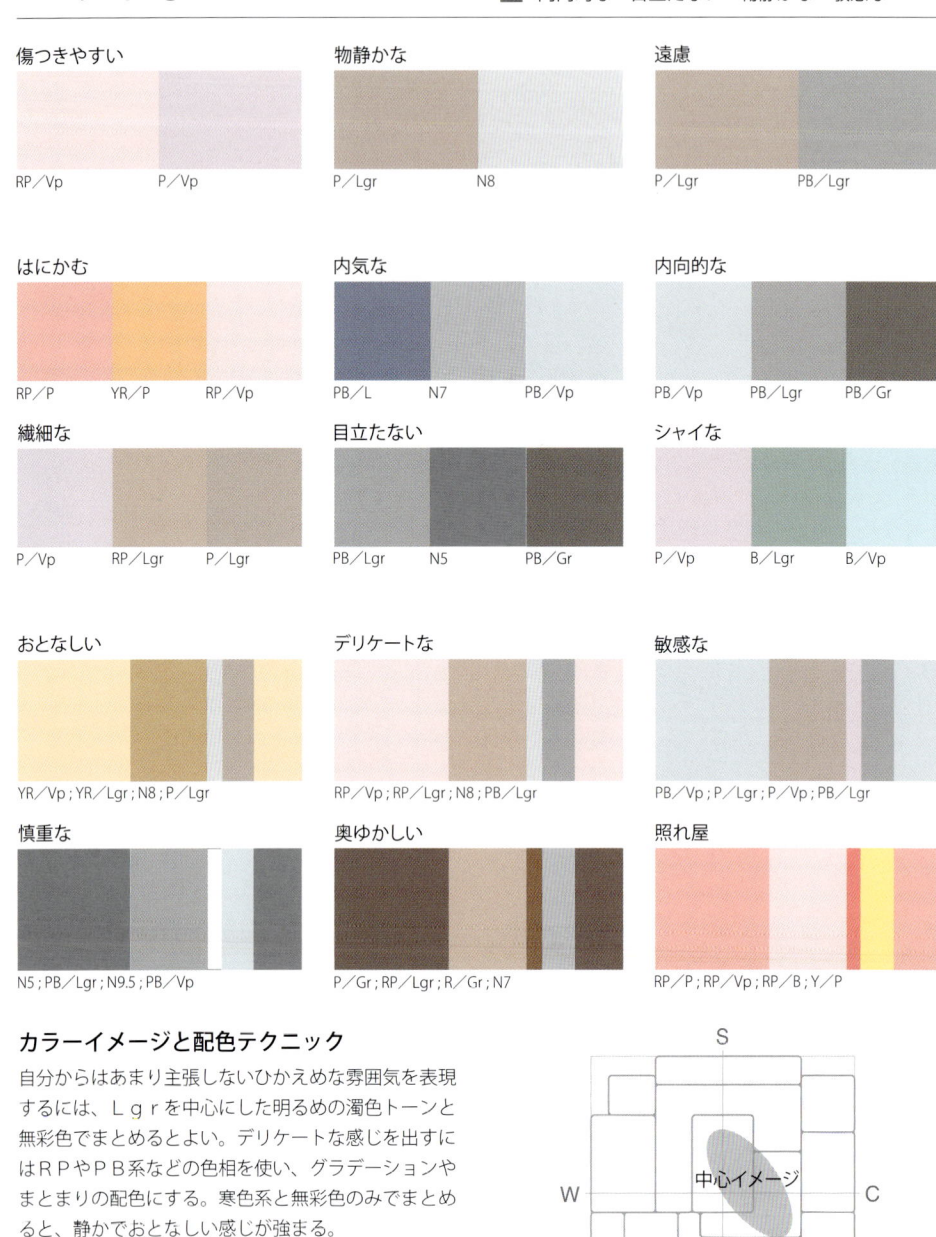

自分からはあまり主張しないひかえめな雰囲気を表現するには、Ｌｇｒを中心にした明るめの濁色トーンと無彩色でまとめるとよい。デリケートな感じを出すにはＲＰやＰＢ系などの色相を使い、グラデーションやまとまりの配色にする。寒色系と無彩色のみでまとめると、静かでおとなしい感じが強まる。

- 色相配色 ●—— トーン配色
- まとまり ——● きわだち
- セパレーション ——● グラデーション
- 清色的 ——● 濁色的

中心イメージ（S／W／C／H）

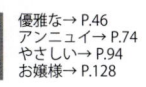

動き	はにかむ	名詞	遠慮　照れ屋	関連	優雅な→ P.46 アンニュイ→ P.74 やさしい→ P.94 お嬢様→ P.128

配色スキルアップ
―― ナイーブさの表現 ――

■内省的なイメージ

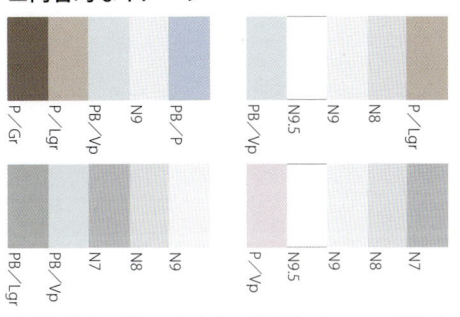

P/Gr	P/Lgr	PB/Vp	N9	PB/P
PB/Vp	N9.5	N9	N8	P/Lgr
PB/Lgr	PB/Vp	N7	N8	N9
P/Vp	N9.5	N9	N8	N7

白から明るいグレーを中心にグラデーションで配色するB系を組み合わせると沈静的な印象が強まる。P系をアクセント的に使うと繊細さが加わる。

■純粋なイメージ

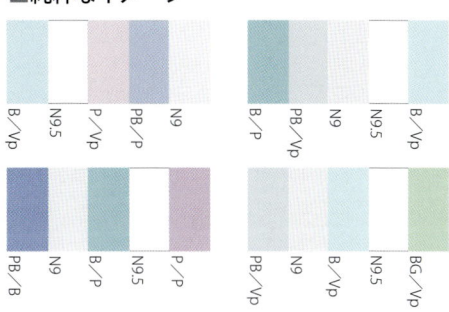

B/Vp	N9.5	P/Vp	PB/Vp	N9
B/Vp	PB/Vp	N9	N9.5	B/Vp
PB/B	N9	B/P	N9.5	P/P
PB/Vp	N9	B/Vp	N9.5	BG/Vp

無垢な透明感を表現するために、白と寒色系を使う。人だけでなく物の形容にも使うが、P系を加えると、気持ちや性格的なやさしさが表現される。

■やさしさのイメージ

RP/P	RP/L	RP/Lgr	RP/Vp	P/Vp
N8	RP/Vp	RP/Lgr	P/B
R/Lgr	Y/Vp	R/P	YR/Vp	RP/B
RP/P	R/Vp	YR/Vp	G/Vp

R、RP、Pをベースにグラデーションで配色すると、思いやりや愛情を表現しやすい。セパレーションでY系をはさむと、やさしさの中にも明るさが感じられる。

■繊細なイメージ

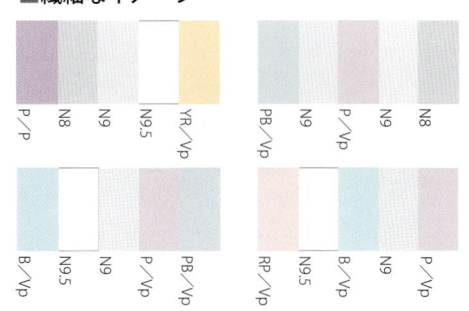

| P/P | N8 | N9 | N9.5 | YR/Vp | PB/Vp | N9 | P/Vp | N8 |
| B/Vp | N9.5 | N9 | P/Vp | PB/Vp | N9.5 | B/Vp | N9 | P/Vp |

白や明るいグレー、Vp、Lgrトーンを使い、微妙さや細かさを表現する。PやR、RPの色相を増やすと、エレガントさが生まれ女性的なイメージになる。

●和製英語的な意味の「ナイーブ」

　英語やフランス語のnaiveは「うぶな人」とか「世間知らずの」が本来の意味である。ナイーブ派とよばれる絵画は、普通の職業をもつ人たちが主に趣味で描く作品を指し、「正式な美術教育を受けたプロの画家でない」ことからこう呼ばれるようになった。

　日本語では、「ナイーブな性格」とか「ナイーブな肌」のように、純粋で傷つきやすいというポジティブな意味合いで使われている。

　そうした意味のナイーブさは、白や明るいグレー、Lgrを使い、微妙なトーン差でデリケートな感覚を表現するとよい。

　無彩色をベースにすると、内省的で繊細な性格を表しやすい。色相を暖色系にすると、やさしさや繊細さが感じられる配色になる。

性格の表現
さっぱりした

形容: さっぱりした　あっさりした　淡白な　さわやかな　カラッとした　健康　スピーディな　潔い　あっけらかんとした　ドライ な　みずみずしい

爽快感
N9.5 ／ B/P

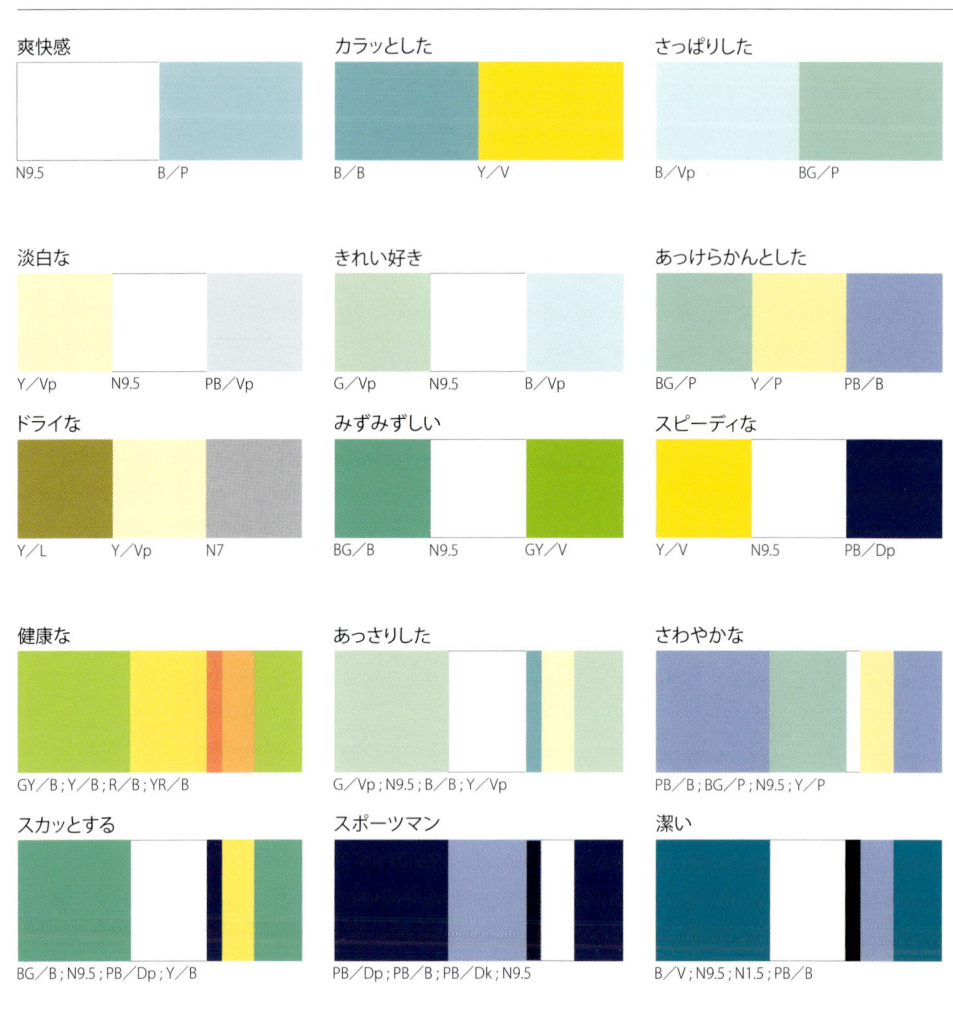

カラッとした
B/B ／ Y/V

さっぱりした
B/Vp ／ BG/P

淡白な
Y/Vp ／ N9.5 ／ PB/Vp

きれい好き
G/Vp ／ N9.5 ／ B/Vp

あっけらかんとした
BG/P ／ Y/P ／ PB/B

ドライな
Y/L ／ Y/Vp ／ N7

みずみずしい
BG/B ／ N9.5 ／ GY/V

スピーディな
Y/V ／ N9.5 ／ PB/Dp

健康な
GY/B；Y/B；R/B；YR/B

あっさりした
G/Vp；N9.5；B/B；Y/Vp

さわやかな
PB/B；BG/P；N9.5；Y/P

スカッとする
BG/B；N9.5；PB/Dp；Y/B

スポーツマン
PB/Dp；PB/B；PB/Dk；N9.5

潔い
B/V；N9.5；N1.5；PB/B

カラーイメージと配色テクニック

物事に執着しないさっぱりとした性格を表すには、白や明るいトーン、寒色系の派手なトーンで爽快感を出す。クリアやクール・カジュアルイメージを中心とするが、ソフトな黄色を入れると、明るさや健康的な印象が高まる。すっきりとした感じを出すためには、清色トーンのセパレーションを基本とする。

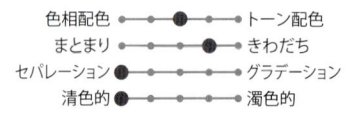

色相配色 ●―トーン配色
まとまり ―● きわだち
セパレーション ● ―グラデーション
清色的 ● ―濁色的

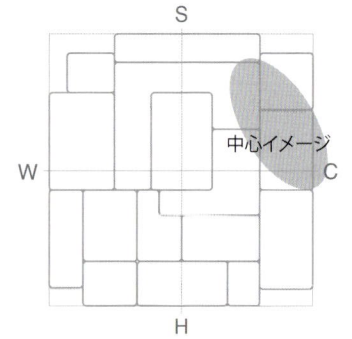

中心イメージ

| 動き | スカッとする | 名詞 | きれい好き
爽快感
スポーツマン | 関連 | ここちよさ→ P.22
爽快→ P.48
明るい→ P.90
純真な→ P.100 | クールな→ P.110
人気者→ P.126 |

------- 配色スキルアップ -------
------- 白の活用 -------

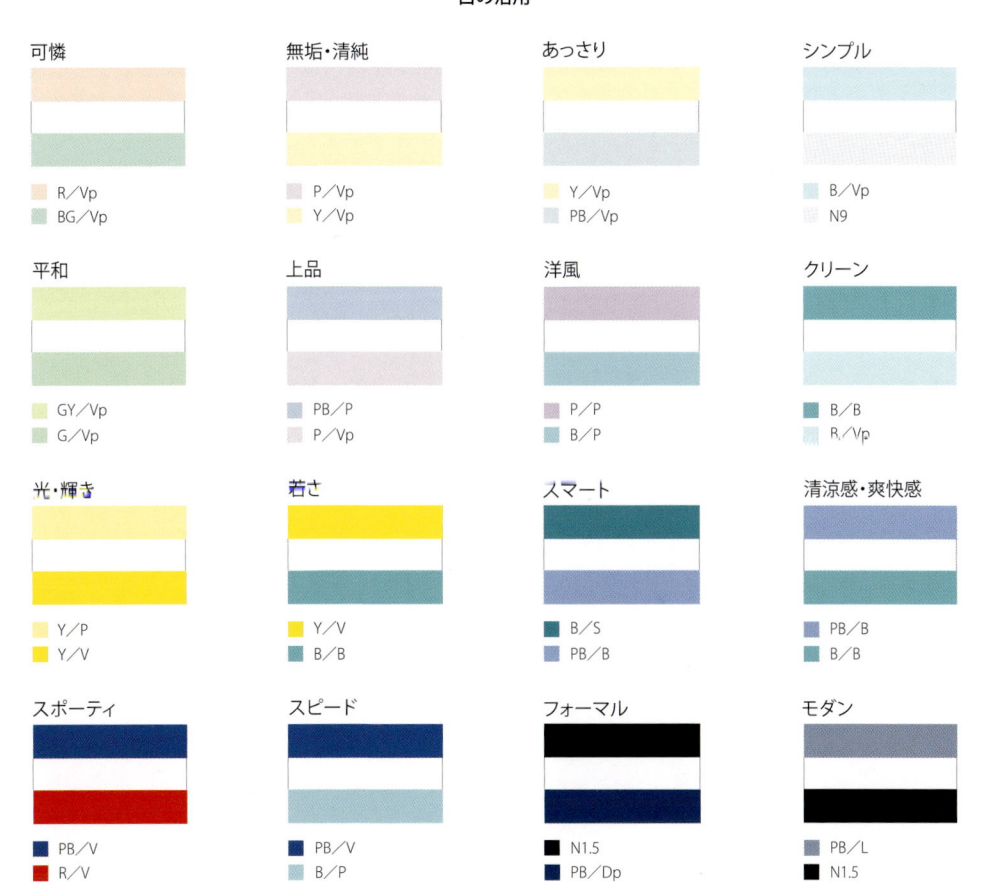

可憐
- R／Vp
- BG／Vp

無垢・清純
- P／Vp
- Y／Vp

あっさり
- Y／Vp
- PB／Vp

シンプル
- B／Vp
- N9

平和
- GY／Vp
- G／Vp

上品
- PB／P
- P／Vp

洋風
- P／P
- B／P

クリーン
- B／B
- R／Vp

光・輝き
- Y／P
- Y／V

若さ
- Y／V
- B／B

スマート
- B／S
- PB／B

清涼感・爽快感
- PB／B
- B／B

スポーティ
- PB／V
- R／V

スピード
- PB／V
- B／P

フォーマル
- N1.5
- PB／Dp

モダン
- PB／L
- N1.5

●清色を引き立てる白

　白は光の反射率が一番高い（明るい）色であり、文化人類学の研究では、世界中のどの民族の言語であっても白と黒が最初に色名化されるという報告がある。これは視覚において、明るいか暗いかが、最も重要な感覚であることと関係している。

　配色に白を加えると、すがすがしさや清潔感が生まれる。明るい寒色系の色と組み合わせると、すっきりとさわやかなイメージになる。夏服やマリンスポーツウエアでもよく見られる配色である。白が濁色より清色と相性がよいのは、クリアな色をより引き立てるという白のもつ性質のためといえるだろう。

　日本では、伝統的にみそぎの色として、神聖視されてきた色である。

3章　性格の表現

真面目な

性格の表現

形容: 真面目な 誠実な 堅実な 地道な きちんとした 几帳面な 折り目正しい 礼儀正しい 知的な 保守的な 熱心な

真面目な
PB／Dgr　N5

堅物
YR／Dgr　PB／Gr

誠実な
PB／Dk　N8

熱心な
R／Dp　YR／Dl　R／Dgr

地道な
GY／Gr　N4　N3

きちんとした
PR／Dk　N9.5　PB／S

努力する
YR／Dgr　R／Dp　N1.5

おちつき
Y／Dgr　N6　G／Dgr

几帳面な
BG／Dgr　N9.5　B／V

堅実な
Y／Gr；G／Dgr；N5；GY／Dgr

折り目正しい
N8；PB／Dl；N9.5；P／Dgr

礼儀正しい
PB／S；N9.5；PB／Dgr；P／P

保守的な
YR／Dgr；YR／Gr；N2；Y／Lgr

紳士
PB／Dgr；PB／Gr；PB／Vp；N6

知的な
B／Dk；N7；BG／Dgr；PB／Gr

カラーイメージと配色テクニック

「真面目」は、誠実さや努力のようなプラスのイメージと、堅苦しくて面白みがないというマイナスのニュアンスで使われる場合があるが、どちらもおちついたハードイメージを中心とし、堅実感を出す。寒色系でクール寄りにするときちんとした感じ、知的な印象になり、ウォーム寄りにすると、熱のこもった感じになる。

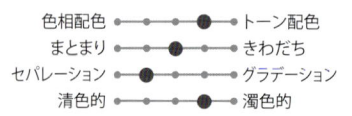

- 色相配色 ●――● トーン配色
- まとまり ●――● きわだち
- セパレーション ●――● グラデーション
- 清色的 ●――● 濁色的

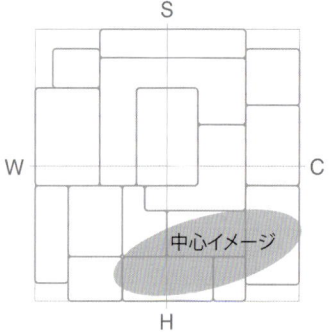

中心イメージ

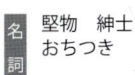

| 動き | 努力する | 名詞 | 堅物　紳士　おちつき | 関連 | 懸命→ P.56
クールさ→ P.110
頼もしい→ P.112 | プロフェッショナル→ P.136
頭脳派→ P.138 |

配色スキルアップ
―― 知性の表現 ――

■洗練感

N6；N9；PB／P

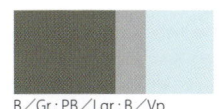

B／Gr；PB／Lgr；B／Vp

N2；PB／Gr；P／Lgr

N4；PB／Lgr；N5

シックなイメージで、洗練された着こなしや冷静で都会的な雰囲気を表現する。無彩色やBGからPの色相で濁色トーンを使い、まとまりの配色とする。

■スピーディ・スマート

PB／B；N9.5；B／B

B／L；N9.5；PB／Dl

PB／Dp；Y／B；B／V

PB／S；B／Vp；B／S

判断が迅速で、てきぱきとテンポよく物事をこなすイメージ。寒色系の清色を使い、白を活かすとスピード感が表現できる。黄を入れると動的な印象が強まる。

■信頼感

G／Dk；PB／Gr；R／Dgr

P／Dgr；N7；BG／Dk

GY／Dgr；Y／Gr；N2

PB／Dgr；N6；RP／Dk

暗いトーンと無彩色とのセパレーションの配色で、ハードな感覚と正統で端正な感じを表現する。Y系を入れると堅実感や実直な印象が強くなる。

■テクノロジー

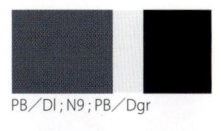

PB／Dl；N9；PB／Dgr

B／Dk；R／S；N2

B／Dgr；B／L；N2

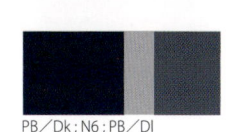

PB／Dk；N6；PB／Dl

無彩色と寒色系をベースに、先進的なイメージを表現する。派手なトーンをアクセント的に使うと、明るさやアミューズメント的なイメージになる。

●知性のパターン

　知性という言葉を使う場合、「知性的な人」とか「知性的な印象」のように人を形容する場合と「知性を備えた○○」という風に人工知能やロボットなどに使う場合とがある。

　知性のもつひかえめでクールな響きには、グレイッシュで洗練感のあるシックな配色がふさわしい。

　また、アカデミックな雰囲気で風格の漂う人には、自然と信頼感を覚える。

　日常生活において、アイデアがひらめいたり、すばやくものごとを処理する様子は、明快でスピーディな配色となる。

　知の集大成である、コンピュータや人工頭脳などの先端的な科学技術の成果に対して感じる知性は、モダンイメージが中心となる。

Column

仕事や職業のイメージ

　世の中には、実にさまざま仕事や職業がある。おそらく誰でも子供の頃に「将来何になりたいか？」という質問を投げかけられた記憶があるはずである。「ケーキ屋さん」「野球の選手」「パイロット」など、さまざまな未来に胸を膨らませていた人も多いだろう。

　ここでは小学生、中学生、高校生が憧れる職業、将来なりたい職業を調査したいくつかのデータを参考にしながら、イメージスケール上のバリエーションを考慮し、仕事や職業のイメージを分類してみた。

■職業のイメージスケール

SOFT

なごやか応対系
- お花屋さん
- メイドさん
- トリマー
- 保育士
- 幼稚園の先生
- 動物の訓練士
- 動物園などの飼育員
- ケーキ屋さん

気配り癒し系
- 看護師
- 歯科衛生士
- エステティシャン
- 雑貨屋さん
- 薬剤師
- パティシエ
- 牧場主

のびのび表現系
- 漫画家・イラストレーター
- 声優
- 歌手
- 介護福祉士
- ホームヘルパー
- パン屋さん
- 美容師
- セラピスト

のびのび快適系
さわやかスポーツ系
- サーファー
- テニス選手
- スポーツインストラクター
- バスケットボール選手

小学校の先生
- 電車の運転士・車掌

快活親しみ系
- お笑い芸人

身近素朴系
- 理容師
- 調理師・コック
- ソムリエ
- ファッションデザイナー
- ピアニスト
- フライトアテンダント

上品おしゃれ系
- 画家

知性表現系
- 通訳・翻訳家
- 作家・小説家
- カメラマン

医学専門系
- 臨床検査技師
- 建築家
- カーデザイナー
- ゲームクリエイター

創造系

WARM — COOL

はなやか装飾系
- 野球選手
- モデル
- サッカー選手
- 宝飾デザイナー
- 板前さん
- 植木屋さん
- 大工さん
- 公務員
- サラリーマン
- 校長先生
- 警察官
- 医師

地道勤勉系

熱血スポーツ系

伝統技術追究系
- 工芸作家
- 漁師
- 消防士
- 探検家
- 格闘家
- 自衛官

- 研究者・大学教員
- 銀行員
- 税理士
- 弁護士
- 検察官
- 船長
- 技術者
- 整備士
- システムエンジニア
- パイロット
- 宇宙飛行士
- プログラマー

先進技術系

パワフル系

真面目専門系

HARD

©2008 ㈱日本カラーデザイン研究所

イメージスケールを大まかにみると、ウォーム・ソフト方向には親しみやすさ、ウォーム・ハード方向には力強さを感じる仕事や職業が位置する。クール・ソフト方向には清潔感やさわやかさを、クール・ハード方向には、信頼感や知性を感じるものが多い。

　ソフト－ハードでみると、女性が憧れる職業はソフトゾーン中心に、男性が憧れる職業はハードゾーン中心に分かれる傾向がある。
　仕事のイメージと実際にその職業に就いている人では、イメージの差もあるかもしれないが、その発見もまたおもしろいだろう。

■職業とイメージの例

お花屋さん
かわいい　可憐な
RP/P　Y/Vp　P/P

ケーキ屋さん
メルヘンの　甘美な
RP/P　N9.5　BG/P

歯科衛生士
清潔な　真新しい
B/P　N9.5　B/Vp

お笑い芸人
愉快な　奔放な
R/V　Y/V　G/V

パン屋さん
家庭的な　のどかな
YR/L　Y/Lgr　Y/Vp

看護師
やすらいだ　快適な
BG/P　GY/Vp　BG/Vp

野球選手
アクティブな　躍動的な
YR/V　N9.5　N1.5

美容師
細やかな　女性的な
RP/L　P/Vp　RP/B

サーファー
若々しい　青春の
PB/V　N9.5　Y/V

宝飾デザイナー
はなやかな　魅惑的な
RP/S　Y/B　N1.5

フライトアテンダント
女性的な　ノーブルな
P/L　RP/P　BG/Vp

サラリーマン
真面目な　地味な
PB/Dl　PB/Gr　Y/Dk

板前さん
古風な　丹念な
YR/Dp　Y/L　R/Dp

作家・小説家
思慮深い　静かな
PB/Gr　P/Lgr　PB/L

プログラマー
緻密な　進歩的な
PB/Dp　N7　N1.5

探検家
力強い　野性的な
R/Dgr　Y/Dp　G/Dk

医師
冷静な　理知的な
PB/Dl　PB/Lgr　B/Dl

宇宙飛行士
深遠な　厳しい
P/Dgr　B/Dl　PB/Dp

3章　性格の表現　109

【性格の表現】
クールな

形容：クールな　冷静な　あっさりとした　スマートな　理知的な　論理的な　頭のきれる　きりりとした　ストイックな　キザな　都会的な　無口な　冷徹な

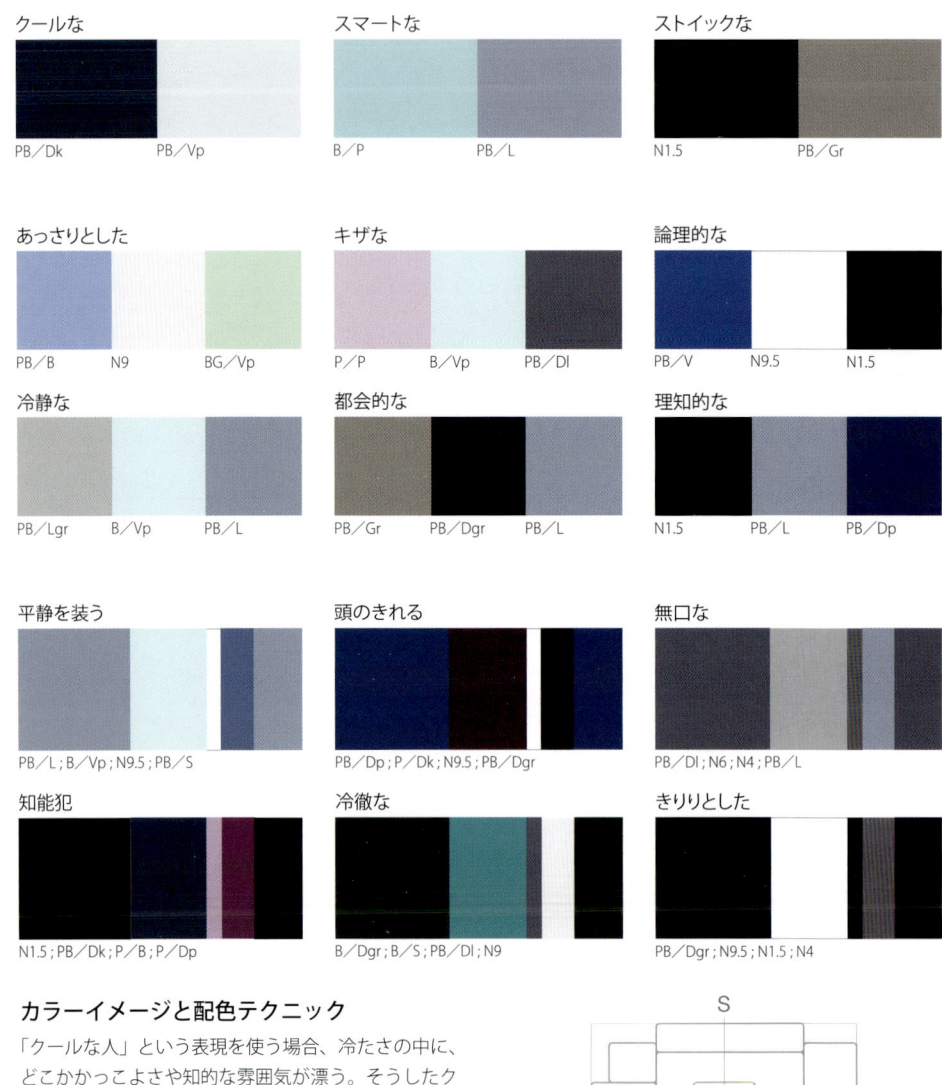

クールな
PB/Dk　PB/Vp

スマートな
B/P　PB/L

ストイックな
N1.5　PB/Gr

あっさりとした
PB/B　N9　BG/Vp

キザな
P/P　B/Vp　PB/Dl

論理的な
PB/V　N9.5　N1.5

冷静な
PB/Lgr　B/Vp　PB/L

都会的な
PB/Gr　PB/Dgr　PB/L

理知的な
N1.5　PB/L　PB/Dp

平静を装う
PB/L；B/Vp；N9.5；PB/S

頭のきれる
PB/Dp；P/Dk；N9.5；PB/Dgr

無口な
PB/Dl；N6；N4；PB/L

知能犯
N1.5；PB/Dk；P/B；P/Dp

冷徹な
B/Dgr；B/S；PB/Dl；N9

きりりとした
PB/Dgr；N9.5；N1.5；N4

カラーイメージと配色テクニック

「クールな人」という表現を使う場合、冷たさの中に、どこかかっこよさや知的な雰囲気が漂う。そうしたクールさを表すには、B、PBの色相と無彩色を中心に配色する。白をはさんでセパレーションにすると、きっぱりとした強さがイメージされ、グレーを組み合わせると感情を抑えた雰囲気になる。

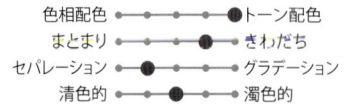

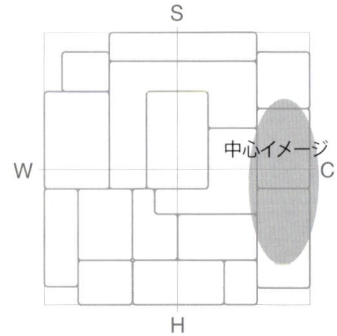

色相配色 ●——● トーン配色
まとまり ●——● きわだち
セパレーション ●——● グラデーション
清色的 ●——● 濁色的

中心イメージ：S-C象限

| 動き | 平静を装う | 名詞 | 知能犯 | 関連 | 爽快→ P.48
緊張→ P.50
真面目な→ P.106
頭脳派→ P.138 | ワル→ P.150 |

配色スキルアップ
── 青の活用 ──

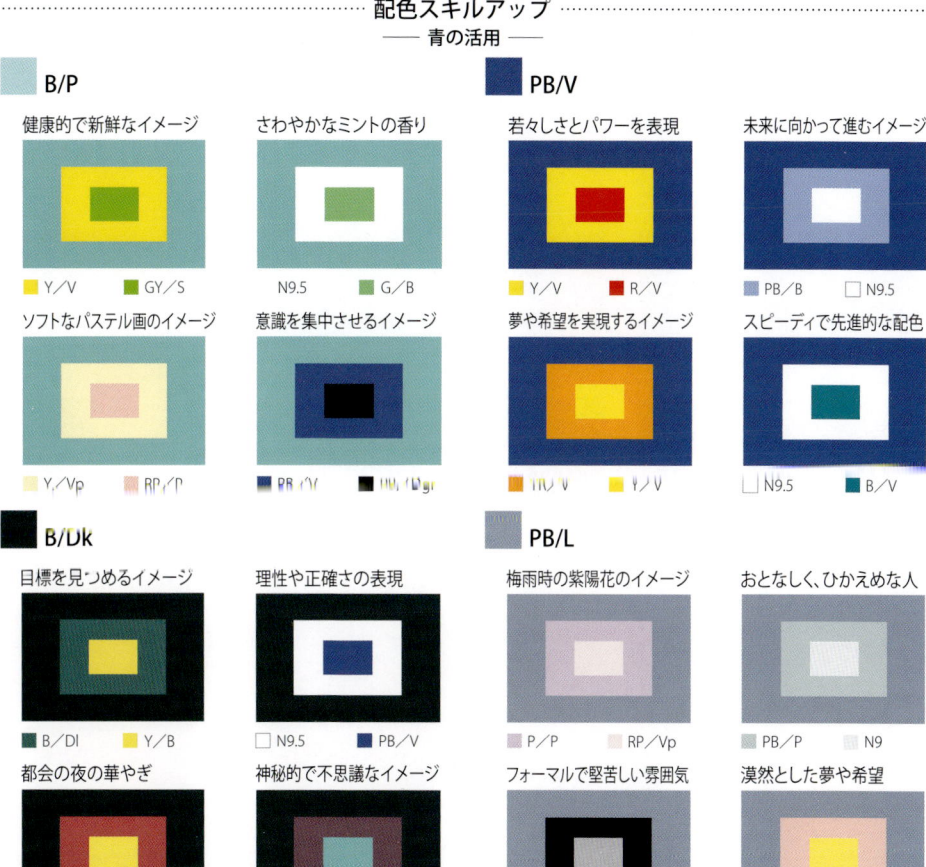

B/P

健康的で新鮮なイメージ
Y/V　GY/S

さわやかなミントの香り
N9.5　G/B

ソフトなパステル画のイメージ
Y/Vp　RP/P

意識を集中させるイメージ
PB/V　N9.5

PB/V

若々しさとパワーを表現
Y/V　R/V

未来に向かって進むイメージ
PB/B　N9.5

夢や希望を実現するイメージ
PB/V　Y/V

スピーディで先進的な配色
N9.5　B/V

B/Dk

目標を見つめるイメージ
B/Dl　Y/B

理性や正確さの表現
N9.5　PB/V

都会の夜の華やぎ
RP/S　Y/B

神秘的で不思議なイメージ
P/Dl　B/B

PB/L

梅雨時の紫陽花のイメージ
P/P　RP/Vp

おとなしく、ひかえめな人
PB/P　N9

フォーマルで堅苦しい雰囲気
N1.5　N7

漠然とした夢や希望
RP/P　Y/B

●集中力を高める青

　赤が興奮の色であるのに対して、青は集中力を持続させる色といわれている。陸上競技のトラックを「濃い青」にすると記録が伸び、野球のキャッチャーのミットでは、ストライクの確率が上がるという。最近では卓球台も以前の深緑から青への切り替えが進んでいる。
　また青は、クールな色である。冷静でスピーディ、先進的なイメージはビジネスでも歓迎されるようで、オフィスの家具（イスなどの布地）やステーショナリーでは定番の色となっている。鮮やかな青は嗜好色としても人気が高く、調査では常に上位にランキングされる。澄み切った空や広々とした海を想わせる青は、晴れ晴れとした気持ちを求める人の心の表れかも知れない。

3章　性格の表現

性格の表現
頼もしい

形容: 頼もしい 毅然とした りりしい 信頼できる 円熟した 男っぽい 堅実な タフな 着実な 貫禄のある 風格のある 明晰な

リーダーシップ
PB/Dgr　R/Dp

堅実な
N7　Y/Dgr

りりしい
B/Dgr　N9.5

権威
N2　P/Gr　PB/Dgr

着実な
YR/Dgr　N5　GY/Dgr

明晰な
B/Dl　N9.5　PB/Dgr

信頼できる
PB/Dgr　N6　YR/Dgr

頼もしい
R/Dgr　YR/Dp　N1.5

毅然とした
PB/Dgr　N9.5　G/Dgr

貫禄のある
Y/Dgr；Y/Dk；Y/Dp；G/Dgr

風格のある
YR/Gr；Y/Dgr；P/Gr；GY/Dgr

立ち向かう
YR/Dgr；R/Dp；N1.5；Y/S

男っぽい
N1.5；R/Dgr；N6；YR/Dk

タフな
N1.5；Y/Dk；R/Dp；Y/Dp

円熟した
RP/Dk；Y/Dp；Y/S；R/Dp

カラーイメージと配色テクニック

頼もしさには、安定感を感じさせる重みに加え、勝負に勝つ力強さや知的なイメージもある。肉体的なパワフルさは、R、YR、Yの暗いトーンで充実感を出す。明晰なイメージやりりしい態度といった場合には、PBやBの色相に白を加え、きりっとした緊張感を表現する。

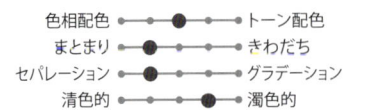

色相配色 ●―― トーン配色
まとまり ――● きわだち
セパレーション ●―― グラデーション
清色的 ――● 濁色的

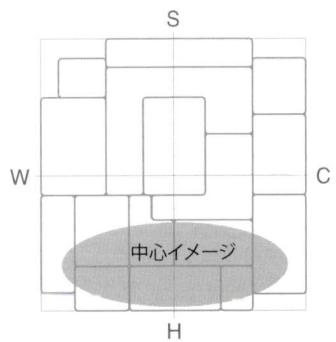

中心イメージ

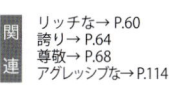

| 動き | 立ち向かう | 名詞 | 権威
リーダーシップ | 関連 | リッチな→P.60
誇り→P.64
尊敬→P.68
アグレッシブな→P.114 | 大御所→P.140
マッチョ→P.148 |

配色スキルアップ
―― 信頼感の表現 ――

■格調

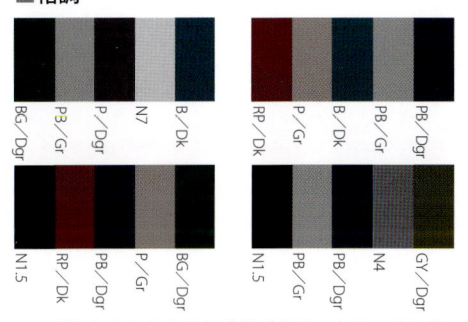

ハードななかにも上品な感覚が必要である。黒と紺、グレーを中心に、弱いセパレーションできりっとしたイメージを表現し、紫系や茶系などで表情を与える。

■真面目さ

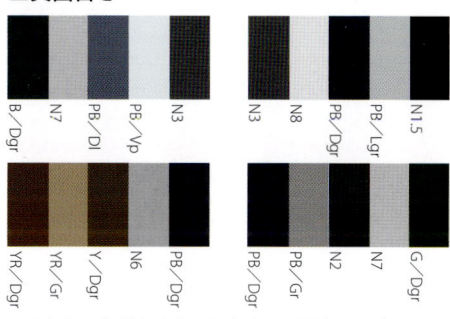

ＰＢとＢの色相を中心にしたトーン配色で、真面目で知的な雰囲気を出す。セパレーションの配色で、折り目正しいきりんとした感覚を表現するとよい。

■伝統

Ｒ、ＹＲ、Ｙ系の暖色の色相を使い、暗いトーンで重厚なイメージを表現する。寒色系を混ぜると色相配色となり、味わい深さや豊かさが増す。

■先進性

寒色系の暗いトーンと白を対比させ、スピーディでシャープな感覚を表現する。派手なトーンをアクセント的に使うと、メリハリがつき、動きが生まれる。

●信頼感には重さが必要

　信頼感を感じる色は、重さやかたさを感じる暗いトーンが中心になる。紺や黒が代表的な色だが、茶系や深い緑もまた粘り強さや味わいを感じさせる点で信頼感が伝わる。

　信頼感の配色のパターンを、ここでは４つに分類してみた。格調とは、本来詩や文章の構成の巧みさを表現する言葉だが、現代では広く「品格があって高尚」といったニュアンスで使われている。伝統的なものには、年月の積み重ねからにじみ出てくる貫禄や重厚さが備わっており、信頼感を覚える。

　また、じっくりと真剣に物事に取り組む真面目な姿には、信頼感を感じる。先進性は、テクノロジーに対する信頼感で、メリハリを利かせたモダンなイメージで表現するとよい。

3章　性格の表現

性格の表現
アグレッシブな

形容： アグレッシブな　押しの強い　迫力のある　過激な　豪快な　先鋭的な　激しい　強靭な　パワフルな　ワイルドな

闘志を燃やす
R／V　　YR／V

押しの強い
N1.5　　RP／V

ワイルドな
Y／S　　Y／Dgr

アグレッシブな
RP／V　N1.5　R／V

先鋭的な
PB／V　R／V　N1.5

情熱
G／Dgr　RP／V　P／Dp

激しい
N1.5　R／V　YR／V

強靭な
G／Dgr　R／Dp　B／Dk

過激な
GY／V　P／Dp　RP／V

豪快な
N1.5；R／S；Y／S；R／Dp

迫力のある
R／Dgr；R／Dp；YR／V；R／S

闘魂
R／V；YR／V；Y／V；R／Dp

パワフルな
RP／Dgr；R／V；N1.5；Y／V

挑戦
R／V；Y／V；GY／V；P／V

攻める
N1.5；R／V；P／V；Y／V

カラーイメージと配色テクニック

周囲を圧倒するようなパワーや迫力は、暖色系を使ったハードイメージがふさわしい。鮮やかな赤（R）にYRの色相を加えると、燃え盛る炎や熱さが表現できる。黒を加えると、より力強さが高まり、強い意志やエネルギーの強さを感じさせる配色となる。黄を加えると、ドラマチックになり激しさが増す。

色相配色 ●―――○ トーン配色
まとまり ○―――● きわだち
セパレーション ●―――○ グラデーション
清色的 ●―――○ 濁色的

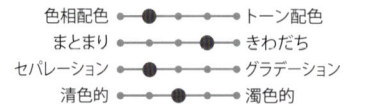

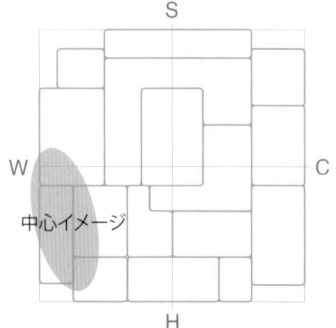

中心イメージ

| 動き | 闘志を燃やす
攻める | 名詞 | 挑戦　闘魂
情熱 | 関連 | 怒り→ P.20
感動→ P.52
懸命→ P.56
積極的な→ P.88 | 革命児→ P.142
マッチョ→ P.148
ワル→ P.150 |

配色スキルアップ
―― 赤、赤紫の活用 ――

■赤の配色展開

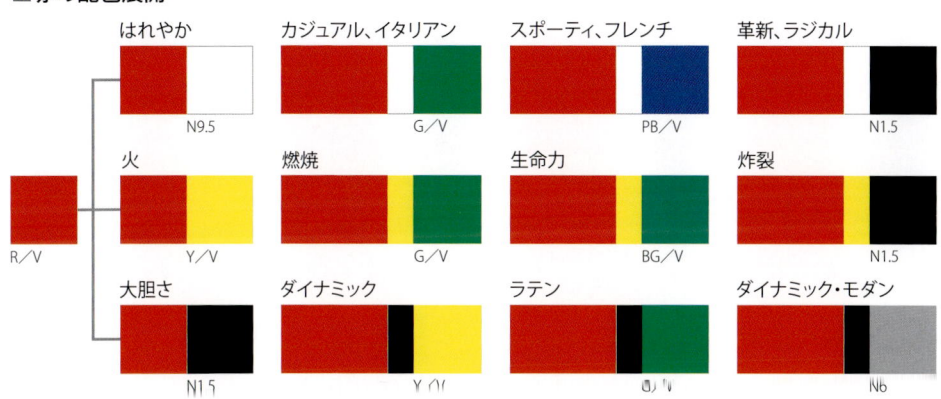

	はれやか	カジュアル、イタリアン	スポーティ、フレンチ	革新、ラジカル
	N9.5	G/V	PB/V	N1.5
	火	燃焼	生命力	炸裂
R/V	Y/V	G/V	BG/V	N1.5
	大胆さ	ダイナミック	ラテン	ダイナミック・モダン
	N1.5	Y/V	G/V	N6

■赤紫の配色展開

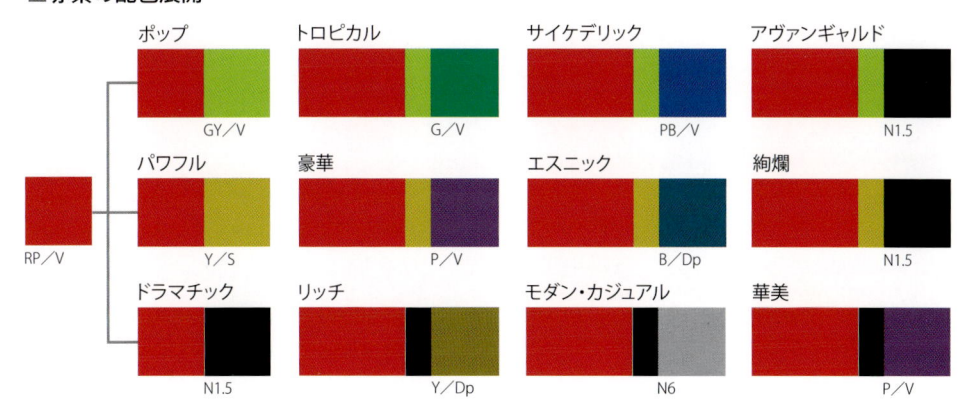

	ポップ	トロピカル	サイケデリック	アヴァンギャルド
	GY/V	G/V	PB/V	N1.5
	パワフル	豪華	エスニック	絢爛
RP/V	Y/S	P/V	B/Dp	N1.5
	ドラマチック	リッチ	モダン・カジュアル	華美
	N1.5	Y/Dp	N6	P/V

● 赤と赤紫の使い分け

　赤は火の色、血の色である。感情的には、情熱、興奮、怒りなどのイメージと結びつく。心理学や生理学の研究でも、赤は交感神経を刺激し、脈拍を速めたり食欲を増進したりすることが知られている。

　赤が紫みに寄り赤紫になると情念や官能的なイメージが増す。配色もゴールドを想わせるY系やP系の色とマッチしやすくなる。赤がストレートな激しさを表すのに対して、赤紫は心の底から湧き出るような複雑な激情という描写がぴったりくるようなイメージにふさわしい色である。

　同時に派手な赤紫は、非日常的な色でもあるため、アミューズメント施設やスポーツの分野などでは、よく使われる色である。

性格の表現		形容	社交的な　行動的な　ほがらかな　陽気な
# 社交的な			気さくな　親しみやすい　にぎやかな　華やいだ あでやかな　魅惑的な　リッチな

ほがらかな
YR／B　R／S

気さくな
GY／B　Y／V

陽気な
Y／V　YR／S

にぎやかな
B／V　Y／V　R／V

おしゃべり
YR／S　Y／V　G／S

親しみやすい
YR／B　N9.5　GY／B

社交的な
RP／V　Y／V　P／V

魅惑的な
RP／S　RP／B　P／Dp

魅了する
RP／V　Y／Vp　RP／B

あでやかな
RP／V；P／Dp；P／Dk；Y／S

交流を深める
R／Dp；RP／B；R／Dgr；RP／P

華やいだ
RP／S；Y／B；RP／V；P／Dp

行動的な
R／V；PB／V；P／Dk；Y／V

円熟み
RP／Dp；YR／Dp；Y／S；P／Dk

リッチな
P／Dk；Y／S；P／Dgr；RP／Dp

カラーイメージと配色テクニック

社交的は、「積極的な」(P.88) に近いが、交友関係が広いという意味で、はなやかで豊かなイメージがある。軽いおしゃべりといったイメージはソフト、社交界やパーティのようなリッチな雰囲気を出すには、暗いトーンをベースにY系のDpやSトーンを組み合わせて、ゴージャス感を出すとよい。

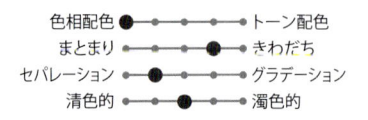

色相配色●━━●━━━●トーン配色
まとまり●━━━━●きわだち
セパレーション━●━━━━グラデーション
清色的━━●━━━━濁色的

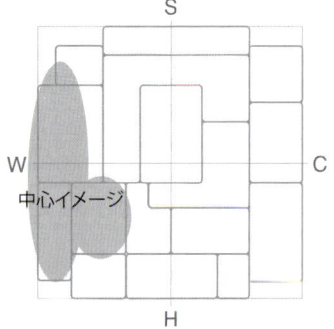

中心イメージ

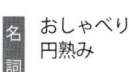

| 動き | 魅了する 交流を深める | 名詞 | おしゃべり 円熟み | 関連 | 喜び→P.12 ときめき→P.34 自由→P.36 リッチな→P.60 | 積極的な→P.88 お調子者→P.120 セクシー→P.146 |

配色スキルアップ
—— 成熟過程を季節で表す ——

■一年の始まりの春には、明るいトーンを中心に

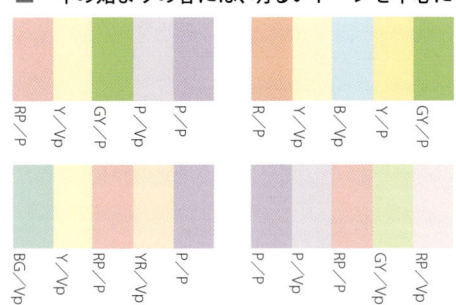

人にたとえると乳幼児のイメージ。B、P、Vpといった明るい清色トーンでまとめる。色相配色にすることで、ういういしい感じやあたたかい雰囲気になる。

■若々しい夏には、派手なトーンを中心に

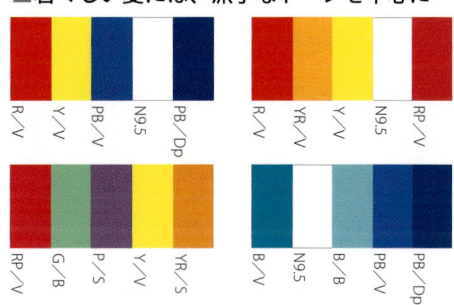

活動的な若者の季節が夏である。Vトーンと白をぶつけ、スポーティなイメージを表現する。色相配色が基本だが、海や太陽のイメージなら、同一、類似色相も。

■実りの秋には、暗いトーンを中心に

成熟期は実りの秋である。暖色系の暗いトーンをベースに、色相を増やすと豊かさが出る。伝統的で味わいの深いイメージは、人生の円熟期にもふさわしい。

■枯れた冬には、地味なトーンと無彩色で

人に置き換えるには、やや地味だが、禅の精神世界のように心におちつきと平安を得て、春に向かってエネルギーを蓄える再生の準備期間ととらえたい。

● トーンのイメージの違いを活用する

　色相の違いに関わらず、有彩色に共通する色の調子がトーンである。配色をする場合に、どのトーンを基調にするかで、イメージがほぼ決まる。

　四季の変化がはっきりしている日本では、誕生から成熟の過程を四季の変化にたとえることが多いが、トーンのイメージを利用すると、春夏秋冬のイメージを表しやすい。

　季節を細かく見ていくと、寒い冬の中にもクリスマスやお正月のような派手なトーンが似合う楽しいイベントがあったり、夏の中にも地味なトーンがふさわしい梅雨のシーズンがあったりする。そうした行事や気象、気候のイメージを単色だけではなく、トーンで把握する目を養うと、表現に広がりがでる。

3章のまとめ 性格のイメージ

■ 性格を WC ／ SH でとらえる

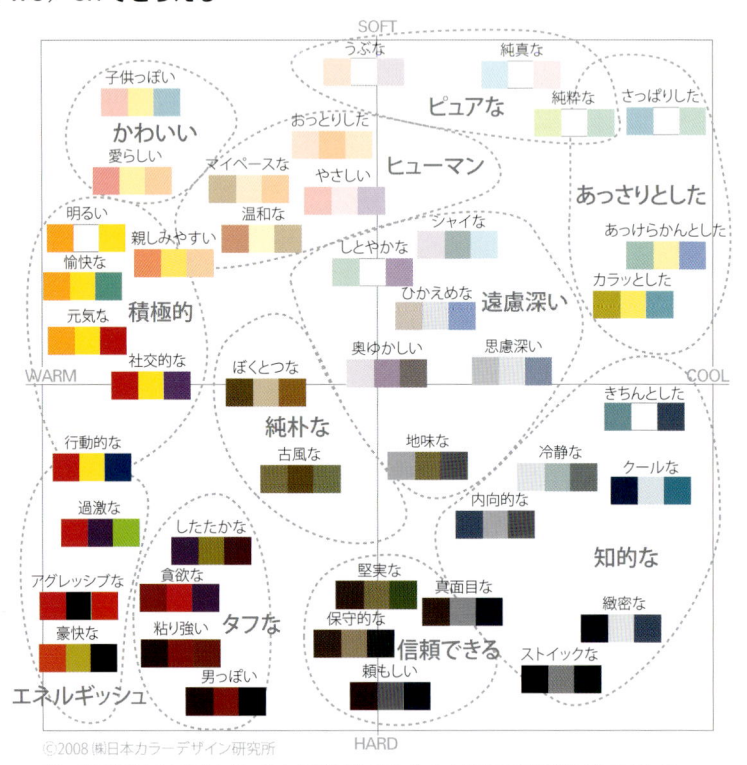

（カラーマップ：SOFT–HARD × WARM–COOL 軸上に性格イメージ語を配置）

- かわいい：子供っぽい、愛らしい
- ピュアな：うぶな、純真な
- ヒューマン：おっとりした、マイペースな、やさしい、温和な
- あっさりとした：さっぱりした、純粋な、あっけらかんとした、カラッとした
- 積極的：明るい、愉快な、親しみやすい、元気な、社交的な
- 遠慮深い：シャイな、しとやかな、ひかえめな、奥ゆかしい、思慮深い
- きちんとした
- 純朴な：ぼくとつな、古風な
- 知的な：地味な、冷静な、クールな、内向的な
- エネルギッシュ：行動的な、過激な、アグレッシブな、豪快な
- タフな：したたかな、貪欲な、粘り強い、男っぽい
- 信頼できる：堅実な、真面目な、保守的な、頼もしい
- 緻密な、ストイックな

©2008 ㈱日本カラーデザイン研究所

注）…3章で掲載した言葉を中心に、ほかの章とNCDのデータベースから言葉を補足して作成している。

■ クリアーグレイッシュ軸での見方

● クリア・ソフトゾーン
　ピュアなイメージ、かわいさ、積極性などのイメージが集まる。
● クリア・ハードゾーン
　エネルギッシュな感覚とタフさを表現するイメージが多い。
● グレイッシュ・ソフトゾーン
　自分を表に出さない抑えた感覚のイメージの言葉が集まる。
● グレイッシュ・ハードゾーン
　信頼感や、じっくりと腰を据えて取り組むイメージの言葉が多い。

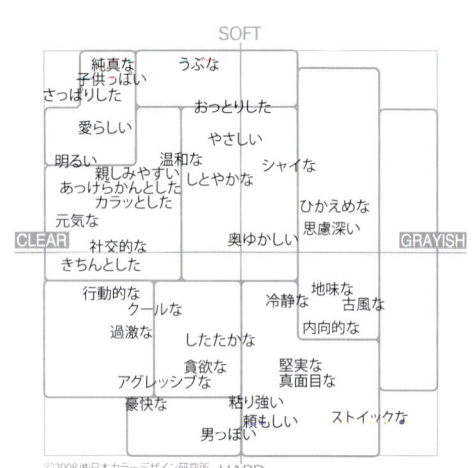

4章
キャラクターの表現

萌え系、癒し系…。現代は、キャラなしでは、会話が成り立たない時代とさえいわれている。4章では代表的なキャラクターを集め、キーカラーと配色パターンを紹介している。

キャラクターの表現
お調子者

形容 おもしろい 楽しい 陽気な ちゃっかりした
ユーモラスな ひょうきんな にぎやかな
軽快な 気楽な ポップな 自由奔放な

キャラクター

- クラスに必ず一人はいる、人を笑わせるのが生きがいのような、明るい性格。
- 要領がよく、相手の意見に合わせるのは上手だが、軽く見られてしまうこともある。
- 失敗をしたり責められたりしても、言い訳がうまく、ジョークでかわしてしまう。

キーカラーと配色

Y/V 黄 イエロー
元気で陽気な印象を与える黄色。いるだけで周囲が明るくなるような、なごやかな雰囲気を表現する。

YR/V 橙(だいだい) オレンジ
快活さを感じさせるオレンジは、フレンドリーで親しみやすいイメージを伝えるときに必須の色。

B/B 空色 スカイ・ブルー
軽さを表す空色。イエローやピンクと合わせると、ソフトなカジュアルイメージになる。

RP/B 桃色 ローズ・ピンク
楽しさをイメージさせるローズ・ピンク。少し子供っぽいところがあるお調子者のイメージに。

R/V 赤 カーマイン
動的でアクティブなイメージの赤。お調子者のにぎやかでカジュアルなイメージが表現できる。

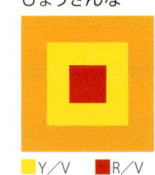

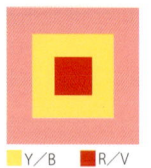

なごませる	YR/B	YR/S
陽気な	YR/V	R/V
おどける	RP/B	P/V
おっちょこちょい	Y/B	GY/S
ひょうきんな	Y/V	R/V
八方美人	R/P	Y/Vp
ポップな	Y/V	P/B
ユーモラスな	YR/Vp	RP/B
軽快な	Y/V	N9.5
自由奔放な	Y/V	P/S
気楽な	GY/B	N9.5
ちゃっかりした	Y/B	R/V
楽しい	N9.5	PB/V
にぎやかな	Y/V	G/V
おもしろい	YR/V	N9.5

| 動き | なごませる おどける | 名詞 | おっちょこちょい 八方美人 | 関連 | 喜び→ P.12 自由→ P.36 積極的な→ P.88 明るい→ P.90 | 人気者→ P.126 |

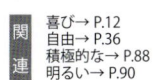

デザインモチーフ

連想イメージ
○表情：エヘヘと笑う
○しぐさ：おどける　頭をかく　こける
○場面・場所：祭り　宴会　大阪
○楽器・音：ピッコロ　小太鼓　笑い声
○食べ物・香り：バナナ　スナック菓子
○動物：チンパンジー　ハムスター　河童
○形・柄：円　音符　動物柄　横縞
○素材・質感：プラスチック　コットン
○職業・仕事：お笑い芸人　司会者
○例：磯野カツオ　フーテンの寅さん　ピエロ
○そのほか：ニコニコマーク　バラエティ番組　ギャグ　ユーモア　ボケキャラ

デザインパターン：渦巻きをモチーフにした例

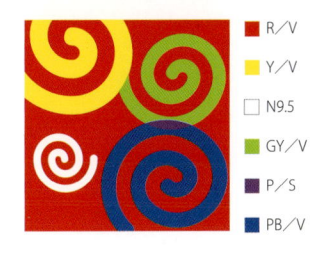

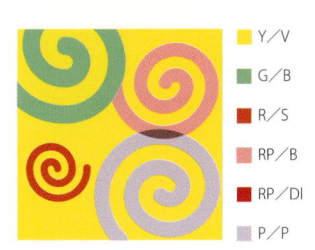

YR／V, Y／V, B／B, GY／B, R／B, R／V
GY／B, PB／B, Y／V, R／B, RP／V, YR／V
B／B, Y／V, P／L, N9.5, RP／P, RP／B
R／V, Y／V, N9.5, GY／V, P／S, PB／V
Y／V, G／B, R／S, RP／B, RP／Dl, P／P
RP／B, B／P, GY／B, R／S, YR／B, Y／V

イメージプロフィール

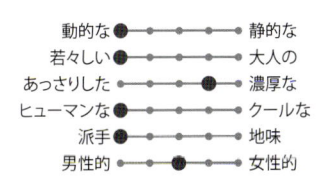

動的な ●────── 静的な
若々しい ●────── 大人の
あっさりした ──●── 濃厚な
ヒューマンな ●────── クールな
派手 ●────── 地味
男性的 ────●── 女性的

カラーイメージ

カジュアルイメージ、プリティイメージを中心に、派手なトーンや明るいトーンの色相配色にする。

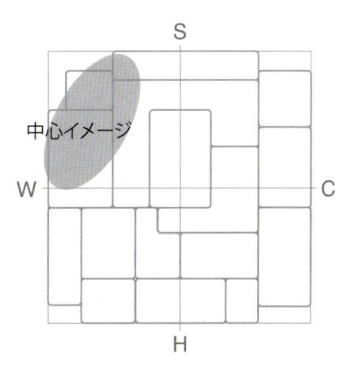

中心イメージ

4章　キャラクターの表現

キャラクターの表現
愛され系

形容: かわいい　ラブリーな　キュートな　ガーリーな　うららかな　素直な　親しみやすい　キラキラ　気楽な　ふわふわ　ほのぼのした

キャラクター

- 可愛らしく愛嬌があり、だれからも好かれる万人受けのキャラクター。
- いつも微笑を絶やさない、人懐っこく明るい性格。
- 春の陽射しのように、ぽかぽかと温かな雰囲気がただよう。

キーカラーと配色

RP／P
うす桃色
モーブ・ピンク

可憐で少女的なプリティさを演出するピンク。ういういしくソフトなイメージにふさわしい色。

P／Vp
淡藤色(うすふじいろ)
ペール・ライラック

ロマンチックさやファンタジーの世界を演出する色。愛され系のういういしさを表現したいときに。

Y／B
たまご色
カナリヤ・イエロー

陽だまりのような明るさと温かさを感じさせる色。快活な印象を表現したい場合に使いたい。

YR／P
夕陽色
サンセット

なじみやすくのびのびとしたイメージの色。おっとりとした性格やゆるやかな印象を出したいときに。

RP／V
赤紫
マゼンタ

女の子のキュートさを表す色。元気で活発なイメージに加え、セクシーさも感じさせる色である。

キュートな　N9.5／RP／B	かわいい　RP／B／Y／P	美少女　RP／B／Y／Vp
うららかな　RP／P／Y／Vp	素直な　R／Vp／N9.5	メルヘン　Y／Vp／BG／Vp
親しみやすい　YR／P／R／B	キラキラ　B／B／N9.5	気楽な　YR／P／YR／B
ふわふわ　R／Vp／YR／B	のんびり屋　R／Lgr／Y／Vp	ほのぼのした　Y／Vp／YR／L
ラブリーな　RP／B／Y／Vp	ガーリーな　P／P／RP／S	ときめく　RP／B／Y／V

| 動き | ときめく | 名詞 | 美少女　メルヘン　のんびり屋 | 関連 | 愛情→ P.18
幸福感→ P.28
夢心地→ P.30
ときめき→ P.34 | 甘えん坊な→ P.98
純真な→ P.100 |

デザインモチーフ

連想イメージ

- ○表情：笑顔　にっこり　えくぼ
- ○しぐさ：小首をかしげる　きょとんとする
- ○場面・場所：春の花園　遊園地
- ○楽器・音：オルゴール　猫なで声　子供っぽい声
- ○食べ物・香り：スイーツ　綿あめ　マシュマロ
- ○動物：子犬　子猫　ウサギ　ヒヨコ

- ○形・柄：ハート　リボン　小花柄　水玉
- ○素材・質感：ふんわりした　白いファー　ビーズ
- ○職業・仕事：アイドル　メイドさん
- ○例：キティちゃん　テディベア　ピーターラビット　キューピー人形　くまのプーさん　ピカチュウ
- ○そのほか：妖精　天使　ぬいぐるみ

デザインパターン：ハートをモチーフにした例

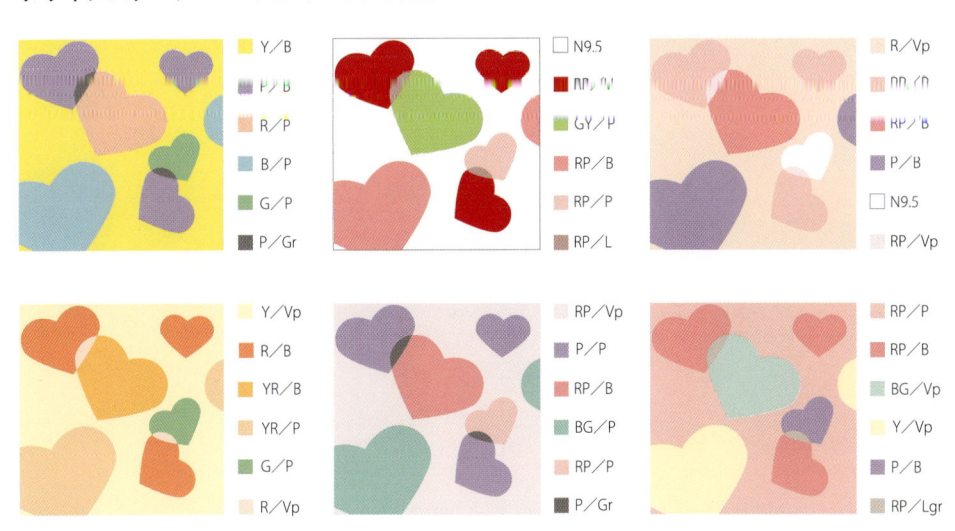

イメージプロフィール

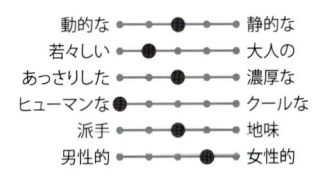

動的な ●—— 静的な
若々しい ——● 大人の
あっさりした ——● 濃厚な
ヒューマンな ●—— クールな
派手 ——● 地味
男性的 ——● 女性的

カラーイメージ

プリティやウォームなナチュラルイメージを中心に、明るいトーンでまとまりの配色とする。

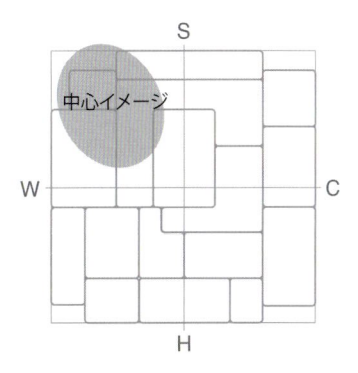

4章　キャラクターの表現

キャラクターの表現
癒し・なごみ系

形容: ほのぼのした　ゆるい　おっとりした
おおらかな　ここちよい　うるおいのある
やすらかな　やさしい　ふわふわした

キャラクター

● 肩の力が抜けた自然体が持ち味の、安らぎやくつろぎを感じさせるキャラクター。
● そこにいるだけで場がなごんでしまうような、ほんわかとしたやさしい雰囲気。
● いつもマイペースで、身のこなしや会話の反応もおっとりしている。

キーカラーと配色

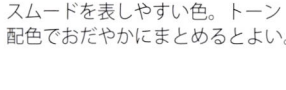

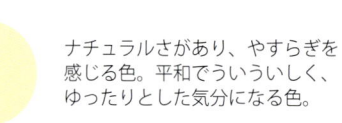

R/P　とき色　フラミンゴ
気分がほっとするようなリラックスムードを表しやすい色。トーン配色でおだやかにまとめるとよい。

Y/Vp　象牙色　アイボリー
ナチュラルさがあり、やすらぎを感じる色。平和でういういしく、ゆったりとした気分になる色。

GY/Vp　利休(久)白茶(りきゅうしらちゃ)　ペール・シャルトルーズ
自然の清らかさに浸り、癒されるシーンにふさわしい色。リフレッシュやエコのイメージもある。

YR/L　丁子色(ちょうじいろ)　ベージュ
木や生成りなどの自然素材の色である。なじみやすさを表現したいときにトーン配色でまとめる。

RP/P　うす桃色　モーブ・ピンク
ホッと気分を和らげてくれる色。疲れた気分を癒してくれるようなやさしさを表現したいときに。

ほのぼのした — YR/P　Y/Vp
なごむ — YR/P　R/L
ほっとする — R/Vp　RP/Vp
リラクゼーション — YR/P　YR/L
ゆるい — R/Vp　R/P
おおらかな — G/Vp　RP/Vp
ここちよい — BG/Vp　N9.5
うるおいのある — N9.5　P/P
やすらかな — GY/P　G/Lgr
くつろぐ — R/P　Y/Vp
自然体 — YR/P　Y/Vp
おっとりした — YR/Vp　YR/P
やさしい — RP/Vp　Y/Vp
ふわふわした — RP/Vp　Y/Vp
癒される — P/L　B/Vp

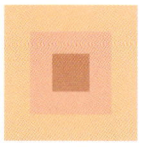

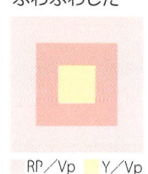

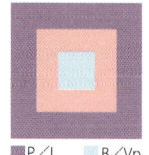

動き	癒される　なごむ　ほっとする　くつろぐ	名詞	リラクゼーション　自然体	関連	愛情→ P.18　ここちよさ→ P.22　幸福感→ P.28　やすらぎ→ P.42	温かい→ P.92　やさしい→ P.94

デザインモチーフ

連想イメージ

- 表情：微笑みをうかべた
- しぐさ：くつろぐ　あくびをする
- 場面・場所：野原　陽だまり　森　浜辺
- 楽器・音：アコースティックギター　ウクレレ　せせらぎ　さえずり
- 食べ物・香り：メロンパン　自然食品　菜食
- 動物：ラッコ　ヒツジ　マンボウ　コアラ
- 形・柄：楕円　流水柄　葉
- 素材・質感：ガーゼ　スポンジ　タオル
- 職業・仕事：保育士　看護師　声優　絵本作家　セラピスト
- 例：ハイジ　トトロ　リラックマ　ミッフィー　シナモン
- そのほか：セラピー　森林浴　エコ　菜園　聖母　身体にやさしい　ヒーリング　手づくり　ペット

デザインパターン：流水をモチーフにした例

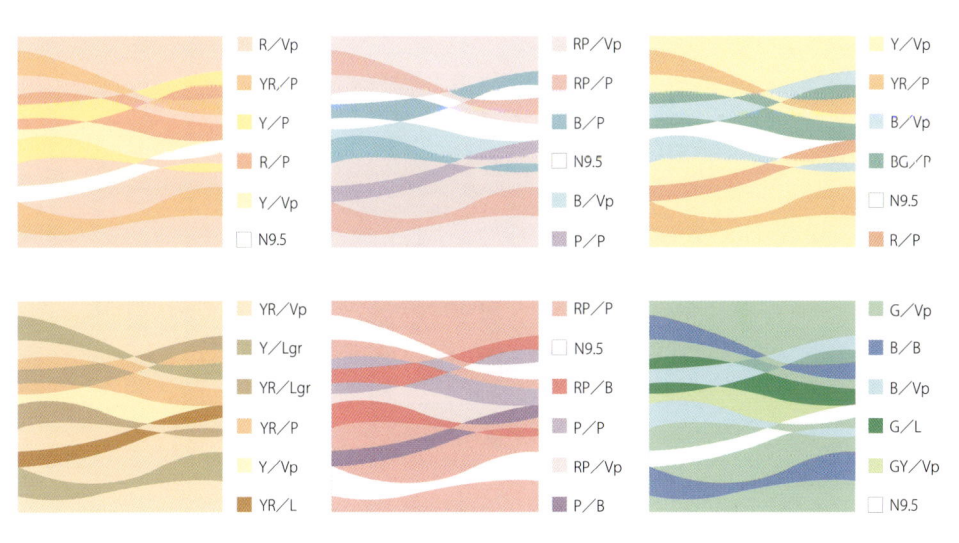

（パターン1）R／Vp　YR／P　Y／P　R／P　Y／Vp　N9.5

（パターン2）RP／Vp　RP／P　B／P　N9.5　B／Vp　P／P

（パターン3）Y／Vp　YR／P　B／Vp　BG／P　N9.5　R／P

（パターン4）YR／Vp　Y／Lgr　YR／Lgr　YR／P　Y／Vp　YR／L

（パターン5）RP／P　N9.5　RP／B　P／P　RP／Vp　P／B

（パターン6）G／Vp　B／B　B／Vp　G／L　GY／Vp　N9.5

イメージプロフィール

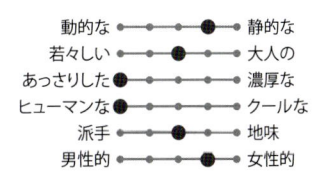

- 動的な ――――― 静的な
- 若々しい ――――― 大人の
- あっさりした ――――― 濃厚な
- ヒューマンな ――――― クールな
- 派手 ――――― 地味
- 男性的 ――――― 女性的

カラーイメージ

ナチュラルやロマンチック、エレガントイメージを中心にした、トーン差の弱いまとまりの配色が表現しやすい。

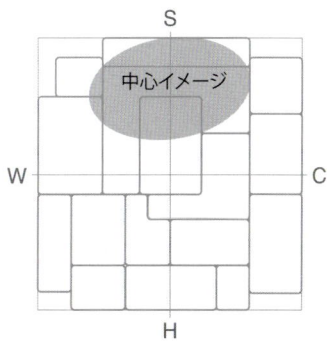

中心イメージ：S / W / C / H

4章　キャラクターの表現

キャラクターの表現
人気者

形容：明るい　親切な　健康的な　頼もしい　かっこいい　はつらつとした　清潔感のある　きびきびした　さっぱりした

キャラクター

- ユーモアたっぷりのつっこみで、いつもその場の雰囲気を盛り上げてくれる。
- 明るく前向きで、逆境にめげない性格が、周囲の信頼を得ている。
- 運動神経抜群で、エースピッチャーやチームのキャプテンとして活躍する。

キーカラーと配色

YR/B　あんず色　アプリコット
誰にでもフレンドリーで、身近な印象を与える色。健康的で、なごやかな雰囲気を表現したいときに。

Y/B　たまご色　カナリヤ・イエロー
弾むような若々しさを感じさせる色。元気で朗らかなキャラクターを表すには欠かせない色。

PB/V　青紫　ウルトラマリン
スピーディな身のこなしを感じさせる色。白と組み合わせ、清潔感やスポーティなイメージを表現。

GY/V　黄緑　イエロー・グリーン 
フレッシュで健全なイメージを与える色。公正で分け隔てなく人と接する人柄の表現にふさわしい。

PB/Dk　紺色、藍色（あいいろ）　ダーク・ミネラル・ブルー
きちんとして、礼儀正しいイメージの色。赤と合わせると、行動的なリーダーシップが表現できる。

親切な
Y/V　R/V

健康的な
Y/Vp　GY/V

がんばる
YR/Dgr　YR/Dl

アイドル
RP/B　R/V

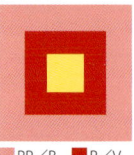

明るい
N9.5　YR/V

はつらつとした
GY/V　YR/V

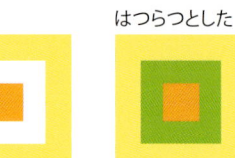

優等生
B/S　N9.5

清潔感のある
N9.5　BG/Vp

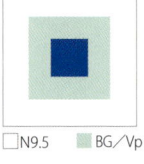

スポーツマン
N9.5　R/V

きびきびした
Y/V　PB/Dp

声援を送る
Y/V　N9.5

さっぱりした
N9.5　PB/V

頼もしい
YR/Gr　R/Dgr

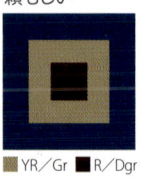

リーダーシップ
R/V　YR/S

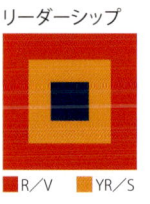

かっこいい
N9　PB/Dp

| 動き | がんばる 声援を送る | 名詞 | アイドル　優等生 スポーツマン リーダーシップ | 関連 | ときめき→P.34 爽快→P.48 積極的な→P.88 明るい→P.90 | さっぱりした→P.104 頼もしい→P.112 お調子者→P.120 |

デザインモチーフ

連想イメージ

○表情：明るい笑顔　はきはきと話す
○しぐさ：白い歯を見せて笑う　ガッツポーズ
○場面・場所：教室　グラウンド　体育館
○楽器・音：マーチングバンド
○食べ物・香り：清涼飲料　柑橘系
○動物：イルカ

○形・柄：チェック　ストライプ
○素材・質感：デニム
○職業・仕事：スポーツ選手　熱血先生　アイドル
○例：ミッキーマウス　ジャニーズ系
○そのほか：まとめ役　リーダー　チームワーク
　　　　　　4番打者　青春ドラマ

デザインパターン：ストライプをモチーフにした例

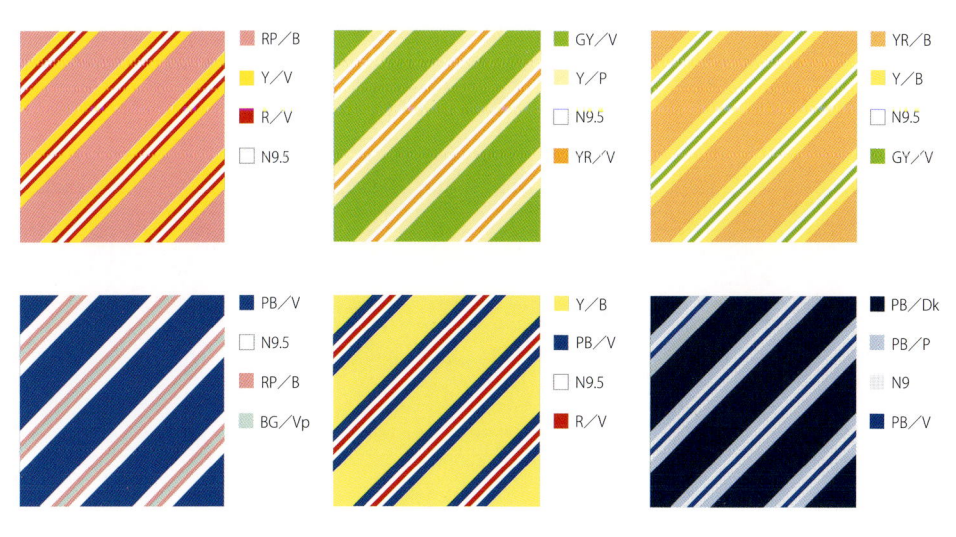

RP/B　Y/V　R/V　N9.5

GY/V　Y/P　N9.5　YR/V

YR/B　Y/B　N9.5　GY/V

PB/V　N9.5　RP/B　BG/Vp

Y/B　PB/V　N9.5　R/V

PB/Dk　PB/P　N9　PB/V

イメージプロフィール

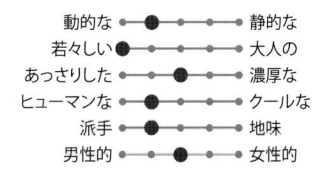

動的な ●――― 静的な
若々しい ● ――― 大人の
あっさりした ● ――― 濃厚な
ヒューマンな ● ――― クールな
派手 ● ――― 地味
男性的な ● ――― 女性的

カラーイメージ

カジュアルやクールカジュアルイメージを中心に、セパレーションやきわだちの配色で動的な印象を強調する。

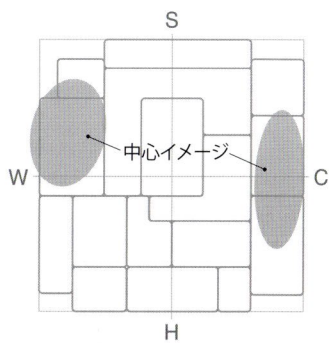

中心イメージ

4章　キャラクターの表現

キャラクターの表現
お嬢様

形容　清楚な　しとやかな　やさしい　おっとりした
ひかえめな　エレガントな　上品な　気品のある
気高い　麗しい　素敵な

キャラクター

- 格式の高い家に生まれ、知性と教養を身につけながら育った清楚な女性。
- 自然に身につけたマナーや立ち居振る舞いが、優雅さを感じさせる。
- 美術、文学、伝統に造詣が深く、ピアノやフルート、バイオリンなどをたしなむ。

キーカラーと配色

P／Vp
淡藤色（うすふじいろ）
ペール・ライラック

しなやかで上品なイメージの色。全体をソフトなトーンでまとめ、繊細で細やかなイメージに。

R／Vp
さくら色
ベビー・ピンク

ういういしく温和なイメージ。ほんわかした雰囲気や、のどかなイメージを表現したいときに。

RP／P
うす桃色
モーブ・ピンク

まだあどけなさが残る、幼い少女の色。温室育ちで大切に育てられた、無垢なイメージを表現。

PB／B
サルビア色
サルビア・ブルー

清らかさと上品なイメージを感じさせる色。お嬢様の教養や知性を表現したいときに、ぴったりの色。

P／B
藤色
ラベンダー

はなやかさの中にも品格を感じる色。RP系と組み合わせると、しなやかさやセクシーさが生まれる。

清楚な	気品のある	素敵な
P／P　N9.5	PB／B　PB／Vp	N9.5　B／P

おっとりした	エレガントな	微笑む
YR／P　R／L	P／P　RP／B	RP／P　RP／B

姫	お嬢様	やさしい
N9.5　P／B	N9.5　P／Vp	YR／Vp　R／P

上品な	ひかえめな	気高い
P／Vp　P／L	N8　P／Lgr	P／S　N1.5

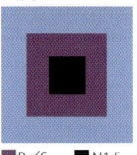

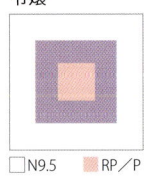

しとやかな	令嬢	麗しい
BG／Vp　N9.5	N9.5　RP／P	RP／B　RP／Vp

| 動き | 微笑む | 名詞 | お嬢様　姫　令嬢 | 関連 | 愛情→ P.18
幸福感→ P.28
優雅な→ P.46
やさしい→ P.94 | 純真な→ P.100
シャイな→ P.102 |

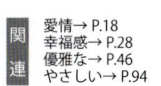

デザインモチーフ

連想イメージ

○表情：にっこりと微笑む
○しぐさ：うつむく
○場面・場所：洋館　美術館　音楽ホール　お茶室
○楽器・音：クラシック　琴　フルート
　　モーツァルト
○食べ物・香り：コース料理　ワイン　懐石　白檀
○動物：白鳥　シカ　蝶

○形・柄：小花柄　紋章
○素材・質感：レース　シルク　ビロード
　　シフォン　プラチナ　白磁
○職業・仕事：音楽家　文化事業や慈善運動
○例：かぐや姫　大和撫子
○そのほか：スズラン　藤　乗馬　ロングヘアー
　　上流社会　ミッションスクール　貴族

デザインパターン：ロングヘアーをモチーフにした例

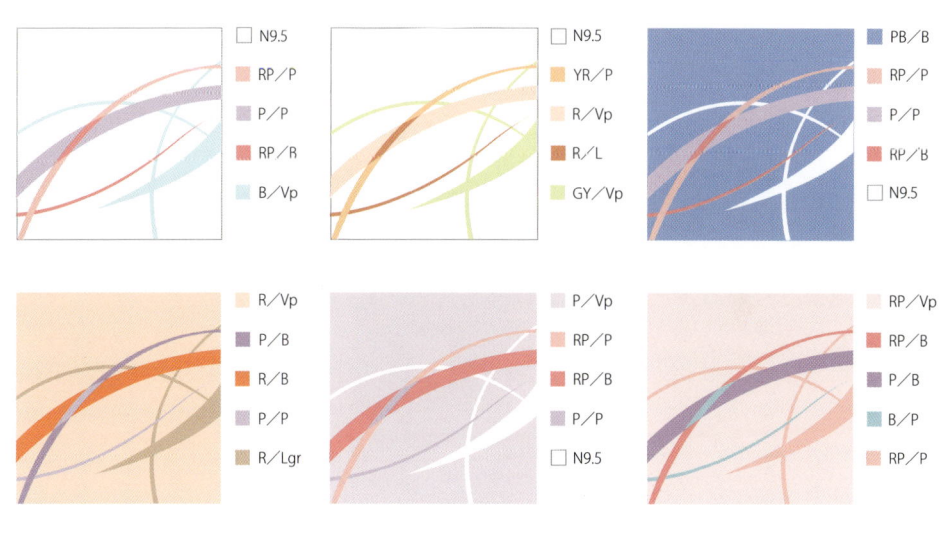

□ N9.5
□ RP／P
□ P／P
□ RP／B
□ B／Vp

□ N9.5
□ YR／P
□ R／Vp
□ R／L
□ GY／Vp

■ PB／B
□ RP／B
□ P／B
□ RP／B
□ N9.5

□ R／Vp
□ P／B
□ R／B
□ P／P
□ R／Lgr

□ P／Vp
□ RP／P
□ RP／B
□ P／P
□ N9.5

□ RP／Vp
□ RP／B
□ P／B
□ B／P
□ RP／P

イメージプロフィール

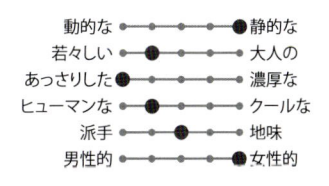

動的な ────● 静的な
若々しい ──●── 大人の
あっさりした ●─── 濃厚な
ヒューマンな ●─── クールな
派手 ──●── 地味
男性的 ───●─ 女性的

カラーイメージ

エレガント、ロマンチック、ウォームなナチュラルイメージのまとまりの配色で、やさしさや上品さを表現する。

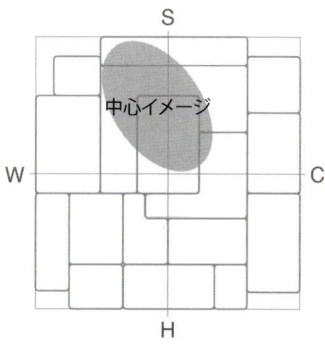

中心イメージ

S
W　　　　　　　C
H

4章　キャラクターの表現　129

| キャラクターの表現
貴公子

形容: りりしい　きりりとした　紳士的な　洗練された　高貴な　すがすがしい　涼しげな　知的な　叙情的な　甘美な

キャラクター

- 端整な顔立ちが高貴さや優雅さを感じさせる、スマートな若者。
- りりしさと清潔感があり、知的で上品な雰囲気が漂う。
- 大切なものを守るため、いざという時には命を懸けて戦いに挑む男らしさがある。

キーカラーと配色

PB/Dp　紺青(こんじょう)　ミネラル・ブルー
正統感や引き締まった感じを与える色。白や明灰色を組み合わせると、毅然とした印象になる。

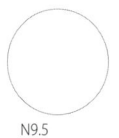

N9.5　白　ホワイト
高貴さや清潔感を与える色。曇りや濁りのない、さわやかで、若々しい雰囲気を出したいときに。

PB/L　藍ねずみ　ペール・ブルー
涼しげで洗練された印象を表現する色。同一色相か、無彩色と組み合わせ、スマートさを演出する。

P/P　うす紫　ライラック
女性的で優雅な印象の色だが、貴公子のやさしげな印象や、上品で雅やかな雰囲気にふさわしい。

PB/Dgr　濃紺(のうこん)　ミッドナイト・ブルー
騎士やジェントルマンといった、フォーマルさを感じさせる色。セパレーションでメリハリをつける。

貴公子: ☐ N9.5　■ PB/B
知的な: ☐ PB/P　■ N9
きりりとした: ☐ N8　■ N1.5
王子様: ☐ P/Vp　☐ PB/L
プリンス: ☐ B/L　☐ P/L
すがすがしい: ☐ B/Vp　☐ BG/B
りりしい: ■ PB/Dk　☐ N9.5
洗練された: ☐ N9　☐ PB/Gr
涼しげな: ☐ B/Vp　☐ PB/Dgr
甘美な: ☐ RP/Vp　☐ RP/P
叙情的な: ☐ N8　☐ G/Lgr
品格: ■ P/Dk　■ N1.5
紳士的な: ☐ PB/Lgr　■ YR/Dgr
背筋を伸ばす: ☐ B/L　☐ N9.5
高貴な: ☐ B/Vp　■ B/Dk

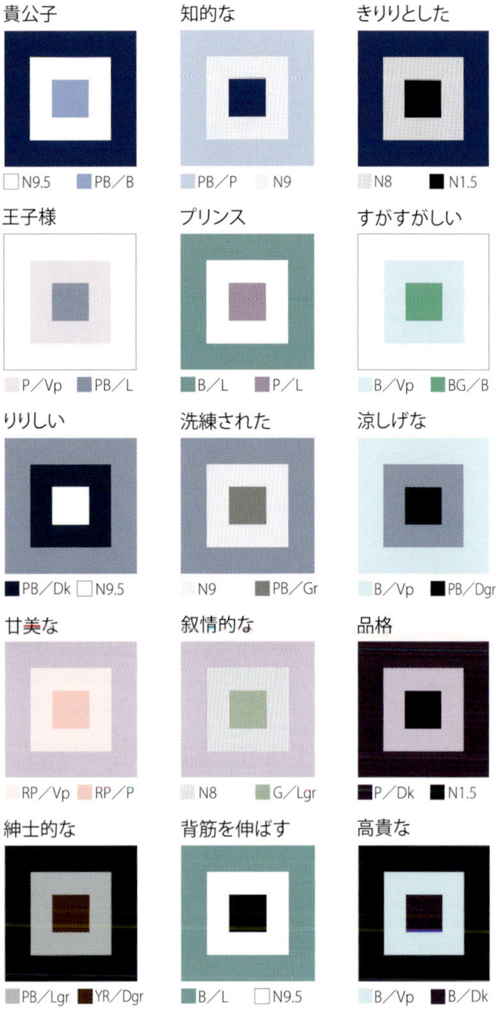

| 動き | 背筋を伸ばす | 名詞 | 貴公子　王子様　プリンス　品格 | 関連 | 優雅な→ P.46　　クールな→ P.110
純真な→ P.100
シャイな→ P.102
真面目な→ P.106 |

デザインモチーフ

連想イメージ
○表情：涼しげな笑顔　じっと見つめる
○しぐさ：しなやかな動き　礼儀正しい　よい姿勢
○場面・場所：乗馬　社交界　舞踏会　決闘場面
○楽器・音：室内楽　ワルツ
○食べ物・香り：ワイン　コース料理
○動物：白馬　ペガサス　鷹

○形・柄：ダイヤ　剣の形
○素材・質感：シルク　カシミア　ベルベット　クリスタル
○職業・仕事：俳優　モデル　演奏家　スポーツ選手
○例：広瀬光治　和泉元彌　錦織健　東儀秀樹　ベッカム
○そのほか：宝塚　色白　フェンシング　御曹司

デザインパターン：ダイヤ柄をモチーフにした例

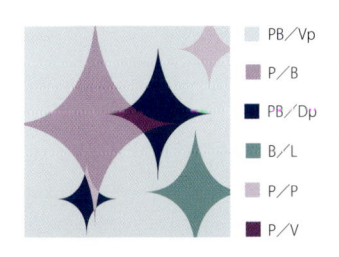

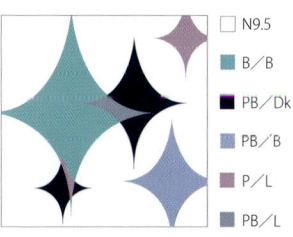

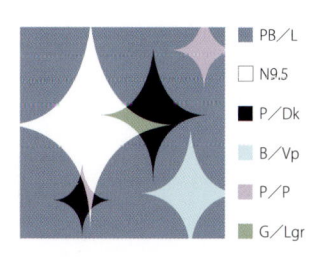

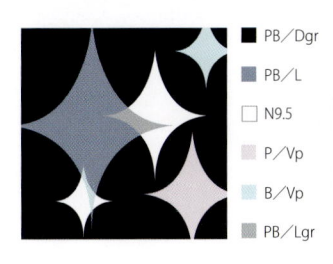

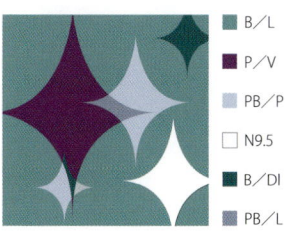

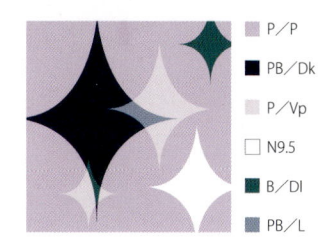

（配色見本）
1列目：
- PB/Vp, P/B, PB/Dp, B/L, P/P, P/V
- N9.5, B/B, PB/Dk, PB/B, P/L, PB/L
- PB/L, N9.5, P/Dk, B/Vp, P/P, G/Lgr

2列目：
- PB/Dgr, PB/L, N9.5, P/Vp, B/Vp, PB/Lgr
- B/L, P/V, PB/P, N9.5, B/Dl, PB/L
- P/P, PB/Dk, P/Vp, N9.5, B/Dl, PB/L

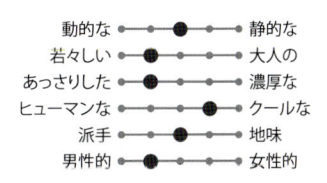

イメージプロフィール
動的な　———　静的な
若々しい　———　大人の
あっさりした　———　濃厚な
ヒューマンな　———　クールな
派手　———　地味
男性的　———　女性的

カラーイメージ
シックやフォーマルイメージを中心にクールで洗練された感覚を表現する。明暗の対比を強めるとりりしさが増す。

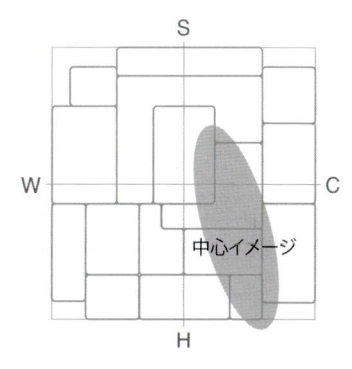

（S-W-C-H 配色マップ：中心イメージ）

4章　キャラクターの表現　131

キャラクターの表現
才色兼備

形容： スタイリッシュな　聡明な　インテリジェントな　知的な　上品な　おしゃれな　フェミニンな　行動的な　毅然とした　リッチな

キャラクター

- 人並み以上の能力をもち、容姿にも恵まれた魅力的な女性。
- 仕事もてきぱきとこなすが、服装や身だしなみのセンスにも気を遣っている。
- 姿勢がよく、きびきびした身のこなしで颯爽と歩く姿が印象的。

キーカラーと配色

PB／L　藍ねずみ　ペール・ブルー
賢さや洗練された印象を与える色。同一か類似色相のセパレーションで、きりっとした雰囲気を表現。

RP／B　桃色　ローズ・ピンク
女性的な印象を強調したいときの色。寒色系をアクセントに加えると、知的な印象が加わる。

BG／L　みずあさぎ　ベニス・グリーン
理知的な印象と、宝石のようなきらびやかさを秘めた色。セパレーション配色ですっきりとまとめる。

P／P　うす紫　ライラック
少し大人っぽい女性をイメージさせる色。清楚な感じや品のよさを表現したいときにふさわしい色。

PB／Dk　紺色、藍色　ダーク・ミネラル・ブルー
ビジネスで仕事をバリバリこなすイメージ。Y系と組み合わせると、高級感やリッチ感も出る。

スタイリッシュな
□ N9.5　■ PB／Dp

知的な
□ P／L　■ N9

聡明な
□ N9.5　■ B／V

才媛
□ N9.5　■ PB／V

フェミニンな
■ R／Vp　■ Y／Vp

ヒロイン
■ YR／Vp　■ RP／Vp

インテリジェントな
■ N8　■ PB／Dk

クールビューティ
■ PB／Dp　■ RP／Vp

国際派
□ N9.5　■ PB／V

気取る
■ BG／Vp　□ N9.5

上品な
■ PB／L　■ N9

おしゃれな
■ RP／Vp　■ PB／Dgr

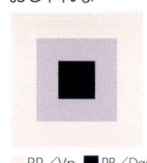

リッチな
■ Y／S　■ RP／S

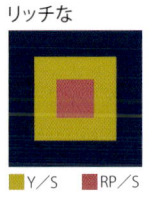

行動的な
□ N9.5　■ R／V

毅然とした
■ N6　■ P／Dp

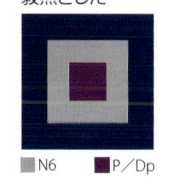

| 動き | 気取る | 名詞 | 才媛　ヒロイン
クールビューティ
国際派 | 関連 | 優雅な→ P.46
リッチ→ P.60
クールな→ P.110
社交的な→ P.116 | 頭脳派→ P.138 |

デザインモチーフ

連想イメージ

○表情：きりっとした表情
○しぐさ：すばやく歩く
○場面・場所：海外のオフィス　空港
○楽器・音：ピアノ　雅楽
○食べ物・香り：ローカロリー食品
○動物：シャム猫　ペガサス

○形・柄：装飾品や馬具などのオーナメント柄
○素材・質感：シルク混のウール
○職業・仕事：同時通訳　ニュースキャスター
　　　　　　　インストラクター　フライトアテンダント
○例：小野小町　お蝶夫人　ダイアナ妃
○そのほか：負けず嫌い　アンチエイジング　ロハス

デザインパターン：リングをモチーフにした例

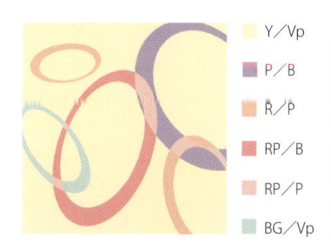

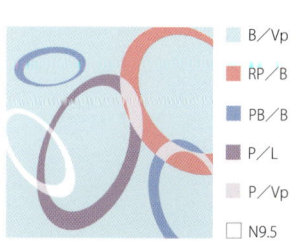

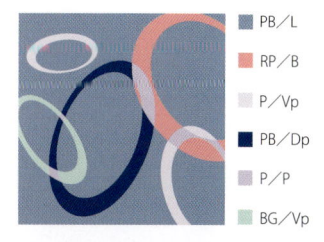

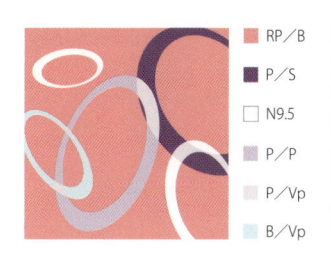

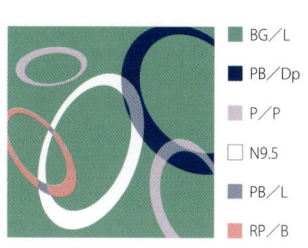

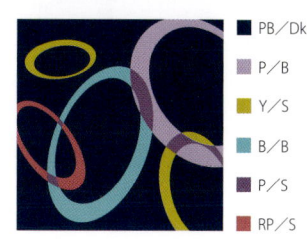

パターン1	パターン2	パターン3
Y／Vp P／B R／P RP／B RP／P BG／Vp	B／Vp RP／B PB／B P／L P／Vp N9.5	PB／L RP／B P／Vp PB／Dp P／P BG／Vp
RP／B P／S N9.5 P／P P／Vp B／Vp	BG／L PB／Dp P／P N9.5 PB／L RP／B	PB／Dk P／B Y／S B／B P／S RP／S

イメージプロフィール

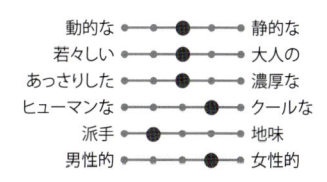

動的な ●―――― 静的な
若々しい ――●― 大人の
あっさりした ――●― 濃厚な
ヒューマンな ――――● クールな
派手 ―●―― 地味
男性的 ――●― 女性的

カラーイメージ

エレガントイメージは女性らしさを、シック、モダンイメージはスタイリッシュでスマートな印象を表現しやすい。

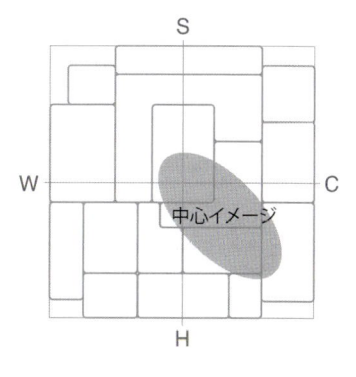

中心イメージ

4章　キャラクターの表現　133

Column

動物のイメージ

　動物は、いろいろなキャラクターのモチーフになったり、人の外見や性格の比喩としても使われる。干支のように自分と動物を結びつけて考えることは、私達にとって比較的日常的である。物流業や小売業をはじめとして、企業のシンボルマークや販促物のデザインにもよく使われる。

　ここでは、鳥や爬虫類を含む動物のイメージを形容詞と配色に置き換え、イメージスケールで整理してみた。自分の身近にいるあの人を動物にたとえるとしたら何か。自分や周囲の人をあてはめて楽しんでいただきたい。

■動物のイメージスケール

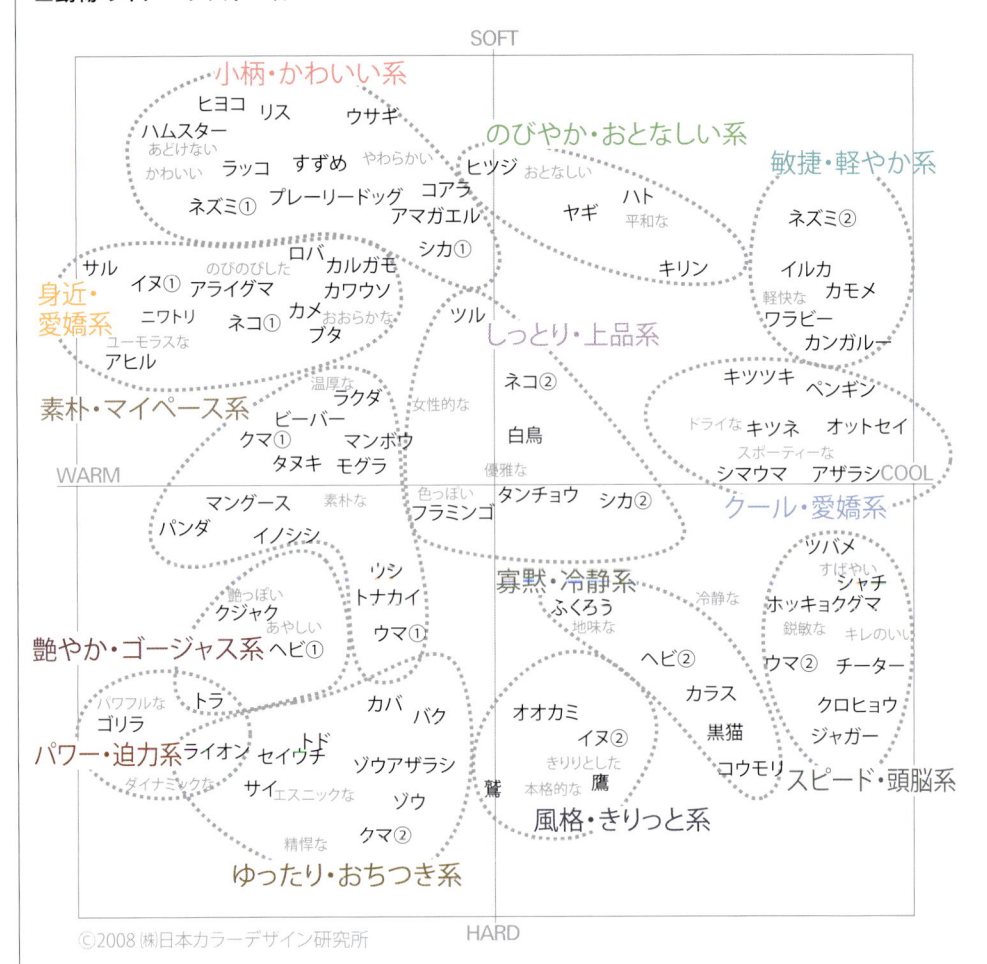

(図：動物のイメージスケール。SOFT－HARD、WARM－COOLの2軸上に動物が配置されている)

- 小柄・かわいい系：ヒヨコ、リス、ウサギ、ハムスター、ラッコ、すずめ、ネズミ①、プレーリードッグ、コアラ、アマガエル
- のびやか・おとなしい系：ヒツジ、ヤギ、ハト、キリン
- 敏捷・軽やか系：ネズミ②、イルカ、カモメ、ワラビー、カンガルー
- 身近・愛嬌系：サル、イヌ①、アライグマ、ロバ、カルガモ、カワウソ、ニワトリ、ネコ①、カメ、ブタ、アヒル、シカ①
- 素朴・マイペース系：ラクダ、ビーバー、クマ①、マンボウ、タヌキ、モグラ、マングース、パンダ、イノシシ
- しっとり・上品系：ツル、ネコ②、白鳥、タンチョウ、シカ②、フラミンゴ
- クール・愛嬌系：キツツキ、ペンギン、キツネ、オットセイ、シマウマ、アザラシ
- 艶やか・ゴージャス系：クジャク、ヘビ①、ウシ、トナカイ、ウマ①
- 寡黙・冷静系：ふくろう、ヘビ②、カラス、黒猫
- スピード・頭脳系：ツバメ、シャチ、ホッキョクグマ、ウマ②、チーター、クロヒョウ、ジャガー、コウモリ
- パワー・迫力系：ゴリラ、トラ、ライオン、セイウチ、サイ、トド
- ゆったり・おちつき系：カバ、バク、ゾウアザラシ、ゾウ、クマ②
- 風格・きりっと系：オオカミ、イヌ②、鷲、鷹

©2008 ㈱日本カラーデザイン研究所

同じ動物でも、いろいろなイメージがある。イメージを左右する大きな要因は、外見の印象である。種類によっても、大きさ、色、形、動きなどのちがいで印象が変わる。

また、子猫、子犬など、生まれたての動物の多くは可愛らしく、ウォームでソフトなイメージとしてとらえられる。

そのほか外見とは別に、民話や物語によって定着したイメージもある。日本においてキツネやタヌキは、「人を化かす動物」として受け継がれてきたし、西洋でコウモリといえば、ドラキュラのイメージと重なる。

■異なるイメージをもつ動物の例

ネコ
身近・愛嬌系　カジュアル
子猫に代表される小柄でキュートなキャラクター。じゃれながら遊びまわる愛らしさや無邪気さがある。

しっとり・上品系　エレガント
シャム猫のように、しなやかで優雅なキャラクター。物静かで、上品さや高貴さをかもしだす。

イヌ
身近・愛嬌系　カジュアル
テリアやビーグルのような人懐っこい小型犬のキャラクター。陽気で裏表のない、明るい性格である。

風格・さりっと系　ダンディ
シェパードやボクサーのような大型犬のキャラクター。自分の役割を忠実に果たし、みんなから信頼されている。

クマ
素朴・マイペース系　ナチュラル
子熊のように、コロコロと愛らしいキャラクター。動きはゆったり、のんびりしている、なごみ系である。

ゆったり・おちつき系　ワイルド
がっしりとして、力強さもある野性的なキャラクター。おちついた身のこなしとたくましさがある。

ネズミ
小柄・かわいい系　プリティ
好奇心旺盛でじっとしていられない子供のようなキャラクター。元気よく、どこか憎めない素直さもある。

敏捷・軽やか系　クリア
常にちょろちょろと動き回る、せっかちなキャラクター。頭の回転が速く、賢さももっている。

シカ
小柄・かわいい系　プリティ&エレガント
子鹿のように華奢で、どこか守ってあげたくなるようなキャラクター。純粋で健気なところがある。

しっとり・上品系　エレガント&シック
カモシカのように凛とした美しさをもつキャラクター。女性らしさを感じさせながら、毅然とした雰囲気。

ウマ
素朴・マイペース系　ハード・ナチュラル
農作業等の力仕事で活躍する馬や、ポニーのように素朴で穏やかなキャラクター。従順で、のどかな雰囲気。

スピード・頭脳系　モダン
サラブレッドのように、すらりとして品のあるキャラクター。スマートで知的な雰囲気が感じられる。

ヘビ
艶やか・ゴージャス系　ゴージャス
妖しげできらびやかなキャラクター。したたかなところがあり、常に何かを企んでいるような雰囲気。

寡黙・冷静系　シック
どこか暗く、じめっとしたキャラクター。何を考えているのかわからず、不気味な雰囲気。

4章　キャラクターの表現

キャラクターの表現
プロフェッショナル

形容　ストイックな　粘り強い　圧倒的な　緻密な
　　　　冷静な　真剣な

キャラクター

- 長年研鑽を積んで、その道の頂点を極めたエキスパート。
- モチベーションが並外れて高く、常に最高の成果を出すための努力を怠らない。
- 自分の使命に対する強い責任感をもち、最後まで気を抜かず仕事をまっとうする。

キーカラーと配色

N1.5
黒
ブラック

禁欲性や意志の強さを感じさせる色。RやYRを組み合わせると、際立った存在感を表現できる。

B/Dp
納戸色（なんどいろ）
ピーコック・ブルー

硬質で冷たいイメージを与える色。プロフェッショナルのクールな雰囲気や引き締まったイメージに。

PB/Dp
紺青（こんじょう）
ミネラル・ブルー

目的に向かって、雑念を払い意識を集中させるときの色。セパレーションでコントラストをつける。

R/Dgr
くり色
マルーン

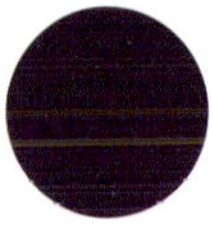

じっくりと腰を落ち着けて取り組むイメージの色。コツコツと精進を重ねる雰囲気を出したいときに。

P/Dk
茄子紺（なすこん）
プルーン

伝統的で由緒正しいイメージの色。プロフェッショナルの強い向上心やプライドを表したいときに。

ストイックな　N4　N5
圧倒的な　YR/S　R/V
カリスマ　N6　RP/V
緻密な　N6　N3
風格　N2　YR/Gr
冷静な　PB/L　N8
真剣な　N7　N1.5
集中する　B/Vp　R/V
達人　N1.5　N9.5
マイスター　Y/L　PB/Dk
職人　Y/Lgr　PB/Dgr
粘り強い　P/Dk　R/Dp
求道者　P/P　N1.5
信念　RP/Dk　N7
誇り　Y/Vp　N1.5

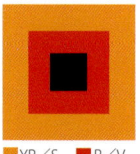

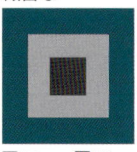

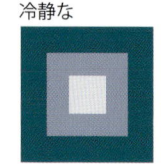

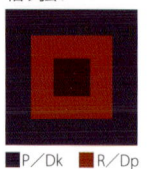

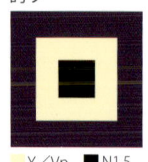

| 動き | 集中する | 名詞 | カリスマ 風格 誇り
達人 マイスター
職人 求道者 信念 | 関連 | 懸命→P.56
誇り→P.64
尊敬→P.68
真面目な→P.106 | 頼もしい→P.112
頭脳派→P.138
クリエイター→P.152 |

デザインモチーフ

連想イメージ

- ○表情：真剣なまなざし　きりっとした
- ○しぐさ：無駄の無い動き　沈思黙考する
- ○場面・場所：自分の店　工房　手術室　被災地　競技場
- ○楽器・音：尺八　刃物を研ぐ音
- ○食べ物・香り：ブラックコーヒー　玄米食
- ○動物：ジャガー

- ○形・柄：緻密な幾何学柄　大胆な抽象柄
- ○素材・質感：チタン　鋼（はがね）　皮革
- ○職業・仕事：シェフ　レスキュー隊　ダイバー　外科医　弁護士　伝統工芸作家
- ○例：ブラック・ジャック　イチロー
- ○そのほか：手入れのゆき届いた道具　万年筆　人間国宝　名器

デザインパターン：刃物をモチーフにした例

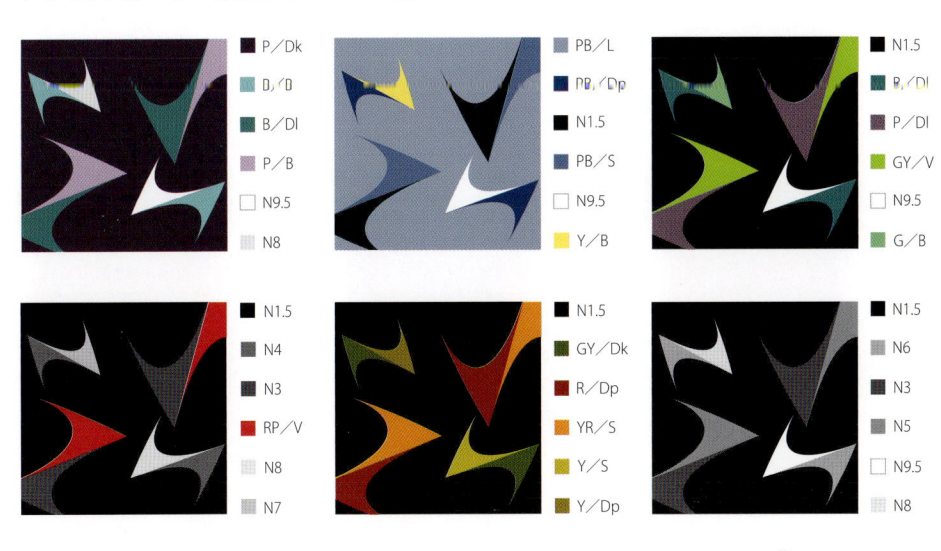

イメージプロフィール

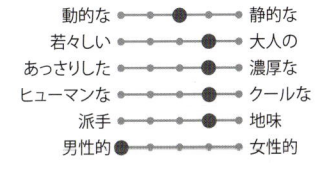

動的な ●――――― 静的な
若々しい ―――●― 大人の
あっさりした ――●―― 濃厚な
ヒューマンな ――●―― クールな
派手 ―●―――― 地味
男性的 ●――――― 女性的

カラーイメージ

モダン、ダンディイメージを中心にハードな存在感を表現する。赤やオレンジを使うと力強さが強調される。

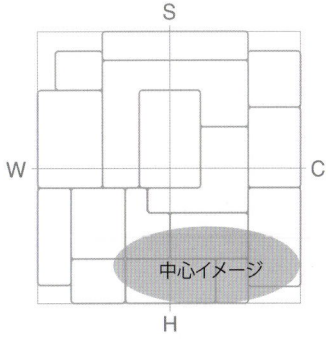

4章 キャラクターの表現

キャラクターの表現
頭脳派

形容: 頭の回転の速い　スピーディな　頭の冴えた　理性的な　几帳面な　最先端の　緻密な　精密な　学術的な

キャラクター

- データを収集し、緻密な計算をしながら目標を達成する「頭で勝負」の知性派。
- あらゆる可能性を検討し、ロジカルに物事を考え、瞬時に答えを出す。
- 困難にぶつかっても冷静に解決策を考え、くよくよ悩まずに合理的に行動する。

キーカラーと配色

PB/Dp　紺青（こんじょう）　ミネラル・ブルー
知性や思考の深さをイメージさせる色。トーン配色ですっきりまとめ、明晰さを強調する。

Y/B　たまご色　カナリヤ・イエロー
素早さや、ひらめきをイメージさせる色。寒色系と合わせることで、スピード感が生まれる。

PB/Dgr　濃紺（のうこん）　ミッドナイト・ブルー
メカニックで精緻なイメージの色。的確に正解をはじき出す能力の優秀さを表現したいときに。

B/V　青　セルリアン・ブルー 
クリアで冷たく、シャープな印象の色。白と相性がよく、明快さやスピード感を出しやすい。

N1.5　黒　ブラック
モダンでシャープなイメージをもつ色。ウォームな色と合わせると、学術的なイメージも生まれる。

配色例：

- 理性的な：PB/L　N8
- 計算する：B/Vp　PB/L
- 几帳面な：N9.5　B/V
- ひらめく：G/B　PB/S
- 頭の回転の速い：PB/B　PB/V
- 最先端の：PB/Dk　B/S
- 緻密な：N9　PB/L
- エリート：P/P　N9.5
- 理数系：N8　PB/V
- スピーディな：N9.5　PB/V
- 科学者：PB/Dgr　N9
- 頭の冴えた：N9.5　B/L
- 精密な：PB/L　PB/Dl
- 学術的な：YR/Dgr　Y/Gr
- 研ぎ澄ます：PB/L　N9.5

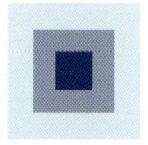

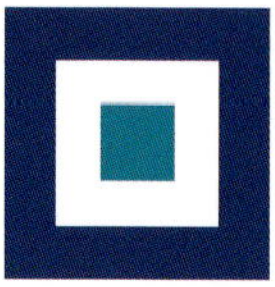

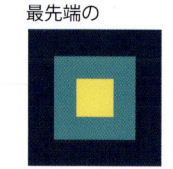

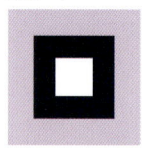

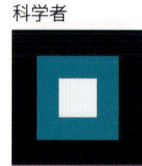

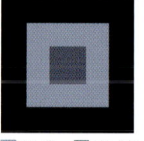

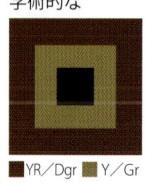

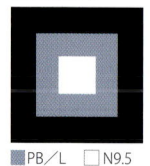

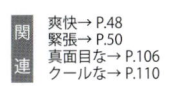

動き	計算する 研ぎ澄ます ひらめく	名詞	理数系　科学者 エリート	関連	爽快→ P.48 緊張→ P.50 真面目な→ P.106 クールな→ P.110

オタク→ P.154

デザインモチーフ

連想イメージ

○表情：メガネが似合う　思索する
○しぐさ：腕を組む　あごに手をあてる
○場面・場所：NASA　管制塔　図書館　実験室
○楽器・音：環境音楽　ミニマル・ミュージック
○食べ物・香り：機能性飲料　栄養補助食品
○動物：キツネ

○形・柄：縦ストライプ　幾何学柄
○素材・質感：仕立てのよいウール
○職業・仕事：外交官　名探偵　棋士　エンジニア
　プログラマー　数学者　スパイ　ハッカー
○例：羽生善治　シャーロック・ホームズ
○そのほか：ホログラム　バーチャル・リアリティ
　チェス　人工知能

デザインパターン：化学式をモチーフにした例

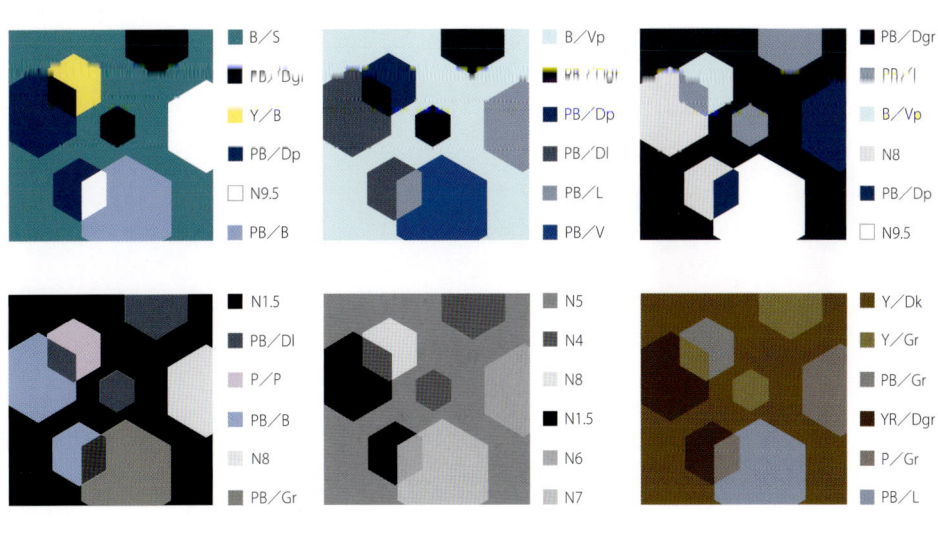

	B／S PB／Dgr Y／B PB／Dp N9.5 PB／B
	B／Vp PB／Dgr PB／Dp PB／Dl PB／L PB／V
	PB／Dgr PB／L B／Vp N8 PB／Dp N9.5
	N1.5 PB／Dl P／P PB／B N8 PB／Gr
	N5 N4 N8 N1.5 N6 N7
	Y／Dk Y／Gr PB／Gr YR／Dgr P／Gr PB／L

イメージプロフィール

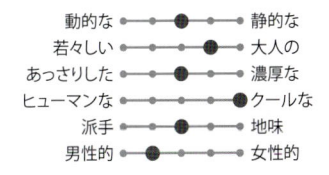

動的な ●――― 静的な
若々しい ―●―― 大人の
あっさりした ―●―― 濃厚な
ヒューマンな ――●― クールな
派手 ●――― 地味
男性的 ●――― 女性的

カラーイメージ

モダン、クールカジュアルイメージで、先進性やスピード感を表現する。黄色を入れると、素早さが強調される。

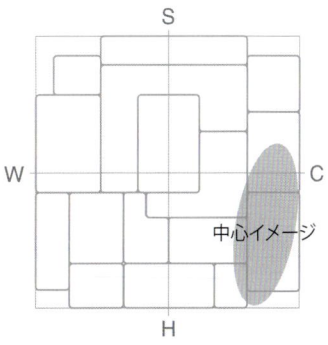

S / W / C / H
中心イメージ

4章　キャラクターの表現

キャラクターの表現	形容	風格のある　どっしりとした　堂々とした
# 大御所		円熟した　味わい深い　頼もしい　渋い
		深みのある　充実した　オーセンティックな

キャラクター

- 芸能やスポーツなど、各界のベテランの中でも、支配的な力をもった長老的存在。
- どっしりと構えて、些細なことには動じないおちつきと風格がそなわっている。
- 満を持して登場し、エンディングにふさわしいパフォーマンスで聴衆を魅了する。

キーカラーと配色

R／Dgr　くり色　マルーン
大地に根を下ろしたような重厚感をイメージさせる色。年輪を重ねた風格を表現したいときに。

YR／Dk　たばこ色　コーヒー・ブラウン 
円熟みを表す色。類似トーンのまとまりの配色で、大御所の深みとおちついた雰囲気を表現する。

P／Dk　茄子紺(なすこん)　プルーン
古典的かつ伝統的な印象を与える色。反対色相と組み合わせ、豊かで趣のある雰囲気を出す。

GY／Dgr　みる色　シー・ウィード
苔むしたような渋さと時間の蓄積を感じさせる色。少し苦みもある大人好みの雰囲気にしたいときに。

N2　暗灰色　チャコール・グレー
無駄をそぎ落としたイメージの色。第一人者として君臨する静かな迫力と強さを演出する。

風格のある
N5　PB／Dk

長老
N4　YR／Gr

どっしりとした
N3　N4

円熟した
Y／Dp　P／Dk

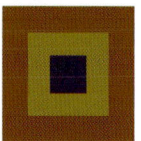

年輪を刻む
YR／Gr　R／Dgr

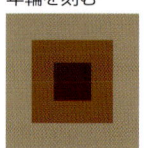

熟練
RP／Dp　YR／Dl

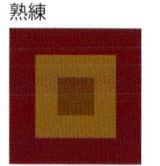

貫禄
Y／Dk　YR／S

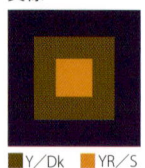

味わい深い
YR／Dl　YR／Lgr

充実した
Y／L　R／Dp

頼もしい
Y／S　R／Dp

渋い
GY／Gr　Y／Dp

深みのある
Y／DK　Y／Gr

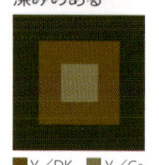

オーセンティックな
N6　YR／Dgr

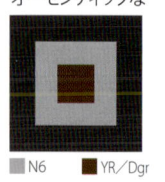

堂々とした
Y／Gr　Y／Dk

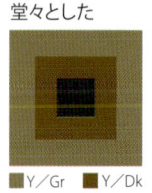

権威
PB／Dgr　Y／Dp

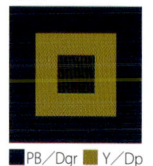

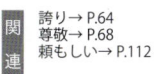

動き	年輪を刻む	名詞	貫禄　熟練 長老　権威	関連	誇り→ P.64 尊敬→ P.68 頼もしい→ P.112

デザインモチーフ

連想イメージ

- ○表情：感情を表に出さないおちついた表情
- ○しぐさ：大きくうなずく　大勢を見守る
- ○場面・場所：本陣　本丸　祭典
- ○楽器・音：コントラバス　詩吟　オーケストラ
- ○食べ物・香り：天ぷらや寿司などの和食　ヴィンテージワイン
- ○動物：ボス猿　ゾウアザラシ
- ○形・柄：亀甲柄や青海波などの伝統文様
- ○素材・質感：黒光りした古木　いぶし銀　使い込んだ銅や革
- ○職業・仕事：大工の棟梁　ベテランミュージシャン　殿堂入りしたスポーツ選手
- ○例：森繁久彌　松本幸四郎　大鵬　長嶋茂雄　渡辺貞夫　エリック・クラプトン
- ○そのほか：重鎮　長老　首領（ドン）　毛筆　トリ（最後に出演する者）

デザインパターン：山並みをモチーフにした例

YR/Lgr	Y/Lgr
YR/Gr	GY/Gr
Y/Dk	Y/L
P/Gr	Y/Dl
N3	Y/Dk
R/Dgr	YR/Dgr

N5	
N7	
PB/Gr	
N4	
N3	
N2	

YR/Vp	GY/Vp	P/Lgr
YR/Lgr	GY/Lgr	P/Gr
YR/L	GY/L	P/Dk
YR/Dp	GY/Dl	YR/Gr
R/Dk	GY/Dk	R/Dk
YR/Dgr	GY/Dgr	R/Dgr

イメージプロフィール

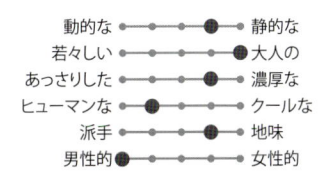

- 動的な ──●── 静的な
- 若々しい ──●── 大人の
- あっさりした ──●── 濃厚な
- ヒューマンな ──●── クールな
- 派手 ──●── 地味
- 男性的 ●── 女性的

カラーイメージ

クラシックやダンディイメージで、重厚感とおちつきを表現する。YRやY系を入れると円熟みや充実感が増す。

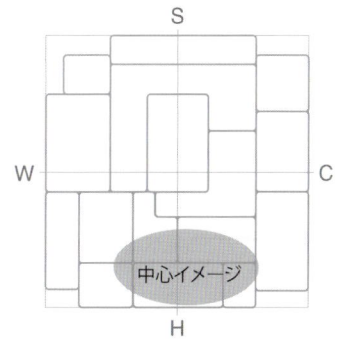

4章　キャラクターの表現

キャラクターの表現
革命児

形容: 情熱的な　先鋭的な　行動的な　勇敢な　とんがった　型破りの　アヴァンギャルドな　華麗な

キャラクター

- 常識や既存の体制を覆し、時代を変える思想やパワーをそなえた反逆者、先駆者。
- 周囲に惑わされずに、自分の意志を最後まであきらめずに貫き通す信念がある。
- 新しい発想や技術、製品やサービスで、世界を変革させるイノベーター。

キーカラーと配色

R/V　赤　カーマイン
エネルギーとパワーを象徴する色。黒や紺とのきわだちの配色で、圧倒的な力強さを表現する。

Y/S　うこん色　ゴールド
黄金を想わせる色。豊かで満ちたりたイメージに加え、勝利や栄冠といった表現にふさわしい。

PB/V　青紫　ウルトラマリン
前に向かって一直線に進むイメージの色。赤をアクセントに加えると、動的な変化や強さが生まれる。

P/V　紫　パープル
非日常感や斬新さを連想させる色。反対色相の黄やオレンジを加えると、ラジカルさが強調される。

N1.5　黒　ブラック
大胆さや鋭さを感じさせる色。アクセントに赤を加えると、並外れたイメージが強調される。

革命: Y/V　N1.5
情熱的な: N1.5　YR/V
挑む: Y/Vp　PB/Dp
打ち破る: R/Dp　R/V
栄誉: P/Dp　Y/V
華麗な: RP/V　P/Dp
革新する: Y/Vp　RP/V
先鋭的な: PB/Dk　N9.5
勇敢な: N1.5　R/S
型破りの: Y/V　RP/V
アヴァンギャルドな: RP/S　YR/V
異端児: Y/B　B/Dk
カリスマ: N8　R/S
とんがった: B/S　N9.5
行動的な: B/V　R/V

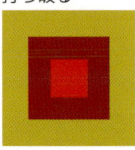

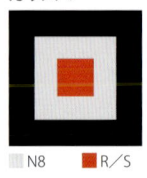

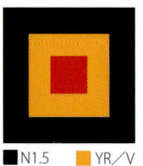

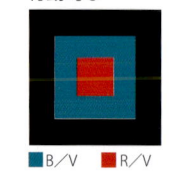

動き	革新する　挑む　打ち破る	名詞	革命　カリスマ　栄誉　異端児	関連	怒り→ P.20　　　　　クリエイター→ P.152 感動→ P.52 懸命→ P.56 アグレッシブな→ P.114

デザインモチーフ

連想イメージ

○表情：にらみつける　歯を食いしばる
○しぐさ：先導する　立ち上がる
○場面・場所：戦場　シリコンバレー
○楽器・音：ヘヴィメタル　不協和音
○食べ物・香り：無国籍風料理　激辛
○動物：竜　トラ

○形・柄：稲妻　閃光　亀裂
○素材・質感：ザラッとした質感
○職業・仕事：発明家　パルチザン　芸術家
○例：ジャンヌ・ダルク　手塚治虫　岡本太郎
　　黒澤明　ザ・ビートルズ　ビル・ゲイツ
○そのほか：パイオニア　バサラ

デザインパターン：稲妻をモチーフにした例

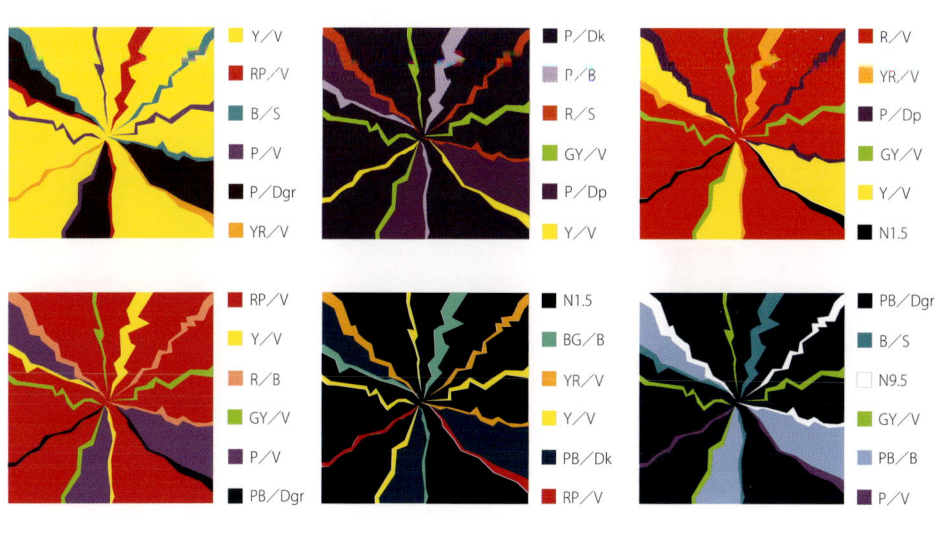

Y／V
RP／V
B／S
P／V
P／Dgr
YR／V

色
P／Dk
P／B
R／S
GY／V
P／Dp
Y／V

色
R／V
YR／V
P／Dp
GY／V
Y／V
N1.5

色
RP／V
Y／V
R／B
GY／V
P／V
PB／Dgr

色
N1.5
BG／B
YR／V
Y／V
PB／Dk
RP／V

色
PB／Dgr
B／S
N9.5
GY／V
PB／B
P／V

イメージプロフィール

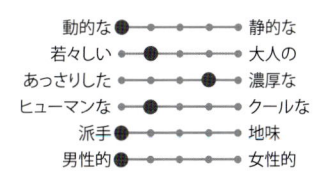

動的な ●―――― 静的な
若々しい ――●― 大人の
あっさりした ―●―― 濃厚な
ヒューマンな ●――― クールな
派手 ●――― 地味
男性的 ●――― 女性的

カラーイメージ

ダイナミックやモダンイメージで、革新的なパワーを表現する。赤を入れると肉体的な力強さや炎のイメージになる。

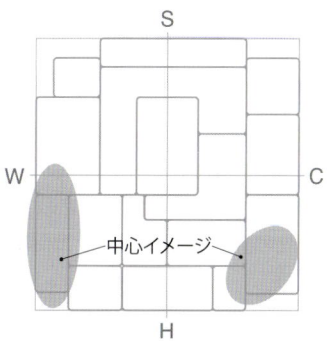

中心イメージ

4章　キャラクターの表現

キャラクターの表現
ミステリアス

形容 ミステリアスな　神秘的な　謎めいた　不思議な　深遠な　神聖な　荘厳な　スピリチュアルな　エキゾチックな

キャラクター

- どことなく不思議なムードが漂う、神秘的で謎めいた雰囲気のキャラクター。
- 声のトーンが低く言葉数も少ないが、ひと言ひと言に意味深長な重みがある。
- 森の奥深くや深海、地球から何億光年も離れた異次元の世界に住んでいる。

キーカラーと配色

P／Dp　すみれ色　パンジー
高貴であるがゆえに近寄りがたい印象を与える色。不可解で正体不明な様子をイメージさせる。

PB／L　藍ねずみ　ペール・ブルー
かすんだ景色や日が翳ったときの空の色。形のはっきりしない、深く静かな精神性も想起させる。

B／Dp　納戸色（なんどいろ）　ピーコック・ブルー 
光が届かないような森や深海の神秘の世界を表す色。PやRPと組み合わせると、非現実感が強まる。

PB／Dk　紺色、藍色（あいいろ）　ダーク・ミネラル・ブルー
果てしない大宇宙の広がりをイメージさせる色。ミクロの世界の結晶の美しさなども表現できる。

N1.5　黒　ブラック
ブラックホールのように光を吸収してしまう闇の色。人間の理解を超えたミステリアスな世界。

配色	色1	色2
ミステリアスな	P／L	P／Dk
神聖な	N1.5	N8
伝説	PB／P	PB／L
幻惑	P／P	P／L
スピリチュアルな	RP／Vp	P／P
魅せられる	P／B	RP／B
精神世界	P／B	PB／Dk
深海	B／Dl	B／L
エキゾチックな	N1.5	RP／B
大宇宙	N1.5	B／V
神秘的な	P／Dp	PB／S
不思議な	B／L	RP／S
謎めいた	P／Dp	N4
深遠な	PB／L	PB／Dp
荘厳な	N3	N6

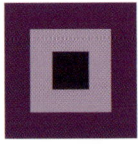

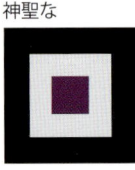

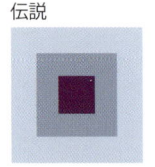

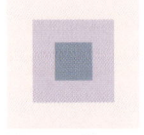

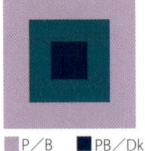

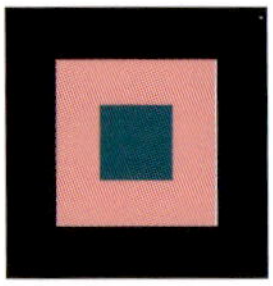

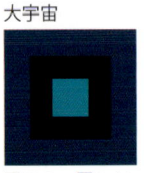

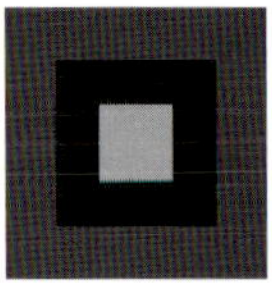

動き	魅せられる	名詞	伝説　幻惑　深海 大宇宙　精神世界	関連	アンニュイ→ P.74 セクシーな→ P.146

デザインモチーフ

連想イメージ

○表情：能面のような　無表情の
○しぐさ：つぶやく　遠くを見る
○場面・場所：真夜中　古い屋敷　ブラックホール
　　深い森や深海　ピラミッドの中　古代遺跡　日食
○楽器・音：古楽器　しずくが滴り落ちる音
○食べ物・香り：麝香（じゃこう）　お香
○動物：黒猫　トカゲ　サソリ　蛇

○形・柄：螺旋　渦　マーブル模様
○素材・質感：エメラルド　翡翠　水晶
○職業・仕事：占い師　前衛舞踏家　吟遊詩人
○例：クレオパトラ　美輪明宏　ハリー・ポッター
○そのほか：ミクロの世界　霊感　祈祷　陰陽師
　　　　　オカルト　超常現象　電脳世界　潜在意識

デザインパターン：螺旋をモチーフにした例

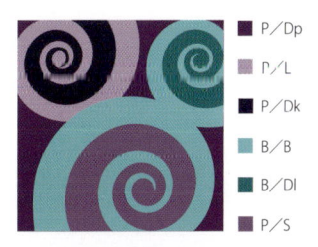

	P／Dp
	P／L
	P／Dk
	B／B
	B／Dl
	P／S

	P／Vp
	B／P
	PB／B
	P／B
	RP／P
	P／P

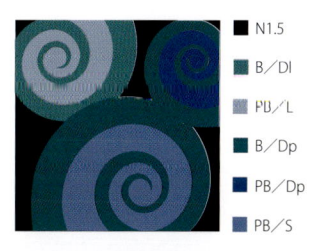

	N1.5
	B／Dl
	PB／L
	B／Dp
	PB／Dp
	PB／S

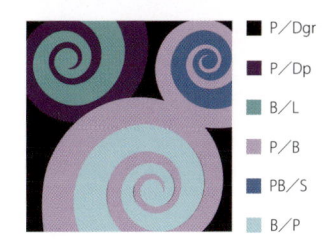

	P／Dgr
	P／Dp
	B／L
	P／B
	PB／S
	B／P

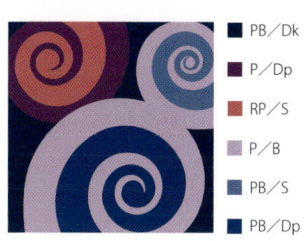

	PB／Dk
	P／Dp
	RP／S
	P／B
	PB／S
	PB／Dp

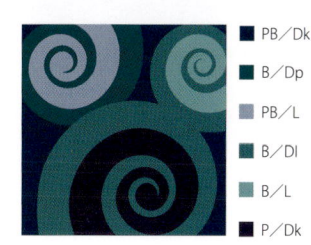

	PB／Dk
	B／Dp
	PB／L
	B／Dl
	B／L
	P／Dk

イメージプロフィール

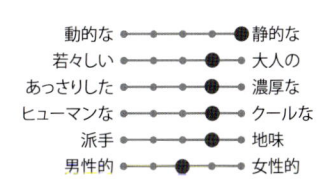

動的な ●──────● 静的な
若々しい ●──────● 大人の
あっさりした ●──────● 濃厚な
ヒューマンな ●──────● クールな
派手 ●──────● 地味
男性的 ●──────● 女性的

カラーイメージ

エレガント、フォーマル、モダンイメージを基本とする。暗いトーンにP系の色相を加えると神秘性が強まる。

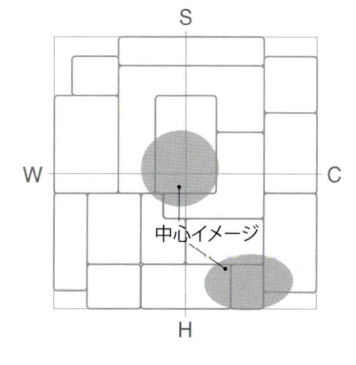

4章　キャラクターの表現　　145

キャラクターの表現
セクシー

形容: セクシーな　官能的な　しっとりした　艶っぽい　妖艶な　エロかわいい　小悪魔的な　コケティッシュな　ゴージャスな　派手な

キャラクター

- しとやかさ、華やかさ、無垢、グラマラスなど、さまざまな表情をもつ女性の魅力。
- エキゾチックでミステリアス、少し危険な雰囲気が醸し出す官能的な美しさ。
- やわらかでしなやかな物腰、ちょっとしたしぐさに感じる色気。

キーカラーと配色

RP／S　紅梅色　スピネル・レッド
艶っぽく、なまめかしさを感じさせる色。P系と相性がよく、ペアでセクシーさを表現しやすい。

RP／B　桃色　ローズ・ピンク
若い女性の可愛らしさをイメージさせる色。黒と合わせると男を翻弄するようなイメージになる。

RP／V　赤紫　マゼンタ
刺激的で派手なイメージの色。アクティブさをともなうセクシーさや、若さを強調したいときに。

P／V　紫　パープル
あでやかで艶やかな紫は、ゴージャスなクラブやパーティ、といった雰囲気に似合う色である。

N1.5　黒　ブラック
大人っぽく、大胆なセクシーさを演出する色。RPやPと組み合わせると妖しげで魅惑的なイメージに。

セクシーな　RP／B　P／V
色香　P／L　RP／B
しっとりした　RP／L　P／P
匂い立つ　RP／P　P／Vp
小悪魔的な　N1.5　RP／S
恥らう　P／P　N8
萌え系　RP／B　P／Dp
派手な　BG／S　P／V
エロかわいい　RP／P　RP／B
艶っぽい　RP／V　RP／DP
コケティッシュな　RP／B　RP／P
ゴージャスな　Y／S　RP／V
官能的な　RP／V　RP／B
妖艶な　RP／Dp　RP／S
歓楽街　RP／B　P／V

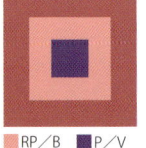

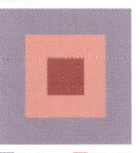

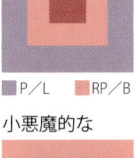

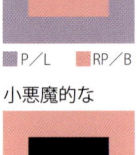

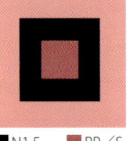

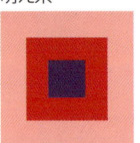

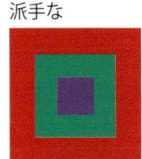

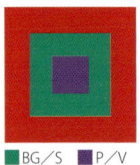

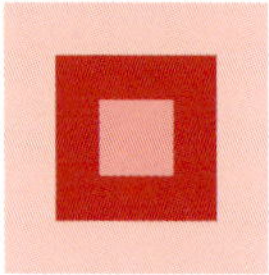

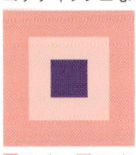

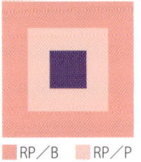

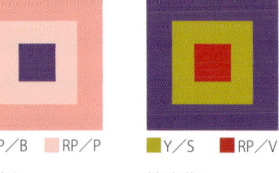

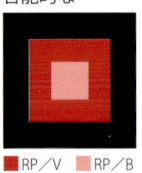

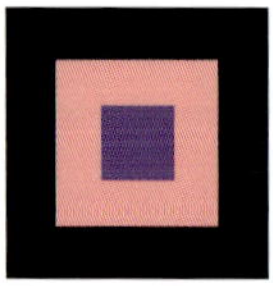

動き	恥らう　匂い立つ	名詞	色香　萌え系　歓楽街	関連	リッチ→P.60 社交的な→P.116 愛され系→P.122

デザインモチーフ

連想イメージ

○表情：流し目　ウインク
○しぐさ：髪をかき上げる　足を組む
○場面・場所：歓楽街　クラブ　パーティー
○楽器・音：タンゴ　フラメンコ　テナーサックス
○食べ物・香り：シャンパン　ムスク
○動物：クジャク　ペルシャ猫

○形・柄：唇　花柄　オーバル
○素材・質感：ベルベット　レース　透ける素材
○職業・仕事：モデル　女優
○例：マリリン・モンロー　峰不二子　黒木瞳
○そのほか：ローズ・ピンクのバラ　蘭　エステ　濃いマニュキュア

デザインパターン：曲線をモチーフにした例

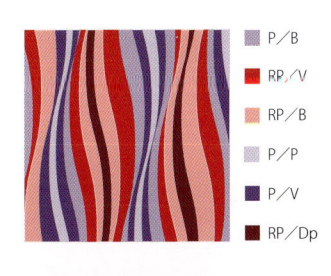

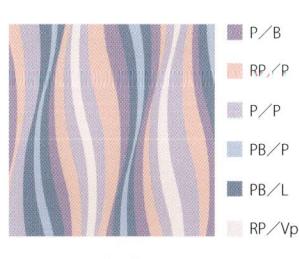

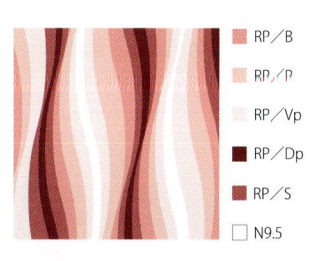

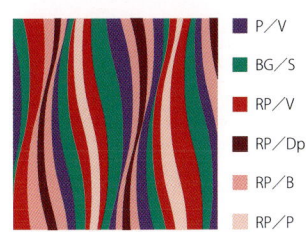

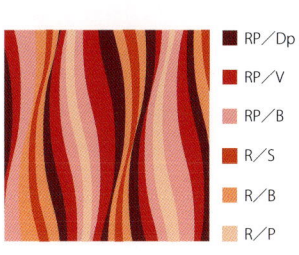

パターン1: P/B, RP/V, RP/B, P/P, P/V, RP/Dp
パターン2: P/B, RP/P, P/P, PB/P, PB/L, RP/Vp
パターン3: RP/B, RP/P, RP/Vp, RP/Dp, RP/S, N9.5
パターン4: P/V, BG/S, RP/V, RP/Dp, RP/B, RP/P
パターン5: RP/Dp, RP/V, RP/B, R/S, R/B, R/P
パターン6: Y/S, P/V, RP/V, P/B, P/Dk, N1.5

イメージプロフィール

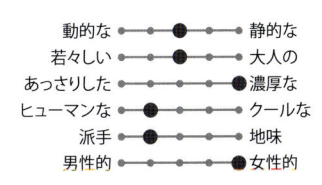

動的な ●━━━━━ 静的な
若々しい ━●━━━━ 大人の
あっさりした ━━━━●━ 濃厚な
ヒューマンな ━●━━━━ クールな
派手 ━●━━━━ 地味
男性的 ━━━━●━ 女性的

カラーイメージ

エレガントイメージが基本になる。YやP系でゴージャスイメージにすると、妖艶なセクシーさが表現できる。

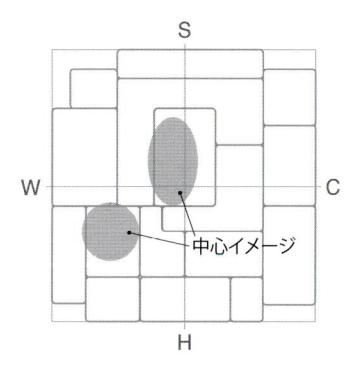

中心イメージ

4章　キャラクターの表現

キャラクターの表現
マッチョ

形容： マッチョな　いかつい　たくましい　タフな
パワフルな　エネルギッシュな　ハードな　精悍な
ワイルドな　ラフな　筋肉隆々

キャラクター
- 徹底的に鍛え抜いた逆三角形の肉体が誇示する、野性的な男らしさ。
- 敵対するものに勇敢に立ち向かい、恋人や祖国を守るヒーローでありたいと願う。
- 日常の挨拶や礼儀、上下関係の規律を重んじる体育会系の男子。

キーカラーと配色

R／Dk　えび茶　マホガニー
たくましさや充実感を感じさせる色。がっしりとした肉体や力強さを表現する上で欠かせない。

YR／S　柿色　パーシモン
スタミナや汗をイメージさせる色。ぎっしり詰まった、こってりと濃厚な雰囲気を表現したいときに。

GY／Dk　ふかみごけ　アイビー・グリーン 
ジャングルや鬱蒼と繁った森の野性的なイメージ。軍服や兵器にも保護色としてよく登場する色。

Y／DK　深うぐいす茶　オリーブ
単色としては、クラシックな印象の色だが、配色次第で、ワイルドで精悍な印象が表現できる。

N1.5　黒　ブラック
最も重く、ハードな色。大学の応援団のような、硬派なイメージや男くささを表現したいときに。

体育会系　R／V　N1.5
鍛える　YR／Dp　YR／Dgr
筋肉隆々　YR／V　YR／Dl

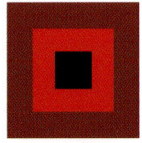

マッチョな　GY／Dgr　R／Dgr
パワフルな　R／V　P／Dgr
エネルギッシュな　YR／Dgr　R／V

サバンナ　Y／S　YR／Dgr
ワイルドな　YR／Dgr　YR／Lgr
精悍な　R／Dp　Y／S

ラフな　Y／Lgr　YR／Dk
いかつい　N1.5　YR／Dl
タフな　GY／Dgr　Y／Dp

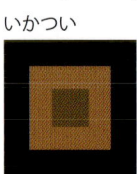

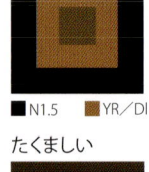

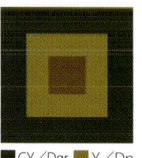

豪傑　R／V　YR／S
たくましい　Y／Dgr　YR／S
ハードな　PB／Dgr　N8

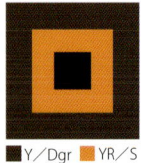

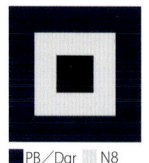

動き	鍛える	名詞	豪傑　体育会系　サバンナ	関連	懸命→ P.56 頼もしい→ P.112 アグレッシブな→ P.114

デザインモチーフ

連想イメージ

○表情：眼光鋭い　歯を食いしばる
○しぐさ：ガッツポーズ　ダンベルを持ち上げる
○場面・場所：ジャングル　荒野　競技場　戦場
○楽器・音：打楽器　ゴング　和太鼓　行進曲
○食べ物・香り：焼肉　野外料理
○動物：マウンテンゴリラ

○形・柄：迷彩柄　豹柄　稲妻
○素材・質感：レザー　ゴム　荒縄　帆布
○職業・仕事：格闘家　ボディビルダー　軍人　トレーナー
○例：アーノルド・シュワルツェネッガー　ランボー　ターザン　三島由紀夫
○そのほか：武具　毛皮　日焼けした体　汗　腕相撲　ジープ　トライアスロン

デザインパターン：迷彩柄をモチーフにした例

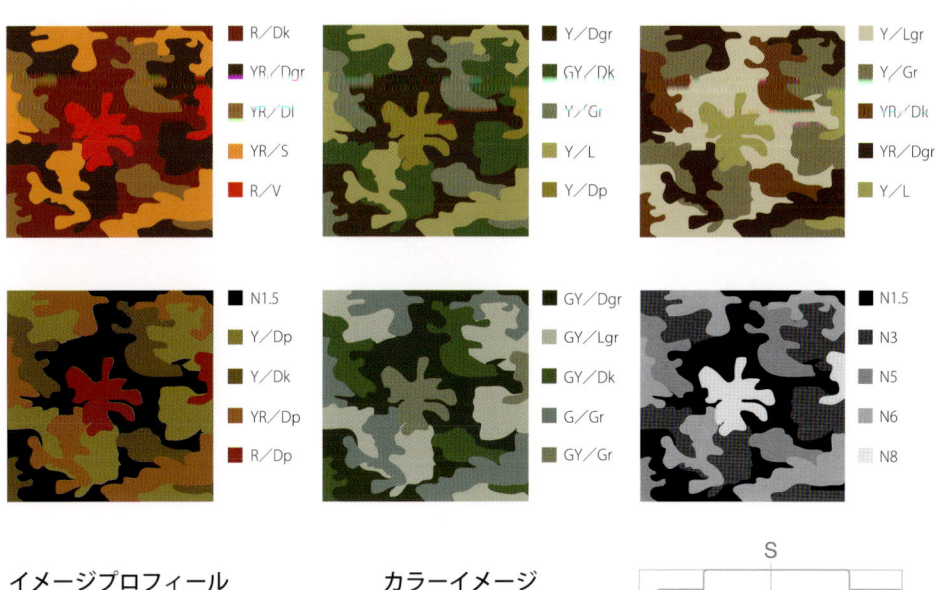

■ R/Dk　■ YR/Dgr　■ YR/Dl　■ YR/S　■ R/V

■ Y/Dgr　■ GY/Dk　■ Y/Gr　■ Y/L　■ Y/Dp

■ Y/Lgr　■ Y/Gr　■ YR/Dk　■ YR/Dgr　■ Y/L

■ N1.5　■ Y/Dp　■ Y/Dk　■ YR/Dp　■ R/Dp

■ GY/Dgr　■ GY/Lgr　■ GY/Dk　■ G/Gr　■ GY/Gr

■ N1.5　■ N3　■ N5　■ N6　■ N8

イメージプロフィール

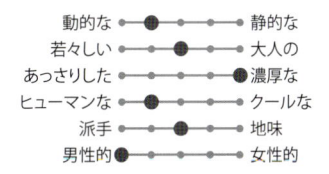

動的な ●━━━●━━━●━━━● 静的な
若々しい ●━━━●━━━●━━━● 大人の
あっさりした ●━━━●━━━●━━━● 濃厚な
ヒューマンな ●━━━●━━━●━━━● クールな
派手 ●━━━●━━━●━━━● 地味
男性的 ●━━━●━━━●━━━● 女性的

カラーイメージ

ワイルド、ダイナミックイメージを中心に、パワフルさを表現する。オレンジや赤を加えると力強さが増す。

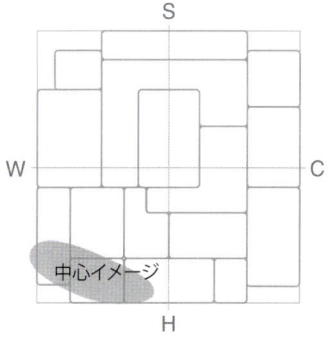

中心イメージ

4章　キャラクターの表現

キャラクターの表現
ワル

形容: したたかな　極悪非道の　危険な　強引な　反社会的な　すさんだ　華麗な

キャラクター

- 物語に登場する悪役で、しぶとく生き残り、ヒーローやヒロインを苦しめる。
- 表の社会に背を向けて、アウトサイダーとして生きることを決意した一匹狼。
- 野望を抱き反逆して戦う姿は、時に物語の主役以上の共感を呼ぶ。

キーカラーと配色

N1.5　黒　ブラック
暗黒の世界、黒幕といったダーティさをイメージさせる色。赤と合わせると、大胆さが生まれる。

P/Dp　すみれ色　パンジー
紫系は、高貴さとけばけばしさの二面性をもつが、赤や黒と組み合わせると、暴力的な印象に。

N3　暗灰色（あんかいしょく）　スモーク・グレー
不気味さや寡黙さを感じさせる色。冷静沈着な悪巧みや自分を押し殺して、計画を実行するイメージ。

R/S　さんご色　ルージュ・コーラル
血や火を連想させる、力強さの色。全てを力ずくで押し通す、無謀さや威圧感をあらわしたいときに。

RP/S　紅梅色　スピネル・レッド
単色では、エレガントさを感じさせる色だが、暗いトーンと合わせると、怪しげな強さが生まれる。

強引な: R/V　Y/V
ちょいワルオヤジ: P/P　R/V
悪代官: R/Dgr　Y/Dp
極悪非道の: R/S　N1.5
詐欺師: Y/B　YR/V
反社会的な: R/Dp　R/S
知能犯: PB/B　N1.5
悪魔: BG/Dgr　P/S
すさんだ: B/Gr　PB/Dgr
悪役: N1.5　R/Dp
破壊する: Y/B　N1.5
鬼: YR/V　R/Dgr
したたかな: RP/Dgr　N1.5
危険な: N1.5　Y/V
華麗な: B/B　P/V

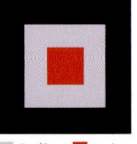

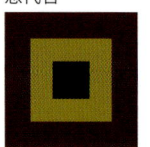

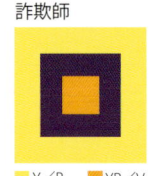

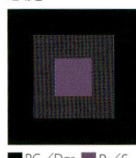

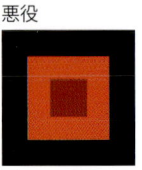

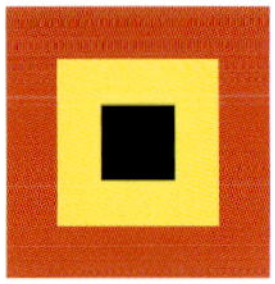

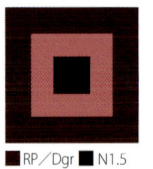

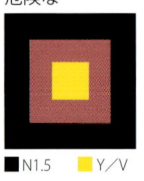

動き	破壊する	名詞	悪役　知能犯　悪代官 ちょいワルオヤジ 詐欺師　鬼　悪魔	関連	緊張→ P.50 クールな→ P.110 アグレッシブな→ P.114 頭脳派→ P.138

デザインモチーフ

連想イメージ

○表情：斜に構える　にらむ
○しぐさ：腕組みをする
○場面・場所：真夜中　地下室
○楽器・音：銃声　騒音　振動音
○食べ物・香り：ウォッカ　ラム酒
○動物：狼　サメ　コブラ　コウモリ

○形・柄：鋭角的で尖った形
○素材・質感：爬虫類の革　ささくれ立った触感
○職業・仕事：闇の商売　ギャンブラー
○例：北村一輝　成田三樹夫　松田優作　ゴルゴ 13
○そのほか：黒メガネ　刺青　拳銃　罠　マフィア
　　　　　　ハードボイルド　アウトロー　ダーツ　煙草

デザインパターン：破片をモチーフにした例

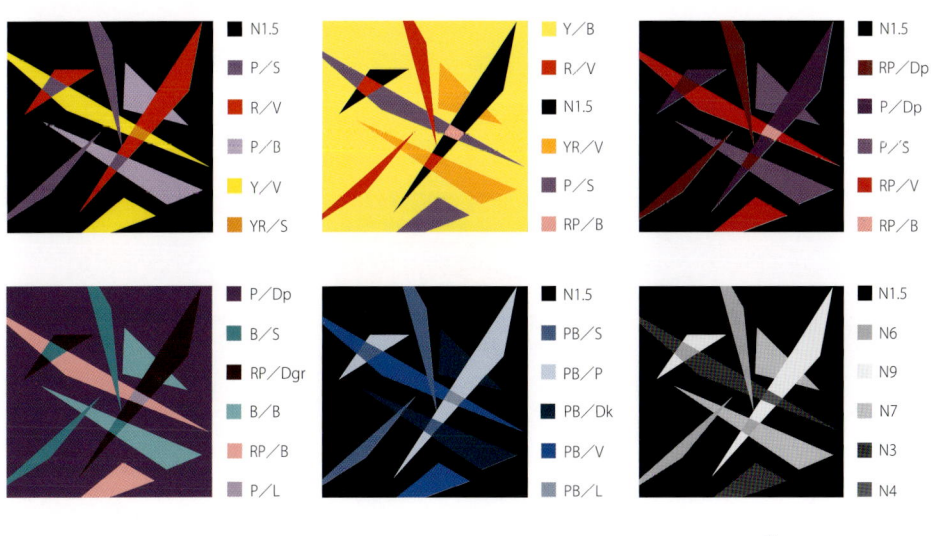

■ N1.5 ■ P/S ■ R/V ■ P/B ■ Y/V ■ YR/S	■ Y/B ■ R/V ■ N1.5 ■ YR/V ■ P/S ■ RP/B	■ N1.5 ■ RP/Dp ■ P/Dp ■ P/S ■ RP/V ■ RP/B
■ P/Dp ■ B/S ■ RP/Dgr ■ B/B ■ RP/B ■ P/L	■ N1.5 ■ PB/S ■ PB/P ■ PB/Dk ■ PB/V ■ PB/L	■ N1.5 ■ N6 ■ N9 ■ N7 ■ N3 ■ N4

イメージプロフィール

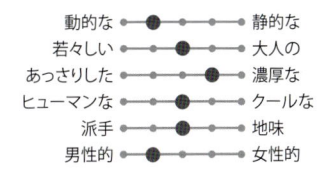

動的な　●━━━　静的な
若々しい　　●━━　大人の
あっさりした　━●━　濃厚な
ヒューマンな　●━━　クールな
派手　　●━━━　地味
男性的　●━━━　女性的

カラーイメージ

ダイナミックやモダンイメージで、ハード感を出す。P系を加えきわだたせると、近寄りがたい感じが高まる。

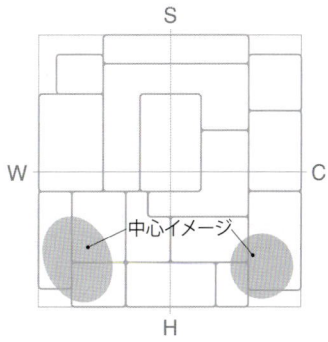

中心イメージ

4章　キャラクターの表現

キャラクターの表現
クリエイター

形容: 斬新な　先鋭的な　モダンな　個性的な　ファッショナブルな　行動的な　奔放な　熱い　情熱的な

キャラクター

- 創造の世界に深くのめりこんで頭角を現した、オリジナリティあふれる仕事人。
- 好奇心旺盛で、新しいアイデアを形にすることに生きがいを感じる。
- 人を面白がらせる、びっくりさせる、感動させる表現をいつも考えている。

キーカラーと配色

N1.5　黒　ブラック
時代の先を行く、先進性を表す色。セパレーションやきわだちの配色で、鋭敏な感覚を表現する。

RP/V　赤紫　マゼンタ
アグレッシブな雰囲気を表す色。刺激的なエンターテインメントの大胆さや、楽しさを出したいとき。

GY/V　黄緑　イエロー・グリーン
補色のP系と組み合わせることで、新奇なイメージが生まれる色。驚きや新鮮さが表現できる。

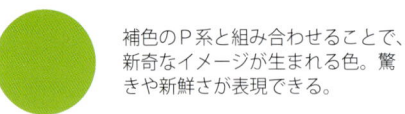

Y/V　黄　イエロー
まぶしいほど明るく自由な雰囲気を表す色。ポジティブな姿勢や、輝きをイメージさせたいときに。

P/Dp　すみれ色　パンジー
現代的な創造の世界をイメージさせる色。セパレーションで粋なスタイリッシュ感を表現する。

モダンな　N9.5　B/Dp
行動的な　R/V　Y/V
先鋭的な　PB/Vp　PB/Dp

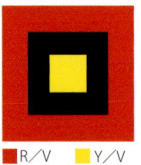

情熱的な　YR/S　N1.5
楽しませる　YR/B　Y/V
刺激する　GY/V　PB/V

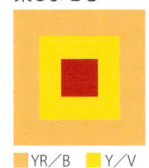

斬新な　P/V　RP/V
アヴァンギャルド　P/Dp　RP/V
個性的な　RP/V　P/Dp

奔放な　P/B　G/V
ひらめく　GY/B　YR/V
熱い　R/V　YR/S

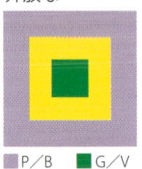

ファッショナブルな　B/Lgr　N1.5
イマジネーション　RP/S　B/B
アーティスト　N1.5　P/L

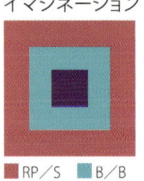

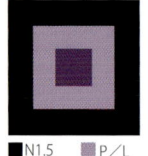

| 動き | ひらめく
刺激する
楽しませる | 名詞 | イマジネーション
アーティスト
アヴァンギャルド | 関連 | 感動→ P.52
懸命→ P.56
積極的な→ P.88
アグレッシブな→ P.114 | プロフェッショナル→ P.136
革命児→ P.142 |

デザインモチーフ

連想イメージ

〇表情：目を輝かせる
〇しぐさ：構想をスケッチする　フレーズを奏でる
〇場面・場所：スタジオ　アトリエ　工房
　アート系書店　目的のない旅
〇楽器・音：ヒップホップ
〇食べ物・香り：無国籍料理
〇動物：不死鳥

〇形・柄：アメーバのような不定形な柄
〇素材・質感：新素材
〇職業・仕事：作家　作曲家　デザイナー
　ゲームクリエイター　プロデューサー
〇例：倉俣史朗　村上隆　深澤直人
〇そのほか：アーロンチェア　後ろで縛った長髪
　パンク・ファッション　アップルコンピュータ

デザインパターン：しぶきをモチーフにした例

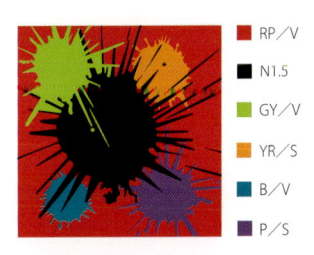

パターン1:
- RP／V
- N1.5
- GY／V
- YR／S
- B／V
- P／S

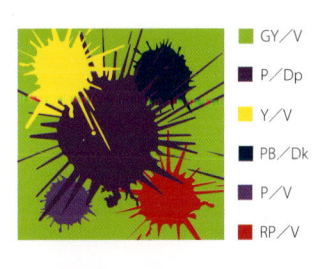

パターン2:
- GY／V
- P／Dp
- Y／V
- PB／Dk
- P／V
- RP／V

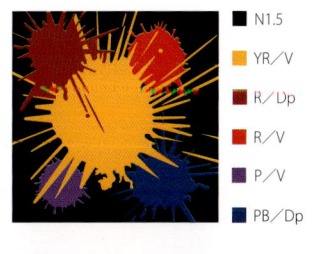

パターン3:
- N1.5
- YR／V
- R／Dp
- R／V
- P／V
- PB／Dp

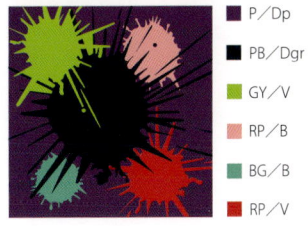

パターン4:
- P／Dp
- PB／Dgr
- GY／V
- RP／B
- BG／B
- RP／V

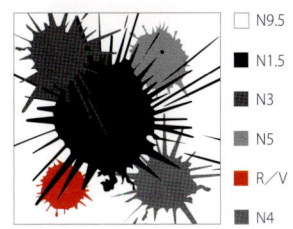

パターン5:
- N9.5
- N1.5
- N3
- N5
- R／V
- N4

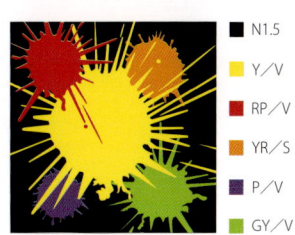

パターン6:
- N1.5
- Y／V
- RP／V
- YR／S
- P／V
- GY／V

イメージプロフィール

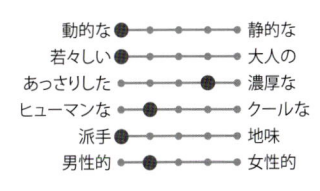

動的な ●――――― 静的な
若々しい ●――――― 大人の
あっさりした ―――●― 濃厚な
ヒューマンな ―●――― クールな
派手 ●――――― 地味
男性的 ――●――― 女性的

カラーイメージ

カジュアル、ダイナミック、モダンイメージで大胆さを出す。補色どうしをぶつけると、並外れた印象が強調される。

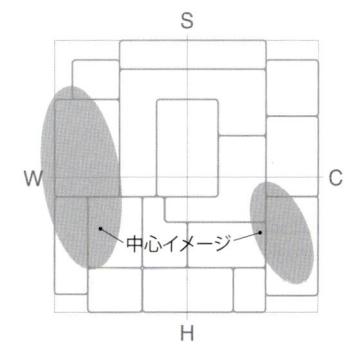

中心イメージ

キャラクターの表現
オタク

形容　マニアックな　ディープな　コアな　情熱的な
　　　しつこい

キャラクター

- 自分の興味や趣味の世界を、執拗に追求することに喜びを見出すキャラクター。
- 鉄道、アニメ、パソコン、ゲーム、コスプレと、その範囲や対象は無限である。
- オタクが高じるとその道の大家となり、先生や達人と呼ばれることもある。

キーカラーと配色

N1.5 黒 ブラック
内面的な強いこだわりを表す黒。プロフェッショナルなイメージや人工的なイメージも感じさせる。

R/V 赤 カーマイン
エネルギーの強さを感じさせる赤。情熱や人工的な光が錯綜するテレビゲームの映像のイメージ。

R/Dp れんが色 ブリック・レッド
こってりとした充足感を感じさせる色。興味の対象に時間を忘れて没入している雰囲気を表現。

RP/B 桃色 ローズ・ピンク
萌え系をはじめとする、かわいい＆セクシーさには欠かせない色。愛され系にも通じるイメージ。

P/Dk 茄子紺（なすこん） プルーン
深遠なマニアの世界を表す色。不気味さが漂うくらいの奥深さと暗さが、非日常的な世界を表現する。

極める: N7　PB/Dk
電脳空間: B/V　B/B
アキバ系: BG/Dl　RP/L
熱中する: N1.5　RP/Dp
情熱的な: R/Dk　YR/V
テレビゲーム: Y/V　PB/V
凝る: YR/Dgr　Y/Dp
はまる: RP/S　RP/Dgr
しつこい: Y/Dl　PB/Dk
萌え: RP/V　RP/Vp
アイドル: B/P　Y/Vp
コミケ: B/Vp　Y/V
マニアックな: N4　N1.5
ディープな: BG/Dp　N4
コアな: P/Dl　R/Dp

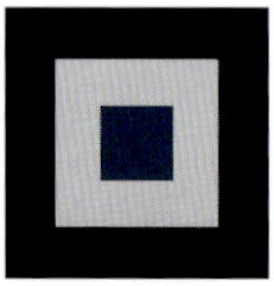

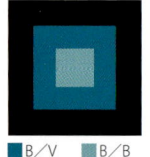

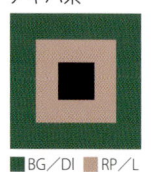

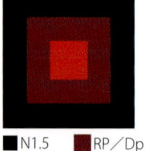

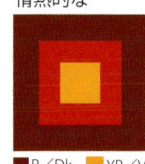

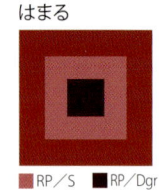

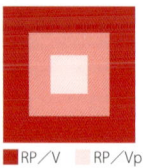

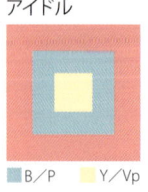

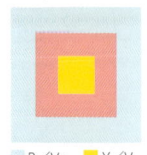

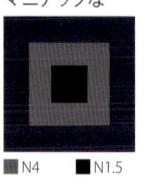

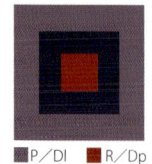

| 動き | はまる　熱中する　極める　凝る | 名詞 | 萌え　電脳空間　テレビゲーム　コミケ　アキバ系　アイドル | 関連 | 懸命→ P.56　プロフェッショナル→ P.136　クリエイター→ P.152 |

デザインモチーフ

連想イメージ

- 表情：見つめる
- しぐさ：調べる　こもる
- 場面・場所：自分の部屋　秋葉原　メイド喫茶
- 楽器・音：ゲームの電子音
- 食べ物・香り：スナック菓子　ファーストフード
- 動物：ふくろう
- 形・柄：緻密なドット柄や幾何学柄
- 素材・質感：ポリエステルなどの化繊
- 職業・仕事：研究者　コレクター　プログラマー　古書店主　鑑定士　考古学者
- 例：電車男　岡田斗司夫
- そのほか：専門書　同人誌　フィギュア　コスプレ

デザインパターン：モザイクをモチーフにした例

（パターン1）RP／V、RP／B、YR／Vp、YR／P、RP／P、Y／Vp
（パターン2）R／Dp、R／V、YR／V、Y／V、GY／B、Y／Vp
（パターン3）B／Dgr、B／Dp、B／B、PB／B、B／P、B／Vp
（パターン4）N1.5、P／Dk、RP／Dp、Y／Dk、Y／Dp、GY／Dl
（パターン5）N1.5、P／Dk、P／Dl、P／B、RP／P、P／Vp
（パターン6）N1.5、N3、N5、N7、N8、N9.5

イメージプロフィール

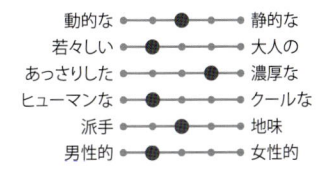

- 動的な ――●―― 静的な
- 若々しい ――●―― 大人の
- あっさりした ――●―― 濃厚な
- ヒューマンな ●――― クールな
- 派手 ――●―― 地味
- 男性的 ――●―― 女性的

カラーイメージ

暗いトーンをベースとしたハードなイメージが中心。萌え系では、プリティなどソフトなイメージも。

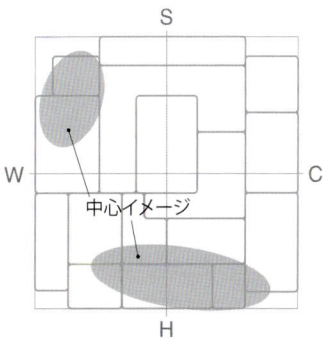

（S／H／W／C 配色マップ、中心イメージ）

4章　キャラクターの表現

4章のまとめ キャラクターのイメージ

■ キャラクターを WC ／ SH でとらえる

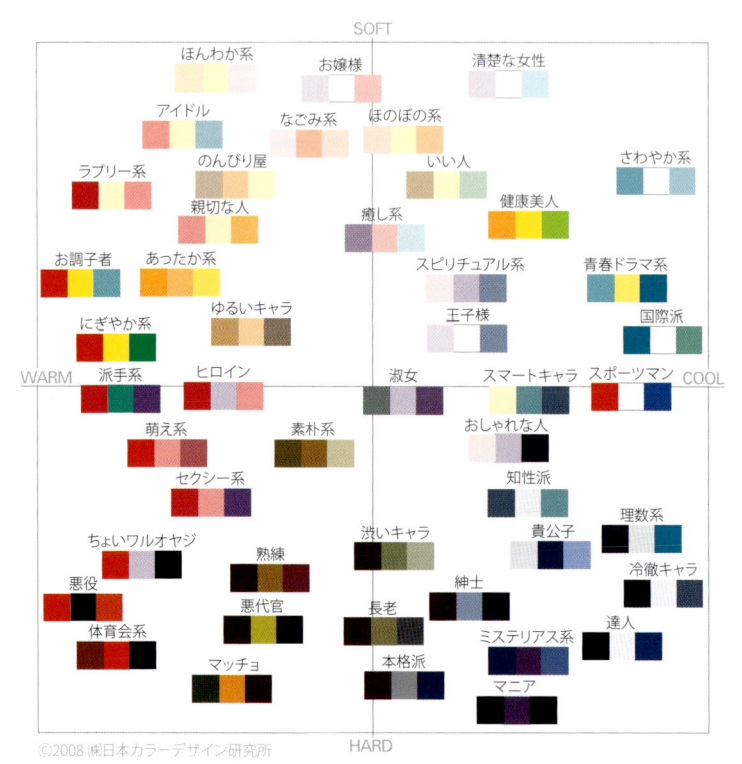

（配置図：SOFT／HARD／WARM／COOL 軸によるキャラクターマップ）

ほんわか系、お嬢様、清楚な女性、アイドル、なごみ系、ほのぼの系、さわやか系、ラブリー系、のんびり屋、いい人、健康美人、親切な人、癒し系、お調子者、あったか系、スピリチュアル系、青春ドラマ系、にぎやか系、ゆるいキャラ、王子様、国際派、派手系、ヒロイン、淑女、スマートキャラ、スポーツマン、萌え系、素朴系、おしゃれな人、セクシー系、知性派、ちょいワルオヤジ、熟練、渋いキャラ、貴公子、理数系、悪役、悪代官、長老、紳士、冷徹キャラ、体育会系、マッチョ、本格派、ミステリアス系、達人、マニア

©2008 ㈱日本カラーデザイン研究所

注）…4章で掲載した言葉を中心に、ほかの章とNCDのデータベースから言葉を補足して作成している。

■ クリアーグレイッシュ軸での見方

- **クリア・ソフトゾーン**
  誰にでも好感がもたれるようなイメージのキャラクターが多い。
- **クリア・ハードゾーン**
  ひと癖ある個性的なイメージのキャラクターと、貴公子などのスタイリッシュ系。
- **グレイッシュ・ソフトゾーン**
  言葉は少ないが、癒し系の言葉が見られる。
- **グレイッシュ・ハードゾーン**
  年輪を重ねたイメージや、神秘的なキャラクターが特徴的。

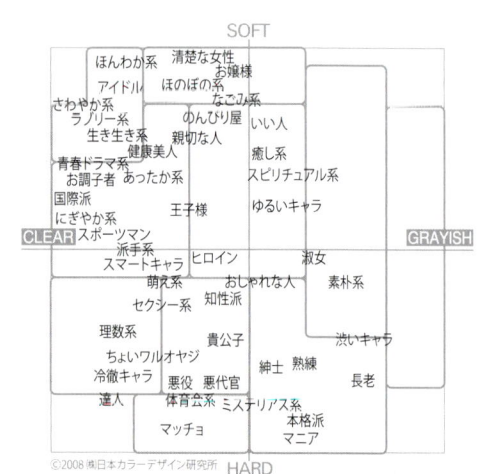

（CLEAR／GRAYISH／SOFT／HARD 軸によるゾーニング図）

©2008 ㈱日本カラーデザイン研究所

参考資料

感情表現の基本色

R／V 赤
- 炎や血を連想させ、パワフルで熱いイメージがある。
- 情熱や怒りなど、気持ちや性格の強さを表す。
- 黄色と組み合わせると、楽しさや活気を表す。

喜び（P.12）怒り（P.20）感謝（P.40）緊張（P.50）
感動（P.52）懸命（P.56）積極的な（P.88）
明るい（P.90）アグレッシブな（P.114）
社交的な（P.116）お調子者（P.120）
革命児（P.142）オタク（P.154）
→ P.115「赤、赤紫の活用」

R／B ばら色
- うれしさや甘さ、おいしさが感じられる色。
- 愛情や心の温かさなど、やさしさを表す。
- 明るく、喜びに満ちたイメージもある。

愛情（P.18）幸福感（P.28）自由（P.36）感謝（P.40）

YR／V 橙（だいだい）
- 暖色の代表で、食欲を刺激する色である。
- 喜びや親しみやすさ、活力を表す。
- 赤と組み合わせると、怒りや情熱を表す。

喜び（P.12）怒り（P.20）懸命（P.56）
積極的な（P.88）明るい（P.90）
お調子者（P.120）

YR／B あんず色
- 柿やあんずなどのフルーツに多い色である。
- 開放感や健康、のびのびとしたイメージがある。
- 気軽で親しみやすく、おおらかな雰囲気を表す。

幸福感（P.28）ときめき（P.34）自由（P.36）
感謝（P.40）爽快（P.48）明るい（P.90）
人気者（P.126）

YR／L ベージュ
- 木や土、陶器など自然素材によく見られる色である。
- 温もりや、素朴さ、なじみやすさを表す。
- まとまりの配色でおだやかなイメージに向いている。

ここちよさ（P.22）やすらぎ（P.42）温かい（P.92）
癒し・なごみ系（P.124）
→ P.93「ベージュ系の活用」

YR／Dgr 黒茶
- 年輪を重ねた木をイメージさせる重厚感のある色。
- 男性的なイメージや信頼感を感じさせる。
- セパレーションで配色すると格調が出る。

郷愁（P.70）真面目な（P.106）頼もしい（P.112）
→ P.113「信頼感の表現」

Y／V 黄
- 代表的な進出色であり、遠くからでもよく目立つ色。
- 明るさや活気、希望、前向きな気分を表す。
- 黒や赤との組み合わせで、大胆さや怒りを表す。

喜び（P.12）怒り（P.20）爽快（P.48）感動（P.52）
誇り（P.64）積極的な（P.88）明るい（P.90）
アグレッシブな（P.114）社交的な（P.116）
お調子者（P.120）クリエイター（P.152）
→ P.91「黄色の活用」

Y／S うこん色
- 黄金を連想させ、豪華でリッチなイメージがある。
- 栄冠や勝利、豊かさを表現しやすい。
- 紫や赤紫系の暗い色を合わせると豪華さが増す。

リッチな（P.60）誇り（P.64）革命児（P.142）

Y／Vp アイボリー
- 暮らしのあらゆる場面に見られるベーシックカラー。
- おだやかで、気分がほっとやすらぐ色。
- 肌ざわりがよく、ここちよい気分を感じさせる。

愛情（P.18）ここちよさ（P.22）夢心地（P.30）
自由（P.36）やすらぎ（P.42）温かい（P.92）
癒し・なごみ系（P.124）

GY／V 黄緑
- 新鮮で生き生きとした、生命の息吹を感じる色。
- 気分の高揚感や、うれしさを表現しやすい。
- 反対色相や黒と合わせると斬新な雰囲気になる。

喜び（P.12）爽快（P.48）人気者（P.126）
クリエイター（P.152）

B／B 空色
- 晴れ渡った空をイメージさせる、すがすがしい色。
- クリアで清涼な水や空気も連想させる。
- 白や清色と相性がよく、清潔感や爽快感を演出する。

ここちよさ（P.22）爽快（P.48）
さっぱりした（P.104）お調子者（P.120）

感情や気持ち、性格を表す22色について、イメージの解説と参照ページをまとめている。

色	イメージ解説	参照ページ
PB／L 藍ねずみ	●静かで上品なイメージを感じさせる色。 ●静かな心の状態や理性的な気分を表す。 ●気高く知的で、都会的な気分もあわせもつ。	悲しみ（P.16） クールな（P.110） 貴公子（P.130） 才色兼備（P.132） ミステリアス（P.144） → P.17「悲しみ」のキーカラー
PB／Dp 紺青（こんじょう）	●気分を沈静化させ、意識の集中を促す色である。 ●シャープなキレのよさを感じさせる。 ●白と合わせると、きりりとした雰囲気が増す。	緊張（P.50） 懸命（P.56） クールな（P.110） 貴公子（P.130） プロフェッショナル（P.136） 頭脳派（P.138） → P.111「青の活用」
PB／Lgr 浅藍ねずみ	●翳りがあり、上品なニュアンスの感じられる色。 ●悲しさや憂鬱など、沈みこんだ心の状態を表す色。 ●濁色でまとめ、内省的でデリケートな性格を表現。	悲しみ（P.16） 優雅な（P.46） アンニュイ（P.74） 憂鬱（P.78） シャイな（P.102） → P.17「悲しみ」のキーカラー
P／Vp 淡藤色（うすふじいろ）	●やさしさやピュアなイメージを感じさせる清色。 ●ういういしく、ロマンチックな気分を誘う。 ●トーン差の少ない、まとまりの配色で繊細さを出す。	優雅な（P.46） アンニュイ（P.74） やさしい（P.94） 純真な（P.100） シャイな（P.102） 愛され系（P.122） お嬢様（P.128） → P.103「ナイーブさの表現」
P／Dp すみれ色	●平静でない心の状態や、神秘性を感じさせる色。 ●暖色系と配色すると、嫉妬や攻撃的なイメージになる。 ●非日常的なクリエイションの世界もイメージさせる。	嫉妬（P.58） ミステリアス（P.144） ワル（P.150） クリエイター（P.152）
RP／V 赤紫	●刺激的で、強い情念や情熱を感じさせる色。 ●セクシーさやキュートな女の子のイメージもある。 ●反対色相のGやGYと組み合わせると、強さが増す。	愛情（P.18） 感動（P.52） 嫉妬（P.58） アグレッシブな（P.114） 愛され系（P.122） セクシー（P.146） クリエイター（P.152） → P.115「赤、赤紫の活用」
RP／B 桃色	●愛情や感謝の気持ちをイメージさせる色。 ●セクシーさや可愛らしさの表現にも欠かせない色。 ●黄色と組み合わせると心が弾む雰囲気が表現できる。	愛情（P.18） 幸福感（P.28） ときめき（P.34） 感謝（P.40） 甘えん坊な（P.98） 社交的な（P.116） お調子者（P.120） 才色兼備（P.132） セクシー（P.146） オタク（P.154） → P.95「ピンクの活用」
RP／Dp ぶどう酒色	●赤ワインを連想させる成熟の色。 ●強い愛情や嫉妬深さ、しつこさといったイメージもある。 ●Y系やP系と組み合わせるとリッチさが生まれる。	愛情（P.18） 不快感（P.24） 嫉妬（P.58） リッチな（P.60）
N9.5 白	●もっともクリアな色で、純粋さや清潔感を感じさせる色。 ●寒色系との組み合わせで、すっきりと爽快な気分を表現。 ●明るいP系と合わせると、高貴さや清純さが生まれる。	ここちよさ（P.22） 自由（P.36） 爽快（P.48） 純真な（P.100） さっぱりした（P.104） 貴公子（P.130） → P.105「白の活用」
N6 灰色	●質素で控えめ、静けさを感じさせる色。 ●悲しさやすっきりしない、やりきれない気分を表す。 ●ハードな色と合わせると、真面目さや信頼感が生まれる。	悲しみ（P.16） 不快感（P.24） 尊敬（P.68） 郷愁（P.70） アンニュイ（P.74） 侘しい（P.76） 憂鬱（P.78）
N1.5 黒	●もっとも重く感じられる色で、意志の強さを感じさせる。 ●暖色系と組み合わせると大胆で力強いイメージに。 ●寒色系と組み合わせるとモダンで知的なイメージになる。	怒り（P.20） 緊張（P.50） 懸命（P.56） 尊敬（P.68） クールな（P.110） アグレッシブな（P.114） プロフェッショナル（P.136） 頭脳派（P.138） 革命児（P.142） ミステリアス（P.144） セクシー（P.146） マッチョ（P.148） ワル（P.150） クリエイター（P.152） オタク（P.154） → P.17「悲しみ」のキーカラー

参考資料

色相＆トーンシステム

色相とは

色相（Hue）とは、色みのちがいのことで、もっとも基本的な色の分け方である。

幼児が色を覚える時も赤、青、黄といった基本的な色名から覚えるが、これも色相のちがいを認識することから始まる。

色相の分け方はカラーシステムによって異なるが、代表的なものに JIS でも採用しているマンセル・システム（米国）の 10 色相がある。これは、色相を 10 に分類したもので、NCD の色相＆トーンシステムの色相もマンセル・システムに基づいている。

色相には循環性があり環になる。この色相環を使うと、色同士の関係を説明しやすい。ある色相に対して隣の色相は類似色相といい、正面の位置にある色相を補色という。また、補色を含む隣の 2 色相を合わせた、計 5 色相を反対色相と呼んでいる。

■ 10 色相環

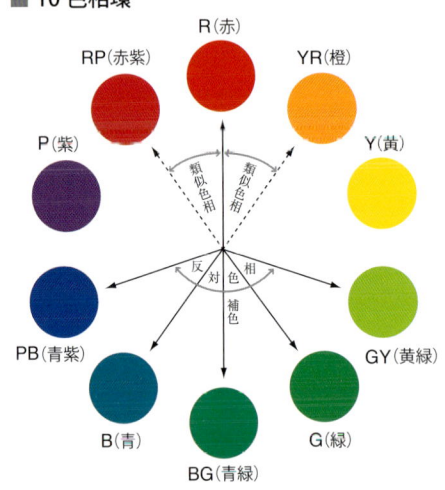

トーンの考え方

ちがう色相の色でも明暗、濃淡、派手・地味といったように、共通した色の調子があり、これをトーン（Tone）と呼んでいる。色相＆トーンシステムでは、12 のトーンに名称を付け、有彩色（色みの感じられる色）を 120 色に整理している。

また、トーンは、イメージと関係が深い。清色同士を組み合わせるとカジュアルやロマンチックといったイメージに、濁色同士ではエレガントやシックといったイメージが表現しやすい。単色のイメージだけでなく、配色するときにもトーンの関係に注意するとよい。

■ 色相 R のトーン図

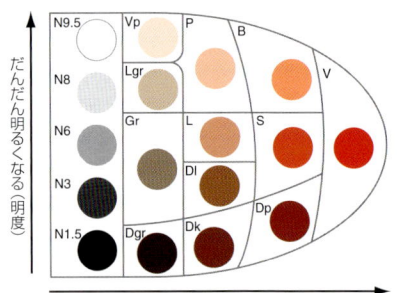

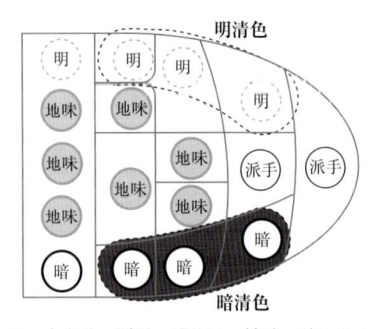

トーンは、大きく、派手、明るい、地味、暗いの 4 つに分けられる。図の円周方向が清色で、内側が濁色である。明るい清色を明清色、暗い清色を暗清色といっているが、一般的に清色といえば、明清色とビビッドトーンを指すことが多い。また、暗清色は、心理的に濁色と受けとめられることもある。

■色相＆トーン（Hue & Tone）システム　130色一覧

色相／トーン	R	YR	Y	GY	G	BG	B	PB	P	RP		N	
V												9.5	
S												9	
B												8	
P												7	
Vp												6	
Lgr												5	
L												4	
Gr												3	
Dl												2	
Dp												1.5	
Dk													
Dgr													

色相＆トーンシステムについて

　色相とトーンで分類した有彩色120色に、白、黒、グレーなどの無彩色10色を足した130色を整理したチャートがHue & Tone130である。

　本書の色は、全てこれらの130色のどれかで作られている（P.66、P.67を除く）。以下にその記号の見方を説明している。なお、この色相＆トーンシステムは、測色したカラーデータの分析にも使われている。

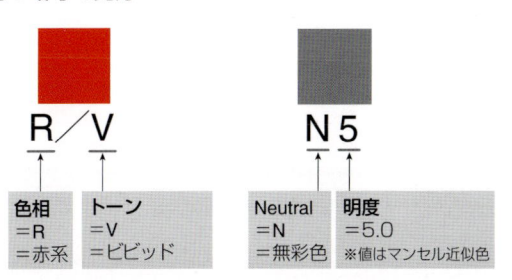

■トーンの略号

●派手なトーン
　V…Vivid（ビビッド）
　S…Strong（ストロング）

●明るいトーン
　B…Bright（ブライト）
　P…Pale（ペール）
　Vp…Very Pale（ベリー・ペール）

●地味なトーン
　Lgr…Light Grayish
　　　（ライト・グレイッシュ）
　L…Light（ライト）
　Gr…Grayish（グレイッシュ）
　Dl…Dull（ダル）

●暗いトーン
　Dp…Deep（ディープ）
　Dk…Dark（ダーク）
　Dgr…Dark Grayish
　　　（ダーク・グレイッシュ）

■色の略号の見方

R／V
色相
＝R
＝赤系
トーン
＝V
＝ビビッド

N5
Neutral
＝N
＝無彩色
明度
＝5.0
※値はマンセル近似色

色相＆トーン 130色　カラーデータ

トーン		色相	R(赤)	YR(橙)	Y(黄)	GY(黄緑)	G(緑)
派手	V	ビビッド・トーン	5R 4/14 229/0/13	5YR 6.5/15 255/127/0	5Y 8/15 255/242/0	5GY 7/12 140/201/25	5G 5/11 17/147/82
	S	ストロング・トーン	5R 5/10 227/26/42	5YR 6/12 242/100/1	5Y 6/11 191/169/11	5GY 6/10 115/184/29	5G 5/9 52/156/83
明るい	B	ブライト・トーン	5R 7/10 251/103/89	5YR 8/7 253/166/74	5Y 8/11 255/242/63	5GY 8/11 179/221/61	5G 7/10 116/196/118
	P	ペール・トーン	5R 8/6 251/167/157	5YR 9/4 253/192/145	5Y 9/6 255/242/124	5GY 8.5/6 173/219/93	5G 8/6 145/209/127
	Vp	ベリー・ペール・トーン	5R 9/2 253/217/205	5YR 9/1 254/230/194	5Y 9/1 255/250/184	5GY 9/2 230/245/164	5G 9/2 192/230/184
地味	Lgr	ライト・グレイッシュ・トーン	5R 8/2 210/168/159	5YR 8/2 208/180/137	5Y 8/2 208/194/142	5GY 8/3 171/181/136	5G 8/2 153/193/151
	L	ライト・トーン	5R 6/6 234/124/104	5YR 7/5 215/144/92	5Y 6/4 166/151/51	5GY 6/5 140/174/67	5G 6/6 103/186/116
	Gr	グレイッシュ・トーン	5R 5.5/2 138/101/97	5YR 5/2 145/111/93	5Y 5/1 130/99/61	5GY 5/2 112/116/72	5G 5/2 103/124/100
	Dl	ダル・トーン	5R 5/5 149/60/53	5YR 4/6 149/78/29	5Y 5/6 138/112/12	5GY 5/5 96/122/38	5G 4/5 47/105/70
暗い	Dp	ディープ・トーン	5R 3/10 138/0/7	5YR 4/9 150/58/4	5Y 5/8 126/100/12	5GY 4/8 73/114/26	5G 3/7 0/86/48
	Dk	ダーク・トーン	5R 2.5/8 112/11/1	5YR 3/7 112/41/3	5Y 3.5/6 89/55/8	5GY 3/6 51/73/18	5G 3/6 14/57/21
	Dgr	ダーク・グレイッシュ・トーン	5R 2.3/3 45/0/5	5YR 2/2 53/21/3	5Y 2/3 53/32/6	5GY 2/2 33/36/10	5G 2/2 1/24/10

記載されている数値の見方…　色
　参考マンセル値
　参考 RGB 値　　注）…カラーデータはいずれも参考値で、出力方法により、ずれが生じる。

BG（青緑）	B（青）	PB（青紫）	P（紫）	RP（赤紫）	N（無彩色）
5BG 5/11 1/144/102	5B 5/11 3/115/138	5PB 4/12 26/67/155	5P 4/12 95/35/141	5RP 4/12 212/0/57	N9.5 255/255/255
5BG 5.5/9 40/163/119	5B 5/9 42/135/145	5PB 4/9 57/89/153	5P 4/10 106/51/135	5RP 4/10 187/45/105	N9 242/242/242
5BG 7/9 78/181/135	5B 7/8 103/195/183	5PB 7/8 128/166/206	5P 7/9 177/137/193	5RP 7/10 248/117/157	N8 222/222/222
5BG 8/5 153/215/179	5B 8/5 153/216/212	5PB 8/6 179/204/206	5P 8/6 207/179/215	5RP 8/6 251/174/193	N7 186/186/186
5BG 9/2 191/230/200	5B 9/2 204/236/232	5PB 9/1 217/228/228	5P 9/2 234/216/227	5RP 9/2 249/223/226	N6 161/161/161
5BG 8/3 144/193/156	5B 7.5/2 153/194/181	5PB 7/2 166/181/183	5P 7/2 198/183/186	5RP 7.5/2 215/188/188	N5 127/127/127
5BG 6.5/6 90/177/132	5B 6/5 91/165/159	5PB 6/4 123/150/181	5P 6/4 165/123/177	5RP 7/4 202/130/144	N4 82/82/82
5BG 5/2 116/139/116	5B 6/2 98/116/114	5PB 5/2 121/123/131	5P 5/2 115/95/108	5RP 5/2 133/95/104	N3 51/51/51
5BG 4/6 37/95/81	5B 4/6 32/104/113	5PB 4/6 51/71/108	5P 4/5 99/63/110	5RP 5/5 126/58/88	N2 26/26/26
5BG 3.5/7 1/78/70	5B 4/10 5/60/88	5PB 3/9 13/32/120	5P 3/8 72/13/104	5RP 3/10 105/0/51	N1.5 0/0/0
5BG 3/4 1/47/45	5B 2.5/4 4/36/65	5PB 3/5 10/21/82	5P 3/6 32/10/70	5RP 3/6 73/0/35	
5BG 2/2 1/22/23	5B 2/2.5 2/22/35	5PB 2/2.5 5/11/48	5P 2/2 26/9/42	5RP 2/2 40/0/24	

参考資料

イメージスケールについて　WARM − COOL ／ SOFT − HARD 軸からの視点

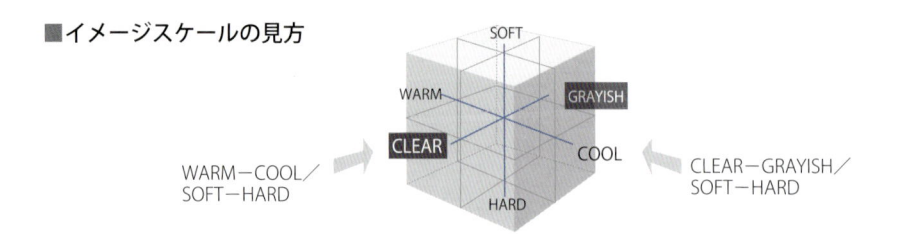

■ イメージスケールの見方

WARM−COOL／SOFT−HARD　←　CLEAR−GRAYISH／SOFT−HARD

■ 3色配色のイメージスケール
　（WARM − COOL ／ SOFT − HARD）

SOFT

	あどけない プリティ 子供らしい
	甘美な／ロマンチック／ロマンチックな／純真な
	清潔な クリア さわやかな
	ユーモラスな 楽しい カジュアル ポップな カジュアルな
	のんびりした／やすらいだ／平和な／新鮮な
	青春の クール・カジュアル 若々しい
	家庭的な ナチュラル くつろいだ	フェミニンな／気品のある／優雅／エレガントな
	洗練された スマートな シック
	明快な
	にぎやかな
	風流な／知的な
	スピーディな モダンな 合理的な 緻密な モダン
	大胆な ダイナミック 行動的な エネルギッシュな
	魅惑的な ぜいたくな ゴージャス 豪華な
	クラシック 味わい深い 伝統的な
	ダンディ 真面目な ダンディな
	野性的な ワイルド たくましい	本格的な クラシック＆ダンディ どっしりした	風格のある	神聖な フォーマル

WARM　　　　　　　　　　　　　　　　　　　　　　　　　COOL

HARD

©2007 ㈱日本カラーデザイン研究所

参考文献：「カラーイメージスケール改訂版」講談社
　　　　　「カラーシステム」講談社

配色とイメージを整理するしくみ

　カラーシステムは主に色の記録や伝達のために開発されたもので、単色を対象としている。ところが生活の中の色は、複数の色が組み合わされた配色で構成されている。

　そこで、心理的な研究を繰り返し、配色とイメージの関係を整理するために開発したシステムがイメージスケールである。

　横軸（WARM － COOL）は、暖色－寒色の軸で、縦軸（SOFT － HARD）は明暗の軸である。なお、第3の軸として清色－濁色（CLEAR － GRAYISH）の軸があり、立体空間に形容詞と配色が位置づけられている。

　イメージスケールは、イメージを分類、整理するしくみとして広く使われている。

■形容詞のイメージスケール
　（WARM － COOL ／ SOFT － HARD）

＊は、NCD基本180語以外の言葉

SOFT

- プリティ領域：あどけない、かわいい、ナイーブな、キュートな
- ふわふわした＊、可憐な、甘美な、ういういしい、ロマンチックな、淡い、純真な、清楚な
- うららかな、柔和な、肌ざわりのよい、ほのぼのとした＊、おとなしい、簡素な、淡白な、飾り気のない、あっさりした＊、さっぱりした、すがすがしい、清潔な、清らかな
- なごやかな、マイルドな、なじみやすい、しずかな、ここちよい、うるおいのある、爽快な＊、クリアな、みずみずしい
- 家庭的な、のんびりした、素直な、やさしい、ナチュラル、平和な、快適な、クリア、すっきりした
- ほがらかな、明るい＊、気軽な、のびのびした、居心地のよい、くつろいだ、おおらかな、きめ細かい、繊細な、健康な、新鮮な、生き生きした、安全な、軽快な
- うれしい、うきうきした＊、楽しい、気楽な、親しみやすい、温和な、しなやかな、フェミニンな、しとやかな、青春の、若々しい
- 愉快な、ユーモラスな、開放的な、のどかな、叙情的な、情緒的な、優美な、上品な、微妙な、慎ましい、静かな、さりげない、スカッとした
- はれやかな＊、陽気な、快活な、ドレッシーな、ひかえめな、洗練された、スポーティな
- カジュアル、はつらつとした、カジュアルな、自然な、女性的な、エレガントな、温雅な、優雅な、質素な、悲しい
- 元気な、活気のある、派手な、あざやかな、ぼくとつな＊、麗しい、おだやかな＊

WARM ─────────────────────── **COOL**

- にぎやかな、奔放な＊、はなやかな、素朴な、田園的な、エレガント、奥ゆかしい、気品のある、シックな、アンニュイな＊、しゃれた、スマートな、クール・カジュアル
- 活動的な、躍動的な、アクティブな、行動的な、大胆な、あでやかな、艶っぽい、華麗な、セクシーな、魅惑的な、リッチな＊、なつかしい、古風な、ひなびた、風流な、枯れた、閑静な、幻想的な＊、地味な、シック、都会的な、文化的な、知的な、冷静な、スピーディな、モダンな、進歩的な、革新的な、先鋭的な＊、理知的な、機敏な
- 刺激的な、ダイナミック、情熱的な、豊かな、装飾的な、クラシック、味わい深い、アンティークな、伝統的な、丹念な、渋い、ダンディ、紳士的な、男性的な、シャープな、精密な、モダン、合理的な、緻密な
- 激しい、パワフルな、強烈な、ダイナミックな、ゴージャス、豊潤な、豪華な、ぜいたくな、こってりした、したたかな、円熟した、充実した、クラシックな、おちついた＊、堅実な、ダンディな、真面目な、信頼感のある＊、りりしい、きりりとした、人工的な、メカニックな
- 力動的な、エネルギッシュな、力強い、ワイルド、タフな、男っぽい、たくましい、ワイルドな、クラシック&ダンディ、丈夫な、頼もしい、どっしりした、重厚な、格調のある、本格的な、風格のある、がっしりした、高雅な、高尚な、毅然とした＊、神聖な、フォーマルな、荘厳な、厳粛な、フォーマル

HARD

©2008 ㈱日本カラーデザイン研究所

注）…このスケール上の言葉の位置は、波紋状に広がるイメージの中心を意味している。
　　したがって、各イメージは、点的にとらえるのではなく面的な領域としてとらえる。

イメージスケールについて CLEAR – GRAYISH ／ SOFT – HARD 軸からの視点

クリアーグレイッシュ軸でとらえる

　クリアーグレイッシュ軸は、清色－濁色に関連が深い。クリアなイメージは、新緑や青空のように澄んだ色、清色トーンである。一方グレイッシュなイメージは、枯葉や曇り空のようなくすんだ色、濁色トーンである。

　配色テクニックからみると、セパレーションやきわだちの配色の方がクリア感が増し、グラデーションやまとまりの配色がグレイッシュなイメージを表現しやすい。

クリアーグレイッシュ軸での見方

　立体空間であるイメージスケールをクリアーグレイッシュ軸で見てみると、ウォームークール軸で両極のはなやか、さわやかゾーンが重なり、動的でメリハリのあるクリアイメージとしてまとまる。

　グレイッシュ方向に行くにしたがって徐々におちついたイメージとなる。

■クリア、グレイッシュのちがい

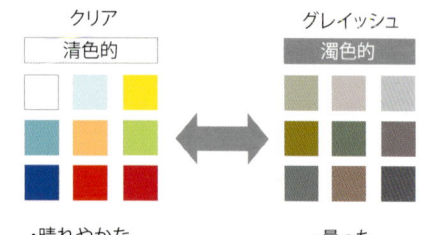

クリア（清色的）
- 晴れやかな
- さわやかな
- はっきりとした
- 陽気な

グレイッシュ（濁色的）
- 曇った
- 湿った
- 曖昧な
- 静かな

■立体空間をクリアーグレイッシュ面で見る

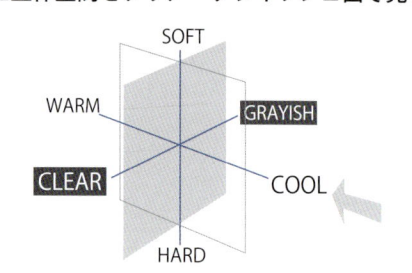

SOFT / WARM / GRAYISH / CLEAR / COOL / HARD

■ウォームークール面での広がりをクリアーグレイッシュ面から見る

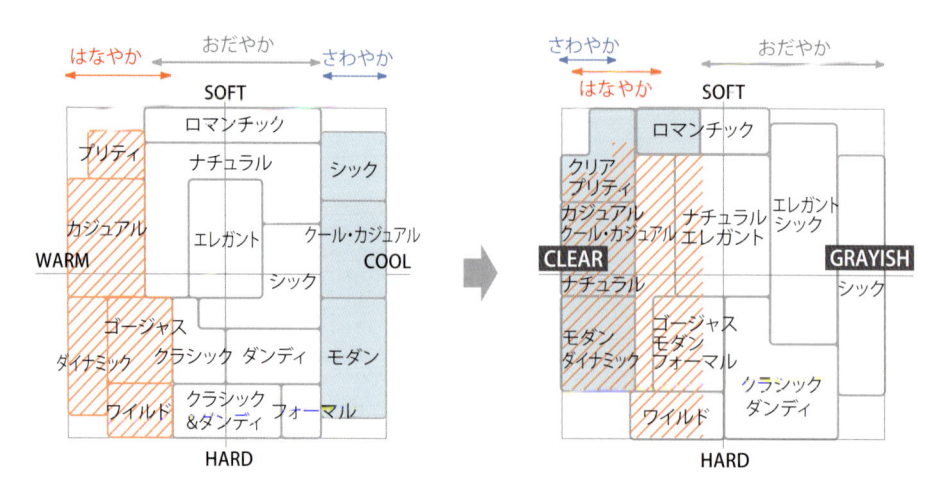

（左図）はなやか ← おだやか → さわやか
SOFT / ロマンチック / ナチュラル / シック / プリティ / カジュアル / エレガント / クール・カジュアル / シック / WARM / COOL / ゴージャス / ダイナミック / クラシック / ダンディ / モダン / ワイルド / クラシック&ダンディ / フォーマル / HARD

（右図）さわやか／はなやか ← おだやか →
SOFT / ロマンチック / クリア プリティ カジュアル クール・カジュアル / ナチュラル エレガント / エレガント シック / CLEAR / ナチュラル / GRAYISH / シック / ゴージャス モダン フォーマル / モダン ダイナミック / クラシック ダンディ / ワイルド / HARD

クリア−グレイッシュ軸を活かす

　気候、風土と関連が深いこの第3の軸は、気持ちや感情の微妙な変化や差異をとらえるときにも有効である。

　クリア方向は、可愛らしさや爽快感、活力やエネルギッシュな気持ちが位置する。全体にグレイッシュになるに連れて、自然でゆったりした感情や、デリケートさ、信頼感といった、静的で奥深いイメージに変化する。

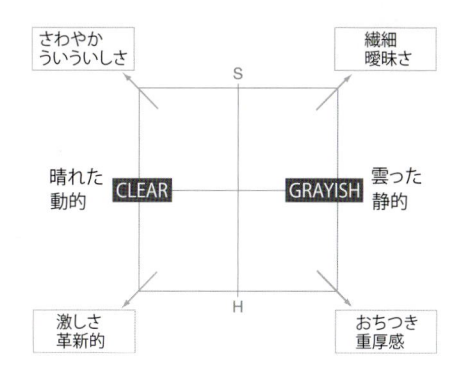

```
              さわやか                  繊細
              ういういしさ              曖昧さ
                    S
        晴れた                          雲った
        動的  CLEAR        GRAYISH     静的
                    H
        激しさ                          おちつき
        革新的                          重厚感
```

■ 3色配色のイメージスケール
（CLEAR − GRAYISH ／ SOFT − HARD）

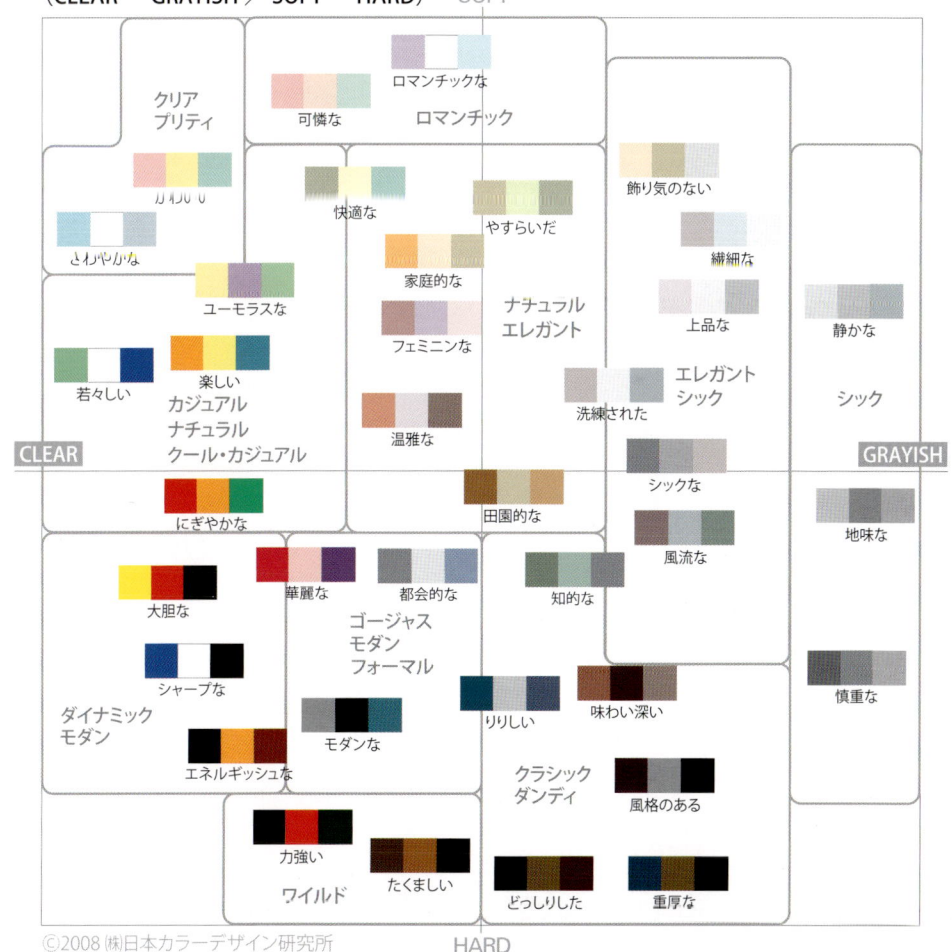

SOFT

- クリアプリティ
- かわいい
- さわやかな
- ロマンチックな
- 可憐な
- ロマンチック
- 快適な
- やすらいだ
- 飾り気のない
- 繊細な
- ユーモラスな
- 家庭的な
- ナチュラルエレガント
- 上品な
- 若々しい
- 楽しい
- フェミニンな
- 静かな
- カジュアルナチュラルクール・カジュアル
- 温雅な
- 洗練された
- エレガントシック
- シック

CLEAR　　　　　　　　　　　　　　　　　　　　　　　GRAYISH

- にぎやかな
- 田園的な
- シックな
- 地味な
- 大胆な
- 華麗な
- 都会的な
- 知的な
- 風流な
- シャープな
- ゴージャスモダンフォーマル
- 味わい深い
- 慎重な
- ダイナミックモダン
- モダンな
- りりしい
- エネルギッシュな
- 力強い
- たくましい
- クラシックダンディ
- 風格のある
- ワイルド
- どっしりした
- 重厚な

HARD

©2008 ㈱日本カラーデザイン研究所

参考資料：「イメージネットワークシリーズ　vol.2」㈱日本カラーデザイン研究所
参考文献：「カラーリスト」、「配色歳時記」講談社

参考資料　167

配色テクニック

1. 色相配色とトーン配色

①色相配色

異なる色相を豊富に使った配色方法。動的ではなやかなイメージや、豊かで味わいのあるイメージに向いている。基調とするトーンの選び方に注意して配色することがポイント。

やさしい

| RP/P | YR/Vp | P/P |

暖色系を基調にした明るいトーンの色相配色で、やわらかな雰囲気を表現。

わくわく

| G/P | Y/V | R/B |

期待に胸が高鳴る様子を派手なトーンと明るいトーンの色相配色で表現した例。

リッチな

| P/Dl | Y/S | RP/Dp |

ゴールドを中心に反対色相を対比させ、味わいの豊かさを表している。

②トーン配色

すっきりと簡潔にまとめたい時には、色相を同一か類似に絞ったトーン配色が適している。テーマとして選ぶ色相のイメージ、次にトーンの差の強弱に配慮することがポイント。

幸福な

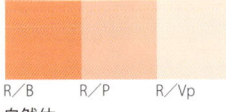

| R/B | R/P | R/Vp |

R系の明るいトーンのグラデーションで、じわーっと感じる幸せな気持ちを表現。

自然体

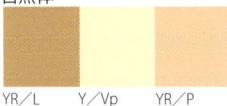

| YR/L | Y/Vp | YR/P |

YR系とY系の類似色相で、ゆったりとした雰囲気をイメージさせている。

都会的な

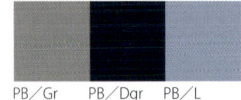

| PB/Gr | PB/Dgr | PB/L |

クールで無機質な都会のイメージをPB系のトーン配色で表現。

2. まとまりときわだち

①まとまりの配色

おだやかな雰囲気や繊細なイメージの表現に適した配色方法。同一か類似の色相のトーン差の近い色同士で組み合わせ、対比を弱めると配色がまとまりやすい。

はかない

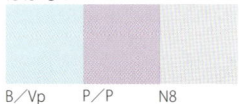

| B/Vp | P/P | N8 |

P系とB系の明るいトーンと明灰色で、消え入りそうなはかなさを表現した例。

マイルドな

| YR/Lgr | YR/L | YR/Gr |

マイルドな味わいのニュアンスをYR系の微妙なトーン差で表した配色。

自信に満ちた

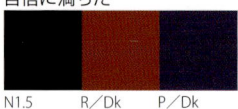

| N1.5 | R/Dk | P/Dk |

自信に満ちた充実感を黒と暗いトーンのまとまりの配色で表している。

②きわだちのトーン配色

反対色相の色や明暗のコントラストをつけ、組み合わせるテクニックである。色相、トーンともに対比感のある色同士を組み合わせるため、力強くハッキリとした印象になる。

期待

| BG/B | Y/B | PB/V |

Y系の明るいトーンを中心に反対色相を対比させ、明るい未来への期待感を表現。

アヴァンギャルド

| P/Dp | GY/V | RP/V |

GYのビビッド・トーンを中心に反対色相を対比させ、過激さを表した配色。

名声

| R/V | Y/S | P/Dk |

名声のイメージをP/Dkとゴールドの対比で示し、アクセントの赤で強さを表現。

3. セパレーションとグラデーション

①セパレーション
　明・暗・明、寒・暖・寒のようにトーンや、色相の対比を強調した配色方法。カジュアルやダイナミック、モダンといった、動的でめりはりのあるイメージに使いやすい。

カラッとした 
YR/B　Y/Vp　B/P
明るいトーンの色相配色をY系でセパレートし、カラッとした雰囲気を表現。

きちんとした 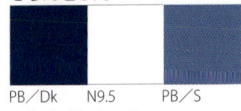
PB/Dk　N9.5　PB/S
PB系の間を白でコントラストをつけ、きちんとした印象をイメージさせている。

エネルギッシュな 
R/V　YR/Dgr　YR/S
R/VとYR/Sの間を暗いトーンYR/Dgrで引き締め、力強さを強調している。

②グラデーション
　色を規則的に変化させてゆく方法。リズミカルな印象や、デリケートさを表現する時に向いている。色相のグラデーション、トーンのグラデーション、それらのミックスがある。

希望 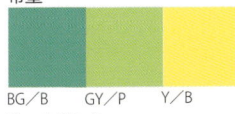
BG/B　GY/P　Y/B
明るい未来への希望をBG系、GY系、Y系の色相のグラデーションで表現。

ゆったりした 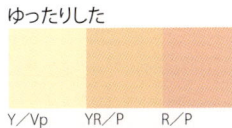
Y/Vp　GY/P　Y/P
3色とも色相を変化させ、明暗の変化も意識しゆったりとした雰囲気を表現。

盛り上がる 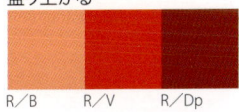
R/B　R/V　R/Dp
徐々に熱を帯びていく様子をR系のトーンのグラデーションで表現。

4. 清色と濁色

①清色
　清色はソフトで明るいイメージや、活動的、シャープなイメージの配色に使いやすい。「パステルトーン」と呼ばれる配色は、明るい清色トーンの色相配色で構成されている。

メルヘン 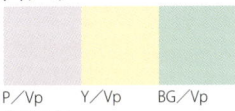
P/Vp　Y/Vp　BG/Vp
童話のようなういういしい世界を明るい清色トーンの色相配色で表現している。

キラキラ 
GY/B　Y/B　B/P
キラキラとした輝きをY/Bを中心に、清色的な明るさでイメージしている。

自由な 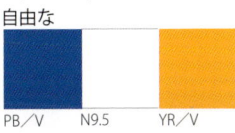
PB/V　N9.5　YR/V
PBとYRの反対色相の間を白でセパレートし、開放的な感覚を清色トーンで表現。

②濁色
　グレー系やLgr、Gr、L、Dlの濁色トーンを使った配色方法。おちつきや渋さ、深み、静的な印象を与える。シック、エレガント、ナチュラルなどのイメージに向いている。

切ない 
P/Gr　RP/Lgr　PB/Lgr
しんみりと感傷にひたる様子を、PB系とP系の濁色トーンで表した例。

おだやかな 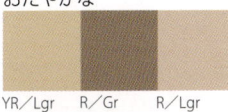
YR/Lgr　R/Gr　R/Lgr
YR系とR系の濁色トーンで、平穏でおだやかな心の様子を表している。

なつかしむ 
N3　YR/Gr　YR/Lgr
暗灰色とYR系のグラデーションで、しみじみと追想する気分を表現している。

索引

あ行

アーティスト	152
哀愁	70
愛する	18
アイドル	126, 154
曖昧な	74
愛らしい	98
アヴァンギャルド(な)	115, 142, 152
青ざめる	16
明るい	13, 34, 48, 90, 126
秋	117
アキバ系	154
悪趣味	24
悪代官	150
アクティブな	88
悪魔	150
悪役	150
アグレッシブな	114
あこがれる	19, 30
味気ない	24
味わい深い	140
あたたかい	40
温かな	18, 94
頭の回転の速い	138
頭のきれる	110
頭の冴えた	138
熱い	13, 152
暑苦しい	24
あっけらかんとした	104
あっさり(とした)	104, 105, 110
圧倒的な	136
あでやかな	60, 95, 116
あどけない	30, 95
甘い	13
甘える	19, 98
甘えん坊な	98
あらたまった	40
ありがたい	40
憐れむ	18, 94
安心	42
アンニュイな	74
威圧感のある	25
いい人	92
いかつい	148
生き生きした	48, 88
息苦しい	24
居心地のよい	42
潔い	104
いじらしい	19, 98
いたいけな	19
悼む	16
イタリアン	115
いたわる	19, 94
異端児	142
慈しむ	19, 94
挑む	142
イノセントな	100
イマジネーション	152
癒される	124
癒す	22
イライラ	20
色香	146
祝う	12, 40
インテリジェントな	132
ういういしい	95, 98, 100
浮かれる	12
うきうき(した)	12, 28, 34
内気な	102
打ち込む	56
打ち破る	142
うっとうしい	17, 24, 78
うっとりした	30
うぶな	98
敬う	68
うらやむ	58
うららかな	22, 23, 30, 122
うるうる	52
うるおいのある	13, 23, 124
うるさい	25
麗しい	95, 128
憂う	74
うれしい	12, 36, 40
栄冠	64
栄光	64
栄誉	142
笑顔	90
エキサイティングな	52
エキゾチックな	144
エグゼクティブ	60
エスニック	115
エネルギッシュな	88, 148
エリート	138
エレガントな	46, 128
エロかわいい	146
円熟した	112, 140
円熟み	116
遠慮	102
おいしい	13
王子様	130
横柄な	25
オーセンティックな	140
おおらかな	36, 92, 95, 124
奥ゆかしい	17, 68, 95, 102
おごそかな	17, 68
怒る	20
抑えた	58
幼い	98
押しの強い	114
おしゃべり	116
おしゃれな	132
お嬢様	128
おだやかな	42
落ち込む	78
落ち込んだ	17
おちついた	42
おちつき	46, 106
お調子者	90
おっちょこちょい	120
おっとりした	92, 124, 128
おどける	90, 120
男っぽい	112
おとなしい	102
乙女心	100
驚き	52
鬼	150
おぼろげな	74
おめでたい	12
思い出	70
思いやり(の)ある	18, 40, 94
おもしろい	120
折り目正しい	106
お礼	40
温厚な	92
恩師	19, 68

か行

ガーリーな	122
快	48
快活な	13
快適な	22, 23, 109
開放的な	36
科学者	138
輝き	105

輝く	34, 64	毅然とした	112, 132	厳粛な	17
学術的な	138	期待	34	幻想（的な）	17, 30, 74
革新（する）	115, 142	鍛える	148	倦怠	74
格調	113	貴重な	17	懸命な	56
革命	142	几帳面な	106, 138	絢爛	115
過激な	114	きちんとした	106	幻惑	144
カジュアル	115	気取る	132		
堅物	106	きびきびした	23, 126	小悪魔的な	146
型破りの	142	厳しい	109	コアな	154
勝ち誇る	64	気品（のある）	46, 128	恋焦がれる	19
カチン	20	希望	28, 34	恋しい	70
カッカ	20	気ままな	36	強引な	150
活気のある	56	気持ちいい	22	豪華	115
かっこいい	126	気持ちが洗われる	100	後悔	78
葛藤	58	気持ち悪い	24	豪快な	114
活動的な	88	求道者	136	好奇心	88
家庭的な	92, 95, 109	キュートな	19, 95, 122	高貴な	130
悲しい	16, 17	共感する	52	高級な	60
悲しむ	16	強靭な	114	豪傑	148
華美	115	恐怖	24, 50	高潔な	68
雷	20	キラキラ	34, 88, 122	高尚な	17
カラッとした	23, 48, 104	気楽な	36, 120, 122	行動的な	88, 116, 132, 142, 152
カリスマ	136, 142	きりりとした	110, 130		
華麗な	60, 142, 150	きれい好き	104	幸福な	78
枯れた	17, 76	キレのいい	23	興奮する	20
可憐（な）	95, 99, 100, 105	キレる	20, 21	高慢な	25
		極める	154	交流を深める	116
かわいい	30, 95, 98, 122	緊張感	50	功労	68
		筋肉隆々	148	ゴージャスな	60, 146
かわいがる	19			故郷	70
かわいらしい	99	クールな	110	極悪非道の	150
感慨にふける	76	クールビューティ	132	国際派	132
カンカン	20	くすんだ	74	コケティッシュな	146
感激	52	くつろいだ	23, 42	ここちよい	22, 36, 42, 124
感謝	40	くつろぐ	22, 36, 124		
かんしゃくを起こす	20	曇った	17	心に染みる	52
感傷にひたる	16, 70	くよくよ	78	心のこもった	18
歓声	12	クリアな	100	心もとない	78
閑静な	17	クリーン（な）	100, 105	個性的な	152
感動的な	52	グロテスクな	24	枯淡な	76
官能的な	146			こっけいな	90
がんばる	126, 109	敬愛する	19, 68	孤独	16
甘美な	23, 95, 130	敬意	68	寿	40
寛容な	94	軽快な	23, 48, 120	子供っぽい	98
歓楽街	146	計算する	138	子供らしい	98
貫禄（のある）	112, 140	穢れのない	100	媚びた	25
		気高い	64, 128	古風な	109
気軽な	36	気だるい	17, 74	細やかな	94, 109
危険な	150	下品な	25	細やかな愛情	18
貴公子	130	権威	112, 140	コミケ	154
気さくな	90, 116	元気な	88, 90	凝る	154
キザな	110	健康（的）な	13, 95, 104, 126	怖い	25
ぎすぎすした	25				
傷つきやすい	102	堅実な	106, 112		

索引 171

さ行

才媛	132
サイケデリック	115
最先端の	138
冴え渡った	23
詐欺師	150
炸裂	115
ささやかな	28
颯爽とした	48
さっぱりした	22, 48, 104, 126
サバンナ	148
寂び	76
さびしい	17
さびしさ	16
さびしがり屋の	94
寒気	24
寒々しい	17
冷めた	25
さりげない	17
さわやかな	13, 22, 23, 48, 104
斬新な	152
幸せな	28
じーん	40, 52
ジェラシー	58
刺激する	152
師匠	68
自信に満ちた	64
静かな	17, 109
沈んだ	17
自然	42
自然体	124
自尊心	64
慕う	19
親しみ	19
親しみやすい	95, 116, 122
したたかな	150
シックな	17
しつこい	24, 154
嫉妬（深い）	19, 58
しっとりした	46, 146
しとやかな	46, 95, 128
しなやかな	23, 46, 95
死に物狂い	56
慈悲深い	19
渋い	76, 140
地味な	109
地道な	106
事務的な	25
じめじめした	25
湿った	17
湿っぽい	16
しめやかな	16, 17
シャイな	102
社交的な	116
充実した	140
集中する	50, 136
集中力	56
自由な	36
自由奔放な	90, 120
祝福	40
熟練	140
純真な	100
純粋な	103
情緒的な	42, 66, 95
情熱（的）	52, 88, 114, 142, 152, 154
上品(な)	46, 105, 128, 132
職人	136
叙情的な	70, 130
女性的な	109
思慮深い	109
深遠な	109, 144
深海	144
真剣な	56, 136
紳士（的な）	106, 130
真摯な	56
新生	99
神聖な	17, 68, 144
親切な	40, 94, 126
新鮮な	95
慎重な	102
信念	136
心配する	78
神秘的な	144
シンプル	105
進歩的な	109
しんみりとした	70
信頼（感）	19, 107
信頼感のある	68
信頼する	64
信頼できる	112
心労	78
崇高な	17
すがすがしい	22, 48, 130
スカッとする	104
好きな	18
すさんだ	150
涼しい	23
涼しげな	130
スタイリッシュな	132
すっきりしない	24
素敵な	128
ストイックな	110, 136
素直な	98, 122
スピーディ（な）	23, 104, 107, 138
スピード	105
スピリチュアルな	17, 144
すべすべ	46
スポーツマン	104, 126
スポーティ（な）	48, 95, 105, 115
スマート（な）	105, 107, 110
スリリングな	50
鋭い	50
声援を送る	126
精悍な	148
清潔感のある	126
清潔な	23, 100, 109
正式な	17
誠実な	106
清純（な）	100, 105
青春の	109
精神世界	144
清楚な	100, 128
ぜいたくな	60
精密	138
精妙な	17
生命力	115
清涼感	22, 105
精力的な	88
セクシーな	60, 95, 146
背筋の凍る	25
背筋を伸ばす	130
積極的な	88
切ない	70
攻める	114
セレブ	60
先鋭的な	114, 142, 152
繊細な	95, 102, 103
先進性	113
センチメンタルな	70
羨望	58
洗練された	46, 60, 130
爽快感	48, 104, 105
爽快な	23
荘厳な	144
聡明な	132
ぞくぞく	52
そねむ	58
素朴な	92
尊敬（する）	19, 68

た行

体育会系	148	闘志を燃やす	114	ねぎらう	40		
大宇宙	144	童心にかえる	30	ねたましい	58		
退屈	74	陶酔	28	熱愛	18		
大胆さ	115	尊い	68	熱血漢	56		
ダイナミック	115	堂々とした	140	熱心な	56, 106		
ダイナミック・モダン	115	都会的な	17, 110	熱中する	56, 154		
たおやか	46	研ぎ澄ます	138	粘り強い	136		
たくましい	148	研ぎ澄まされた	50	眠たげな	74		
立ち向かう	112	どきどき	34, 50	燃焼	115		
達人	136	ときめく	34, 122	年輪を刻む	140		
楽しい	12, 90, 95, 120	どきり	52	・・・・・・・・・・・・・・・・・・・・・・・			
楽しませる	152	とげとげしい	20	ノーブルな	46, 109		
頼もしい	112, 126, 140	どっしりとした	140	ノスタルジー	70		
		ドライな	104	のどかな	109		
タフな	112, 148	ドラマチック（な）	52, 115	のびのびした	23		
だるい	25, 74	取り残された	25	のびやかな	36		
淡白な	104	努力する	56, 106	のんびりした	95		
丹念な	109	とろける	30	のんびり屋	92, 122		
・・・・・・・・・・・・・・・・・・・・・・・		どろどろした	58				
力強い	109	トロピカル	115	**は行**			
知的な	17, 60, 106, 130, 132	とんがった	142	ハードな	148		
		貪欲な	88	破壊する	150		
知能犯	110, 150	どんよりした	25, 78	はかない	76		
緻密な	109, 136, 138			馬鹿にしたような	25		
着実な	112	**な行**		育む	18		
ちゃっかりした	120			迫力のある	114		
ちょいワルオヤジ	150	内向的な	102	激しい	114		
挑戦	114	内省的な	103	恥らう	146		
長老	140	泣く	52	弾む	12		
沈鬱な	17	慰める	19	肌ざわりのよい	23, 95		
沈痛な	16	なごませる	120	初恋	18, 100		
・・・・・・・・・・・・・・・・・・・・・・・		なごむ	42, 92, 124	パッション	56		
痛快な	12, 52	情け	94	ハッピーな	13, 28		
慎ましい	17	なじみやすい	23, 92, 95	八方美人	120		
艶っぽい	95, 146	謎めいた	144	はつらつとした	126		
・・・・・・・・・・・・・・・・・・・・・・・		なつかしい	70	派手な	95, 146		
手厚い	94	なつかしむ	70	華やいだ	116		
ディープな	154	なつく	98	はなやかな	13, 109		
テクノロジー	107	夏	117	華やぐ	60		
手に汗にぎる	50	生ぬるい	25	はにかむ	102		
デリケートな	102	なよやか	46	はまる	154		
テレビゲーム	154	なれなれしい	25	腹立たしい	20		
照れ屋	102	・・・・・・・・・・・・・・・・・・・・・・・		はらはら	50		
手を差し伸べる	94	匂い立つ	146	張りつめる	50		
天真爛漫	98	苦い	24	春（らしい）	34, 95, 117		
伝説	144	苦い想い	58	はれやか（な）	23, 36, 48, 115		
伝統	113	にぎやかな	116, 120	パワフル（な）	114, 115, 148		
殿堂入り	64	柔和な	92	反社会的な	150		
電脳空間	154	人情	19	・・・・・・・・・・・・・・・・・・・・・・・			
・・・・・・・・・・・・・・・・・・・・・・・		・・・・・・・・・・・・・・・・・・・・・・・		火	115		
慟哭	16	ぬくぬく	28	ひかえめな	74, 128		
闘魂	114	ぬくもりのある	23	光	105		
同情（する）	18, 19	ぬるぬるした	24	美少女	122		

語	ページ	語	ページ	語	ページ
悲嘆	16	ほっ（とする）	42, 124	明朗な	90
ひっそりした	17, 76	牧歌的な	92	めそめそ	78
人恋しい	76	没頭する	56	目立たない	102
ひなびた	76	ポップ（な）	115, 120	めでたい	40
姫	128	ぽつんとした	76	メラメラ	20, 21, 58
冷ややかな	58	ほのぼのした	19, 28, 122, 124	メランコリックな	78
ピュアな	100			メルヘンな	122
ヒューマンな	94	微笑み	12	面倒見のよい	94
ひょうきんな	120	微笑む	28, 128		
ひらめく	138, 152	誉れ	64	萌え（系）	146, 154
ぴりぴりした	50	ほめる	40	もたれる	24
ヒロイン	132	奔放な	36, 152	モダン（な）	17, 105, 152
品格	68, 130	ぼんやりした	74	モダン・カジュアル	115
敏感な	102			物憂い	74
ひんやりとした	76	**ま行**		もの悲しい	16, 17, 70
				物静かな	102
無愛想な	25	真新しい	23, 34	もやもや	78
ファッショナブルな	152	マイスター	136	盛り上がる	52
不安	18	マイペースな	92		
ファンタスティックな	30	マイルドな	92, 95	**や行**	
風格（のある）	60, 64, 112, 136, 140	前向きな	34, 88	やきもきした	58
		真面目さ	113	やきもちを焼く	58
風流な	76	真面目な	56, 106, 109	躍動的な	109
フェミニンな	95, 132	まずい	24	やさしい	18, 46, 94, 95, 124, 128
フォーマル（な）	17, 105	マッチョな	148		
深い愛情	18	祭り	12	やさしさ	103
深みのある	140	マニアックな	154	やすらいだ	109
不吉な	25, 78	満足感	28	やすらかな	42, 124
複雑な	58			やすらぎ	22
ふざけた	25	ミステリアスな	144	野性的な	109
不思議な	144	みずみずしい	104	やわらかい	30
冬	117	水を打ったような	50	やわらぐ	30, 46
プライドの高い	64	魅せられる	144		
プリンス	130	満ちたりる	28	憂鬱（な）	16, 78
古い	76	身の引き締まる	50	優雅な	60, 95
ブルーな	17	みやびやか	46	勇敢な	142
プレッシャー	50	魅了される	34	友情	18, 19
フレンチ	115	魅了する	116	優等生	126
プロフェッショナル	68	魅惑的な	19, 60, 109, 116	ユーモラスな	90, 120
ふわふわ（した）	30, 98, 122, 124			愉快な	13, 90
ぷんぷん	20	ムカつく	20, 21	ゆったりした	22, 42
		無垢（な）	100, 105	夢（のある）	28, 30, 34
平穏な	42	無口な	110	夢を追う	88
平静を装う	110	無邪気な	98	ゆるい	124
平和（な）	42, 105	無常感	76		
		夢中な	56	酔いしれる	22
暴力的な	20, 21	胸キュン	34	妖艶な	146
ぼーっとした	74, 92			陽気な	12, 90, 116, 120
ぽかぽかした	23	明快な	48	妖精	30
ほがらかな	36, 95, 116	名声	64	洋風（の）	95, 105
ぼくとつな	92	明晰な	112	よどんだ	25
誇り	64, 136	名誉な	64	喜び	12, 36
誇りに思う	19	滅入る	78	喜ぶ	28
保守的な	106				

ら行

楽天家	90
楽な	22
ラジカル	115
ラテン	115
ラフな	148
ラブリーな	122
乱暴な	25
リーダーシップ	112, 126
理数系	138
リズミカルな	23
理性的な	138
理知的な	109, 110
リッチ（な）	60, 115, 116, 132
リフレッシュする	48
旅愁	70
リラクゼーション	22, 42, 124
りりしい	112, 130
凛とした	50
るんるん	28
礼儀正しい	106
令嬢	128
冷静な	17, 109, 110, 136
冷淡な	25
冷徹な	110
恋愛	18
ロマンチックな	30, 70, 95, 99
論理的な	110

わ行

ワイルドな	114, 148
若さ	105
若々しい	13, 88, 109
わくわく	12, 34
侘しい	76
侘しさ	16
笑う	12, 36, 48, 90

参考文献

「イロハソニー ― ブラビア イロノ ヒミツ」 麻倉怜士監修　2006　日経BP企画
「改訂　赤橙黄緑青藍紫―色の意味と文化」福田邦夫著　（財）日本色彩研究所編　1980　青娥書房
「角川　類語新辞典」大野晋・浜西正人著　1981　角川書店
「感じる情動・学ぶ感情―感情学序説」 福田正治著　2006　ナカニシヤ出版
「感情研究の新展開」 北村英哉・木村晴編　2006　ナカニシヤ出版
「感情の心理学」 高橋惠子著　2007（財）放送大学教育振興会
「感情（1冊でわかる）」ディラン・エヴァンズ著　遠藤利彦訳　2005　岩波書店
「キャラ化するニッポン」相原博之著　2007　講談社
「キャラ論」瀬沼文彰著　2007　Studio Cello
「芸術・デザインの色彩構成」朝倉直巳編著　1996　六耀社
「決定版　色彩とパーソナリティー ―色でさぐるイメージの世界」松岡武著　1995　金子書房
「現代擬音語擬態語用法辞典」飛田良文・浅田秀子著　2002　東京堂出版
「現代用語の基礎知識　2008」2008　自由国民社
「心を元気にする色彩セラピー」末永蒼生著　2000　PHP研究所
「色彩感覚　データ＆テスト」 近江源太郎著　（財）日本色彩研究所編　1999　日本色研事業株式会社
「色彩構成―配色による創造」ジョセフ・アルバース著　白石和也訳　1972　ダヴィッド社
「色彩の心理学」金子隆芳著　1990　岩波書店
「色彩論」ヨハネス・イッテン著　大智浩訳　1971　美術出版社
「13歳のハローワーク」村上龍著　2003　幻冬舎
「出身県でわかる人の性格―県民性の研究」岩中祥史著　2003　草思社
「図解世界の色彩感情事典―世界初の色彩認知の調査と分析」千々岩英彰著　1999　河出書房新社
「日本語大シソーラス」山口翼編　2003　大修館書店
「配色歳時記」NCD編著　2007　講談社
「カラーイメージスケール　改訂版」小林重順著　NCD編　2001　講談社
「カラーシステム」小林重順著　NCD編　1999　講談社
「配色イメージワーク」 小林重順著　NCD編　1995　講談社
「イメージネットワークシリーズ　vol.2」NCD編　1995　NCD

㈱日本カラーデザイン研究所（NCD）

　1966年創立。心理的な見地から色彩、デザイン、トレンド分析、消費者嗜好などの研究を蓄積し、「感性情報」としてあらゆる業種に幅広く提供している。
　その他、環境色彩計画、ソフト開発、各種セミナーの開催、中国などの海外との研究交流なども行っている。独自に開発した「イメージスケール」は、カラープランニング、マーケティング、デザイン、ライフスタイル研究、色彩教育、コーディネーター教育などに活用され、海外でも高く評価されている。
　編・著書に『カラーイメージスケール　改訂版』『配色イメージワーク』『カラーリスト』『実践カラーデザイン』『カラーシステム』『配色歳時記』などがある。

住所：〒113-0033　東京都文京区本郷3-5-2　第2田中ビル
Tel：03-3818-0071
ホームページ：http://www.ncd-ri.co.jp/
E-mail：info@ncd-ri.co.jp

お願い
本文中のシステムおよびデータを無断で使用してソフトウエア化することを禁じます。

編・著者：㈱日本カラーデザイン研究所	**編集**：岩松桂　松岡淳一郎
道江義頼　宮岡直樹（原稿主担当）　稲葉隆	**装幀**：熊澤正人（パワーハウス）
小倉宏子　木内伸子　相澤章子　村越加奈子	**本文デザイン**：藤本京子
渡辺純江　NCD所員（データ作成）	

心を伝える配色イメージ

発行日　2008年9月16日　第1刷発行
　　　　2015年1月13日　第4刷発行

編・著者　㈱日本カラーデザイン研究所
発行者　鈴木　哲
発行所　株式会社　講談社
　　　　　〒112-8001 文京区音羽2-12-21
　　　　　電話　03-5395-3554（出版部）
　　　　　　　　03-5395-3622（販売部）
　　　　　　　　03-5395-3615（業務部）
印刷所　凸版印刷株式会社
製本所　株式会社若林製本工場

Ⓒ N.C.D. 2008, Printed in Japan
定価はカバーに表示してあります。

落丁本、乱丁本は購入書店を明記の上、小社業務部宛にお送りください。送料小社負担でお取り換えします。
なお、この本についてのお問い合わせは、学芸局宛にお願いいたします。
本書のコピー、スキャン、デジタル化等の無断複製は、著作権法上での例外を除き、禁じられています。
本書を代行業者等の第三者に依頼してスキャンやデジタル化することは、たとえ個人や家庭内の利用でも著作権法違反です。
Ⓡ〈日本複写権センター委託出版物〉

ISBN978-4-06-214731-6　　　　　　　　　　　　　N.D.C. 757.3 175p 21cm